Baedeker

Allianz  Reiseführer

Florenz

Verlag Karl Baedeker

TOP-SEHENSWERTES ★ ★

Florenz ist eine Stadt der Kunst durch und durch, die eine unglaubliche Fülle an Schätzen in ihren Mauern birgt. Um nur einen Überblick zu gewinnen, muss man sich einige Zeit nehmen. Wir sagen Ihnen, was Sie auf keinen Fall versäumen dürfen.

Dom
*Der Domplatz ist wegen seines herausragen-
den Bauensembles immer bevölkert.*

*Vielen Top-Sehenswürdigkeiten liegen nah →
beieinander wie hier die Uffizien und
der Palazzo Vecchio.*

DIE BESTEN BAEDEKER-TIPPS

Von allen Baedeker-Tipps in diesem Buch haben wir hier die interessantesten für Sie zusammengestellt. Erleben und genießen Sie Florenz von seiner schönsten Seite!

⚠ Eine ganz besondere Spielstätte

Das römische Theater in Fiesole ist ein stimmungsvoller Ort für kulturelle Veranstaltungen.
▸ Seite 114

⚠ Bar mit Ausblick

Nach dem Kunstgenuss in den weltberühmten Uffizien kann man in der dortigen Bar mit Ausblick auf die Stadt ausruhen.
▸ Seite 189

⚠ Heiß auf Eis

Die bekannteste Eisdiele von Florenz ist das Vivoli.
▸ Seite 207

⚠ Feines Porzellan

Edles Porzellan gibt es bei der Porzellan-Manufaktur Richard-Ginori zu kaufen.
▸ Seite 218

Eisdielen ...
... gibt es in Florenz fast an jeder Ecke.

Café Gilli

Im eleganten Ambiente schmeckt der Capucchino noch mal so gut.

🔖 Traditionsreich ...

... ist das elegante Café Gilli an der Piazza della Repubblica.

▸ **Seite 240**

🔖 »Zimmer mit Aussicht« ...

... so hießt der Film, der im Hotel degli Orafi spielt.

▸ **Seite 247**

🔖 Herrlicher Ausblick

Bei der Kirche San Miniato al Monte eröffnet sich der schönste Ausblick auf das wunderschöne Stadtpanorama.

▸ **Seite 261**

🔖 Lederschule

In der Scuola del Cuoio kann man der Herstellung von Lederwaren zusehen.

▸ **Seite 267**

Pillen in edlem Rahmen

Stilvoller kann man keine Arzneien kaufen.

🔖 Alte Apotheke

Einen Blick sollte man in die stilvoll eingerichtete alte Apotheke von Santa Maria Novella werfen.

▸ **Seite 272**

🔖 Toskanisch tafeln

Gute toskanische Gerichte genießt man in der Cantinone del Gallo Nero auf der anderen Arno-Seite.

▸ **Seite 279**

Einer solchen Warteschlange an den Uffizien kann man mit vorheriger Reservierung entgehen.
▸ **Seite 97**

HINTERGRUND

PRAKTISCHE INFORMATIONEN

TOUREN

SEHENSWERTES VON A bis Z

*Imposante Sicht auf den
Campanile des Doms*
▶ **Seite 160**

Palazzo Vecchio mit martialischer Skulptur
▶ **Seite 238**

nachdenken • klimabewusst reisen
atmosfair

Wundervolle Abendstimmung →
in der »Schönen am Arno«

Hintergrund

WISSENSWERTES ÜBER DIE
HERRLICHE RENAISSANCE-
STADT AM ARNO IM HERZEN
DER TOSKANA, ÜBER
BEVÖLKERUNG UND
WIRTSCHAFT SOWIE ZU STADT-
UND KUNSTGESCHICHTE.

WIEGE DER RENAISSANCE

Florentia, Firenze, Florenz – welch blumiger Dreiklang für die Stadt mit der Lilie im Wappen, wo erstmalig in Europa nach dem düsteren Mittelalter die »città rinascità«, die Wiedergeburt der Antike in Kunst und Wissenschaft, gefeiert wurde.

Zu den mit Blumen übersäten Wiesen am Arnoufer, die der Stadt schon in Römerzeiten zu ihrem Namen verhalfen, schauten die wenigsten Menschen hinüber. Der Fluss war Wirtschafts- und nicht Freizeitfaktor, das bemerkten bereits die Dichter Dante Alighieri und Giotto, der Dombaumeister, im 14. Jh., als in Florenz schon über 100 000 Menschen wohnten. Wie es sich für eine Stadt mit dem asketischen Schutzpatron Johannes dem Täufer gehört, war das Leben von harter Arbeit geprägt, bevor etliche Bürger durch Tuchherstellung, Handel und Bankwesen so wohlhabend geworden waren, dass sie sich ausschließlich den schönen Seiten des Lebens widmen konnten.

Die Florentiner wagten als erste den Aufbruch aus dem dunklen, entbehrungsreichen Mittelalter zur Wiederbelebung der lichten, sinnenfrohen Geisteswelt der Antike. Diese rinascità, die Wiedergeburt der Antike im 15. Jh., allerdings durchdrungen von christlicher Humanität, ist das eigentliche Faszinosum der kunstsinnigen und reichen Metropole am Arno, denn nirgendwo sonst wurde in so kurzer Zeit

»Schmucke Brücke«
Über den Ponte Vecchio mit seinen Schmuckläden muss man einfach einmal gegangen sein.

und in solcher Vielfalt die Neuentdeckung der Welt und des Menschen so revolutionär umgesetzt wie im bürgerlich-republikanischen Stadtstaat Florenz.

Während andernorts der Adel regierte und den Kunstgeschmack diktierte, setzten sich am Arno Kommissionen von Bürgern mit Kunstaufträgen auseinander. Sie ermöglichten so unterschiedlichen Bildhauern wie Donatello oder Michelangelo, Großbronzegießern wie Ghiberti oder Verrocchio, kühnen Baumeistern wie Brunelleschi, Michelozzo oder Alberti und dem als Wiederentdecker der Perspektive gefeierten Maler Masaccio sowie seinen Nachfolgern Ghirlandaio und Botticelli bis hin zum genialen Leonardo aus dem kleinen Ort Vinci ihren Werken eine zuvor unbekannte, an der Natur geschulte Ausdruckssteigerung zu verleihen. Diese künstlerischen Grundlagen

Teure Mode
Viele national und international bekannte Modeschöpfer sind in Florenz vertreten.

Piazza della Signoria
Neben dem Domplatz das touristische Herz der Arnostadt

Elegante Cafés ...
... laden zu einem Espresso oder Cappuccino ein.

Straßenmaler
Ob er die Venus so fein malen kann wie Botticelli?

Giardino di Boboli
*Ein schöner Platz,
um sich von der Kunst zu erholen*

Hotel Regency
Im stilvollen Ambiente lässt es sich gut logieren.

wurden von der Generation der Florentiner Manieristen ab 1520 weiter verfeinert und strahlten nach Europa aus, ganz abgesehen von den bleibenden epochalen Leistungen eines Niccolò Machiavelli und Galileo Galilei. Die Blütezeit des Florentiner Bürgerhumanismus im 15. und 16. Jh. war getragen von solider Handwerkstradition und kaufmännischer Weltoffenheit, gepaart mit Kunstverstand und Freigebigkeit bei den Eliten. Magistrat, Zünfte und reiches Patriziat, darunter die bekannte Herrscherfamilie der Medici, wetteiferten miteinander um die Verschönerung der Stadt durch die Künste, nicht ohne Hintergedanken an den eigenen Ruhm. Eile war geboten, denn Rom und Venedig verdrängten alsbald die Arnometropole vom ersten Rang.

Faszinierendes Kulturerbe

Das großartige kulturelle Erbe der Renaissance konnte glücklicherweise bewahrt werden und zieht bis heute Menschen aus der ganzen Welt an. Allem Schlangestehen zum Trotz, begeistern Sie sich am überwältigenden Bilderreigen in den Uffizien, bewundern Sie den David und die Pietà von Michelangelo, bestaunen Sie die Größe der Domkuppel und die wundervolle Paradiestür. Erleben Sie die klare Raumgestaltung von San Lorenzo und Santo Spirito, genießen Sie die zeitweilige Ruhe im Klosterhof und in den freskengeschmückten Zellen von San Marco, spazieren Sie auf den belebten Hauptplätzen oder im erholsamen Grün der Boboli-

Palazzo Pitti
Der prächtig ausgestattete Palast bietet einen passenden Rahmen für hochkarätige Kunstwerke.

Gärten. Und wenn die Beine und Augen nach so viel Kunstgenuss müde geworden sind, gönnen Sie sich einen Caffè auf der Piazza, ein Glas Chianti in einer Bar, einen rustikalen Imbiss im urigen Gewölbekeller oder einen Prosecco mit leckeren Antipasti im edlen Renaissance-Palazzo. Das bringt den nötigen Schwung zum Besuch des Piazzale Michelangelo oder der noch etwas höher gelegenen Kirche San Miniato al Monte. Von dort gleitet der Blick talwärts auf das silbergraue Band des Arno mit seinen Brücken, auf die hohen Türme der Kirchen sowie auf die schmucken Paläste. In der Ferne, umrahmt von Zypressen und Pinien, erblickt man zahlreiche Villen und Fiesole an den Hängen des Apennin. Kurzum: Florenz ist durchaus ein Fest für die Sinne, jedoch ohne Überschwänglichkeit, wie es sich für eine stolze und vernunftgebietende Kaufmannsstadt gehört.

Fakten

Hier erfahren Sie Interessantes über die Hauptstadt der Region Toskana, ihre Bevökerungsentwicklung, Verwaltungsstruktur und Wirtschaftslage. Außerdem wird erläutert, welche Rolle der Tourismus im Wirtschaftsleben von Florenz spielt.

Bevölkerung · Politik · Wirtschaft

Bevölkerung

Der Aufstieg der Stadt von der Colonia Florentia der römischen Veteranenkolonie zum blühenden Florenz der Renaissance vollzog sich langsam. Um 1330 zählte die Stadt etwa 30 000 Einwohner. Diese Zahl stieg bis 1348 auf etwa 100 000. Das furchtbare **Pestjahr 1348** überlebte nur knapp die Hälfte der Bevölkerung, die Einwohnerzahl sank auf 40 000. Erst in der Mitte des 19. Jh.s stieg die Zahl auf 150 000 an und wuchs dann kontinuierlich. Seit den 1980er-Jahren sinkt die Einwohnerzahl durch Abwanderung und Geburtenrückgang, so dass heute 368 000 Menschen in Florenz leben.

Bevölkerungsentwicklung

Die Florentiner sind zu 99 % römisch-katholisch. Die Stadt ist Sitz eines Erzbischofs, der traditionell vom Papst in den Kardinalsrang erhoben wird. Jedoch gibt es Kirchen anderer christlicher Glaubensgemeinschaften und eine Synagoge.

Religion

Verwaltung

Im Mittelalter war Florenz in vier Quartieri (Viertel) eingeteilt, die man nach den vier Stadttoren San Piero, Duomo oder Vescovo, San Pancrazio und Santa Maria nannte. Später wurden es sechs, so dass man von Sestieri sprach (San Piero, Duomo, San Pancrazio, San Piero a Scheraggio, Borgo, Oltrarno). Heute gliedert sich Florenz in **Quartieri**, die zumeist den Namen der dort liegenden Kirchen tragen, wie Santa Maria Novella, San Giovanni, Santa Croce, San Domenico, Santo Spirito. Hinzu kommen die Vororte links und rechts der großen Ausfallstraßen und auf den Hügeln San Miniato, Belvedere und Bellosguardo im Süden sowie Careggi, Montughi, Fiesole und Settignano im Norden.

Stadtbezirke

Die Comune di Firenze wird vom Palazzo Vecchio aus verwaltet – für diesen Namen statt »della Signoria« oder »Ducale« hat sich die Stadtbehörde entschieden. Wichtigstes kommunalpolitisches Organ ist der Stadtrat (consiglio comunale), der bei den alle fünf Jahre stattfindenden Kommunalwahlen gewählt wird. Er bestimmt den Bürgermeister (sindaco) und die für einzelne Ressorts wie Verkehr, Gesundheit und Schulen zuständigen Beigeordneten (assessori), die zusammen die Stadtregierung (giunta comunale) bilden. Im Jahr 1990 wurde Florenz in **fünf neue Verwaltungsbezirke** unterteilt: Centro Storico, Campo di Marte, Gaviana-Galluzzo, Isolotto-Legnaia und Rifredi.

Verwaltung

← *Uffizien: eine der bedeutendsten Gemäldegalerien der Welt und ein Muss in jedem Besuchsprogramm von Florenz*

Wirtschaft

Internationale Stellung

Die Florentiner haben seit dem Mittelalter als tüchtige Handwerker, geschickte Kaufleute und ordentliche Verwalter ihrer Stadt stets Wohlstand gesichert. Zeitweise beherrschten Florentiner Banken den Geldmarkt Europas, ihre Bankiers beeinflussten die europäische Politik. Die Herrscherfamilie von Florenz, die **Medici**, verdankte ihren Aufstieg dem Erfolg in Handels- und Bankgeschäften. Da es Florenz nicht gelang, den anderen italienischen Staaten, der Republik Venedig, dem Herzogtum Mailand, dem Kirchenstaat des Papstes und dem Königreich Neapel-Sizilien, an politischer Macht ebenbürtig zu werden, verlor es seinen wirtschaftlichen Rang, so dass es heute weder als Handels- noch als Bankenzentrum international hervorragt.

Traditionelle Wirtschaftszweige

Reichtum erwarben sich die Florentiner im ausgehenden Mittelalter durch die Textilindustrie (Webereien, Färbereien, Schneidereien, Seidenhandel), die noch heute als **Bekleidungsindustrie** ein wichtiger Einkommenszweig ist. Das hoch entwickelte Handwerk (Keramik, Porzellan, Stickereien, Lederbearbeitung, Korbwaren) hat seine künstlerischen Traditionen bewahrt. Chemische und pharmazeutische Fabriken, feinmechanische Betriebe, der Antiquitätenhandel, Druckereien und Verlage stellen die meisten Arbeitsplätze. Auch die landwirtschaftlichen Erzeugnisse der Toskana werden vielfach in Florenz weiterverarbeitet.

Könnten die Florentiner überhaupt ohne den Tourismus leben?

Zahlen und Fakten *Florenz*

Einwohnerzahl
▶ 368 000 (3597 Einw./km²)

Fläche
▶ 102 km²
▶ Höchster Punkt: 70 m ü. d. M.
▶ Tiefster Punkt: 49 m ü. d. M.

Verwaltung
▶ Hauptstadt der Region Toskana
  Hauptort der Provinz Florenz
▶ 5 Bezirke: Centro Storico, Campo di
  Marte, Gaviana-Galluzzo,
  Isolotto-Legnaia und Rifredi

Tourismus
▶ mehr als 8 Mio. Übernachtungen im
  Jahr

Von größter Bedeutung ist für Florenz heute der Dienstleistungssektor, in dem mehr als zwei Drittel der Beschäftigten arbeiten. Zahlreiche Banken haben in der Stadt ihren Sitz. Ihre Modemessen (z. B. Pitti Immagine) sind weltberühmt, und ihre Antiquitäten-, Medizin- und Handwerksmessen bilden Anziehungspunkte für in- und ausländische Besucher. Da in Florenz – als Hauptstadt der Region Toskana und Hauptort der Provinz Florenz – auch die Verwaltungen der Region, der Provinz und der Kommune ihren Sitz haben, ist die Verwaltung ein wichtiger Arbeitgeber für die Stadt.

Dienstleistungssektor

Hauptwirtschaftszweig ist jedoch der Tourismus mit allen seinen Vor- und Nachteilen. Jährlich besuchen über 3,4 Mio. Übernachtungstouristen und unzählige Tagesgäste die Renaissance-Stadt. Zwar kommen viele nur für einen Eintagesausflug nach Florenz, doch droht die Stadt am Besucherstrom zu ersticken. In der Hauptreisezeit im Sommer sowie zu den hohen kirchlichen Feiertagen ist Florenz restlos ausgebucht, der Besucher muss dann mit **langen Schlangen vor Museen** und anderen Sehenswürdigkeiten rechnen.

◀ Tourismus

Dies hat dazu geführt, dass Florenz zu einer der teuersten Städte Italiens geworden ist. Nicht nur Hotel- und Restaurantpreise muten vielerorts utopisch an, auch Eintrittspreise für Museen und andere Sehenswürdigkeiten sind hoch. Eine abschreckende Wirkung hat dies jedoch bisher nicht gezeigt – und es bleibt fraglich, ob es die richtige Entscheidung ist, Florenz nur einem »ausgewählten« Publikum zugänglich zu machen.

Stadtgeschichte

Aus der römischen Veteranenkolonie am Arno entwickelte sich im Lauf der Zeit eine der geschäftigsten und wohlhabendsten Bank- und Tuchhandelsstädte des Mittelalters. Im 15./16. Jh. strahlen die bahnbrechenden Neuerungen auf allen Gebieten der Kunst Ruhm und Glanz in Verbindung mit der Familie Medici nach ganz Europa aus, wovon Florenz bis heute zehrt.

Anfänge der Arnostadt

59 v. Chr.	Gründung als römische Veteranenkolonie
4. Jh.	Kirche San Lorenzo ist erster Bischofssitz.
ab 568	Langobardenherzöge regieren die Toskana.

Die Hügellandschaft um Florenz ist altes Siedlungs- und Kulturgebiet. Florenz selbst ist allerdings erst unter Caesar um 59 v. Chr. in der Nachfolge des zerstörten Fiesole als römische Veteranenkolonie im zunächst noch sumpfigen, aber fruchtbaren Arnotal mit dem Namen »ager florentinus« gegründet worden. Der »aufblühende Ort« liegt im Schnittpunkt dreier wichtiger Verkehrsachsen: der Via Cassia von Rom nach Fiesole, der Via Pisana von Pisa nach Spina und der Volterrana von Volterra nach Fiesole. Die archäologischen Funde aus römischer Zeit, meist aus dem 3. Jh. n. Chr., geben ein ungefähres Bild von Florentia: auf dem ummauerten Grundriss eines Rechtecks befinden sich etwa mittig das Forum – auf dem Gelände der heutigen Piazza della Repubblica – mit Tempel und Thermenanlagen sowie einem Theater in der Nähe des heutigen Palazzo Vecchio.

59 v. Chr.: Stadtgründung

> **? WUSSTEN SIE SCHON …?**
>
> ■ … dass die Lilie im Stadtwappen von Firenze wahrscheinlich auf die blühenden Felder, die campi fiorentini, jene mit Lilien übersäten Auenwiesen am Arno, zurückgeht und sie sich mit den rotweißen Wappenfarben der Markgrafen von Tuszien (Toskana) zur roten Lilie auf weißem Feld verband?

Die rechtwinklig verlaufenden Straßenzüge, die die insulae, die Wohnblocks, markiert haben, sind im Zentrum heute noch zu erkennen. Wollhandel, Flößerei und Militärdienst sind die Haupteinkunftsquellen der Bewohner. Unter den Kaisern Aurelian und Diokletian ist Florentia Sitz des Gouverneurs der Toskana und Umbriens.

Ab dem 2. Jh. wird das Christentum von Händlern aus dem östlichen Mittelmeerraum, vor allem von Syrern, nach Florentia gebracht. Um 250 erleidet der **hl. Minias** (San Miniato) auf einem Hügel außerhalb der Stadt das Martyrium; über seinem Grab wird später die Kirche San Miniato al Monte errichtet. Im 4. Jh. ist die Stadt Bischofssitz, und die Kirche San Lorenzo wird 393 vom hl. Ambrosius zur Kathedrale geweiht. Im Jahr 412 ist der hl. Zenobius, ein späterer Stadtpatron, als Bischof bezeugt.

2.–4. Jh. n. Chr.: Christianisierung

In der Völkerwanderungszeit erlebt Florentia eine Periode des Niedergangs. Es ist durch seine ungeschützte Lage im Tal feindlichen Angriffen stärker ausgesetzt als die Höhenorte. Florentia wird vor allem von **Goten und Byzantinern** geplündert und zerstört, so dass im

5./6. Jh.: Völkerwanderungszeit

← *Als die Piazza della Signoria noch für den Verkehr frei war.*

6. Jh. das Stadtgebiet nur noch etwa ein Drittel der römischen Siedlung umfasst und lediglich rund 1000 Einwohner hier leben. Mit der Herrschaft der Langobarden, die das Herzogtum Tuscia gründen, bricht ab 568 eine friedvollere Zeit an. In Florenz werden angeblich zehn neue Kirchen gebaut, allerdings verliert die Arnostadt ihre führende Stellung zunächst an Lucca und Pisa als neue Residenzen des Langobardenherzogs.

Mittelalterliche Adelsherrschaft

ab 774	Florenz ist Teil der fränkischen Markgrafschaft Tuscia.
1055	Verleihung autonomer Stadtrechte
1250	Patrizier-Regierung löst endgültig die Adelsherrschaft ab.

Ab 774: Franken- herrschaft

Karl der Große unterwirft 774 den Langobardenkönig Desiderius und macht Tuscia zur fränkischen Markgrafschaft. Florenz erhält einen neuen Mauerring bis zum Arno. Durch den allmählichen Wirtschaftsaufschwung steigt die Einwohnerzahl auf 15 000. Unter **Kaiser Lothar I.** werden 854 die Grafschaften Florenz und Fiesole vereinigt, was der Arnostadt größere wirtschaftliche Macht bringt.

Um 1000: Markgrafensitz

Um 1000 verlegt **Markgraf Hugo** seine Residenz von Lucca nach Florenz. Seine Wappenfarben Weiß und Rot werden die Stadtfarben. Zur Zeit Kaiser Heinrichs III. erlangt 1055 Florenz die **Reichsunmittelbarkeit** und kann sich als autonome Kommune bis 1125 ein eigenes Territorium schaffen, indem umliegende Castelli und die Nachbarstadt Prato gewaltsam einverleibt werden sowie die Konkurrentin Fiesole zerstört wird. Nachdem 1177 die Patrizier an der Stadtregierung stärker beteiligt werden, beginnt der Aufstieg zur wichtigsten Handels- und Bankenmetropole Mittelitaliens. Konflikte zwischen den einflussreichen Geschlechtern führen ab 1215 zur innenpolitischen Destabilisierung und Teilung der Einwohnerschaft in zwei Lager, die unter dem Deckmantel vermeintlich übergeordneter Interessen als kaisertreue Ghibellinen und papsttreue Guelfen um die Führungsrolle in der Stadtregierung kämpfen.

1250: Erste Verfassung

Schließlich kommt es nach einem Volksaufstand 1250 zur ersten bürgerlichen Regierung ohne Guelfen und Ghibellinen, so dass fortan ein **Capitano del popolo** (»Stadthauptmann«) die Regierungsgeschäfte mit ihm zur Seite gestellten Räten führt. Der Adel muss sogar die Türme seiner wehrhaften Paläste auf eine bestimmte Höhe abtragen. Wirtschaftlich gestärkt, beginnt die Kommune 1252 mit der Prägung eines Golddukaten, dem bald in ganz Europa verbreiteten **Florenus** (Florentiner) – daher die Abkürzung fl. für Gulden. Außerdem werden die schon länger bestehenden Zünfte ab 1266 neu organisiert.

Stadtregiment in Bürgerhand

1293	Die neunköpfige Signoria regiert fortan die Stadtrepublik.
1348	Große Pestepidemie halbiert die Einwohnerschaft.
1378	Soziale Unzufriedenheit führt zum Ciompi-Aufstand.
1406	Der Erwerb von Pisa und Livorno macht Florenz zur internationalen Handelsstadt.

Wiederaufflammende Kämpfe zwischen Ghibellinen und Guelfen führen schließlich 1282 zu einer geänderten **Stadtverfassung**, die erstmals den Vorstehern (priori) der sieben wichtigsten Zünfte, die durch Bank- und Handelsgeschäfte zu Reichtum gekommen waren, in der Stadtregierung (Priorat) entscheidenden politischen Einfluss verleiht. Einige Jahre später wird die bäuerliche Leibeigenschaft aufgehoben, um mehr billige Arbeitskräfte für die Tuchherstellung anzuwerben. Seit 1293 sind die Ordinamenti della Giustizia, kommunale Rechtsgrundsätze, die Basis für eine von den Zünften getragene kaufmännisch-bürgerliche Stadtregierung, bestehend aus einem durch Los- und Wahlverfahren mit Rotation bestimmten Kollegium, der Signoria, von acht Prioren und dem Gonfaloniere della Giustizia, Bannerträger der Gerechtigkeit, die bis zum Beginn der Herrschaft der Medici 1532 Bestand hat. Der Rathausplatz heißt deshalb heute noch Piazza della Signoria. Das Amt des Capitano del Popolo, auch Podestà genannt, bleibt als oberste Polizeibehörde erhalten in einem später als Bargello bezeichneten Palast, was soviel wie Amtsbüttel bedeutet. Die Kommune ist mittlerweise auf 100 000 Einwohner angewachsen und zeigt sich selbstbewusst in neuen Bauten. Eine fünfmal größere **Stadtmauer** entsteht, der mächtige Kommunalpalast, der Palazzo dei Prori, später Palazzo Vecchio genannt, wird errichtet und der große Dombau in Angriff genommen.

1282–1293: Konsolidierung der bürgerlich-republikanischen Regierung

Im 14. Jh. erlebt die Stadt eine Reihe von politischen Niederlagen, Katastrophen und wirtschaftlichen Einbußen: Schlachten gegen Pisa und Lucca gehen verloren, eine **Arno-Überschwemmung 1333** zerstört viele Brücken und Bauwerke, Hungersnöte brechen aus, zwei Pestepidemien (1340/1348) dezimieren die Bevölkerung von Florenz um mehr die Hälfte, und einige Großbanken gehen bankrott.

◀ 14. Jh: Krisenbewältigung

Wirtschaftliche Schwierigkeiten, Schwächung des Großbürgertums und Unzufriedenheit über das fehlende politische Mitspracherecht führen zum Aufstand der Ciompi, wie die Wollschläger wegen ihrer Drecksarbeit genannt werden, die 1378 eine kurze Regierung des einfachen Volkes und der niederen Zünfte bewirken. Die oberen Zünfte der wohlhabenden Kaufleute setzen sich jedoch erfolgreich zur Wehr und legen in der **neuen Verfassung** von 1380 die politische Vormachtstellung der oberen Zünfte ein für allemal fest. Wenige reiche Familien wie die Albizzi, Peruzzi, Capponi, Soderini, Rucellai und Strozzi lenken fortan die Geschicke der Stadt. Während des Kriegs

◀ 1378: Ciompi-Aufstand

gegen das ebenfalls mächtige Mailand kommt es zwischen 1389 und 1402 wiederholt zu Alleinherrschaften einzelner Familien. Die Eroberung von Florenz wird nur durch den plötzlichen Tod des mailändischen Herzogs Gian Galeazzo Visconti gerade noch verhindert. Erst danach kann sich die ganze Kraft des Florentiner Bürgerhumanismus in der Epoche der Frührenaissance entfalten. Außerdem baut Florenz durch die Unterwerfung Pisas (1406) und den Erwerb der Häfen Livorno und Portopisano seine Vormachtstellung in der Toskana aus und verschafft sich Zugang zu den internationalen Märkten.

Stadtrepublik unter den Medici

ab 1434	Beginn der politischen Vorherrschaft der Medici
1436	Domweihe durch Papst Eugen IV.
1478	Attentat auf Lorenzo den Prächtigen und seinen Bruder
1494	Vertreibung der Medici und vierjähriger Gottesstaat unter dem Dominikaner Savonarola
1512	Rückkehr der Medici als Stadtherren

Aufstieg der Medici In Zeiten politischen Wandels haben auch Aufsteigerfamilien wie die Medici ihre Chancen, die vermutlich dem Apotheker- und Ärztestand entstammen. Ende des 14. Jh.s sind die Medici auch in Bankgeschäften zunehmend erfolgreich, so dass Giovanni d'Averardo de' Medici, genannt **Giovanni di Bicci**, 1397 den Hauptsitz der Bank seines Onkels nach Florenz verlegt, weitere Niederlassungen gründet und als Krönung seiner Laufbahn zum Bankier der Päpste ernannt wird, die 1417 endgültig vom Exil in Avignon nach Rom zurückkehren. Sein Sohn Cosimo de' Medici, später il Vecchio (»der Alte«) genannt, erbt 1429 das väterliche Vermögen und sichert in Verbindung mit großer Volkstümlichkeit geschickt sein Vermögen, was Neider auf den Plan ruft. In der Schlacht von San Romano besiegen zwar 1432 Florentiner Truppen ein sienesisch-mailändisches Heer, aber nach dem verlorenen Krieg gegen Lucca lässt die Albizzi-hörige Oligarchie Cosimo den Älteren 1433 gefangensetzen und für zehn Jahre aus der Stadt verbannen.

? WUSSTEN SIE SCHON …?

■ … woher die »palle« genannten Kugeln im Medici-Wappen kommen? Sie symbolisieren vielleicht Geld, aber wohl eher Pillen, denn der Name bedeutet »Ärzte«. Die Schutzheiligen der Medici waren die beiden frühchristlichen Ärzte Cosmas und Damian.

1434 – 1464: Cosimo der Ältere Nachdem aber Rinaldo degli Albizzi als Gonfaloniere nicht wiedergewählt wird, rufen die Oligarchen bereits 1434 den vom Papst protegierten Cosimo zurück. Äußerlich achtet er zwar die republikanischen Institutionen, de facto regiert er jedoch als Alleinherrscher. Seine Widersacher lässt er verbannen und bringt seine Anhänger in Regierungsämter. Der von den Albizzi angestachelte **Krieg Mailands gegen die Stadt** endet 1440 in der Schlacht von Anghiari mit dem Sieg der Florentiner. In der Folgezeit wird Venedig in politischer und wirtschaftlicher Hinsicht zur neuen Konkurrentin, während es gegenüber Mailand zum Ausgleich kommt, als der Söldnerführer Francesco Sforza nach dem Frieden von Lodi 1454 dort die Herrschaft übernimmt. Cosimo der Ältere zeigt sich in seiner Heimatstadt Florenz äußerst spendabel, fördert die Künste und Wissenschaften, finanziert Kirchenbauten und lässt einen imposanten Familienpalast errichten. Er gründet die Platonische Akademie unter Leitung des Philosophen Marsilio Ficino als Ausbildungstätte und die berühmte Medici-Bibliothek (heute: Biblioteca Medicea Laurenziana), so dass er bei seinem Tod mit Recht als pater patriae verehrt wird.

Gegen den schwachen Piero de' Medici, den Sohn von Cosimo, verbünden sich einige Patrizier aus Revanche für ihre Entmachtung unter seinem Vater in der Poggio-Partei. Mit Hilfe seines Sohnes Lorenzo und von Mailand kann Piero die Verbündeten 1466 besiegen. Nach der erneuten Erhebung der Poggio mit Unterstützung Venedigs kommt es zwei Jahre später zur Schlacht von Imola, die unentschieden ausgeht.

1464 – 1468: Piero de' Medici

Unter der Regierung Lorenzos des Prächtigen (Il Magnifico), der die republikanische Regierungsform weiter pflegt trotz seiner Rolle als Stadtherr, erlebt **Florenz seine höchste wirtschaftliche und kulturelle Blüte**. Als Unternehmer ist Lorenzo allerdings weniger erfolgreich. Mangelnde Koordination und Misswirtschaft schwächen die Medici-Bank. Zwei Angehörige der Bankiersfamilie de' Pazzi verüben 1478 mit Billigung des Papstes im Dom ein Attentat auf Giuliano und Lorenzo de' Medici. Nur Lorenzo kann leicht verletzt entkommen. Nachdem die Verschwörer verhaftet und gehängt worden sind, nimmt die Stellung Lorenzos fast monarchische Züge an. Der Ruhm seiner Familie ist ihm genauso wichtig wie die Präsenz von Florenz auf der europäischen politischen Bühne. Es gelingt ihm unter internationaler Anerkennung, einige Konflikte zwischen konkurrierenden italienischen Staaten auf diplomatischem Weg friedlich zu lösen.

1469 – 1492: Lorenzo de' Medici, der Prächtige

Nach dem Tod Lorenzos übt sein Sohn Piero de' Medici sehr selbstherrlich die Macht in der Stadt aus. Seine eigenmächtigen Verhandlungen mit dem 1494 in Italien eingefallenen Gegner Karl VIII. von Frankreich führen zu Pieros Sturz und letzlich zur Vertreibung der Medici. Erschwert wird die Lage zudem durch das Auftreten des Dominikaners **Fra Girolamo Savonarola**, der ein asketisches Leben in Buße predigt sowie religiöse und politische Reformen fordert, wodurch er in mittleren und unteren Gesellschaftsschichten Zulauf erhält. In den folgenden vier Jahren errichtet Savonarola einen zuneh-

1492 – 1498: Piero de' Medici

◀ Gottesstaat Savonarolas

◀ weiter auf S. 30

Botticellis »Anbetung der Könige«: Hier haben sich einige Mitglieder der mächtigen Medici abbilden lassen.

KUNST UND KOMMERZ

Die Medici – dieser Name steht für Renaissancekunst und Mäzenatentum, aber auch für unermesslichen Reichtum und Geldgeschäfte im großen Stil. Im Gegensatz zu anderen vornehmen Florentiner Familien waren sie nicht schon im 14. Jh. zu Wohlstand und Einfluss gekommen. Ihr Aufstieg vollzog sich innerhalb eines Jahrhunderts, dem für Florenz so glorreichen Quattrocento.

Den Grundstock zum Reichtum der Familie legte **Giovanni di Bicci de Medici** (gest. 1429), indem er während der Kirchenspaltung von 1378 die Päpste in Rom reichlich mit Krediten versorgte. Als die Tiber-Stadt nach dem Ende des Schismas zur päpstlichen Residenz ausgebaut wurde, waren die Medici als Papstbankiers bereits gut eingeführt, und der junge **Cosimo**, später der Alte genannt, konnte weiterhin glänzende Geschäfte verbuchen. Die römische Filiale des Bankhauses erwirtschaftete damals 50–60 % aller mediceischen Bankgewinne. Dabei kamen die Medici mit wenig Eigenkapital aus, denn die Einlagen der Kurialen waren hoch genug, um mit diesem Fremdkapital im Kreditgeschäft Renditen bis zu 20 % zu erzielen. In vielen Städten gab es Filialen: in Venedig v. a. für den

Orienthandel, in Brügge für den Nordeuropahandel, in Genf für den Handel mit Mitteleuropa, in London für den englischen Hof und den Wollhandel sowie in Mailand und Neapel. Zudem besaßen die Medici das Monopol für Alaun, handelten mit Wolle und Seide und vertrieben außerdem Luxusartikel.

Bankgeschäfte

Ihre Geschäftsbücher von 1397 bis 1420 belegen Steigerungen der Reingewinne von jährlich 5000 Goldflorin – multipliziert mit 100 ergibt sich der heutige Goldwert in Euro. Als Cosimo der Alte die Unternehmensleitung übernahm, wurden bis zum Jahr 1434 Zuwächse von über 8000 Goldflorin erreicht, später waren es sogar rund 13 000 Goldflorin pro Jahr. Der im Schenken großzügige, im Verlei-

hen von Geld aber vorsichtige Cosimo achtete auf die Bonität der Kunden, die in der Regel der Kurie oder den Fürstenhäusern angehörten und zugleich den politischen Einfluss der Medici mehrten. Zudem ernannte er nur hervorragende Bankkaufleute zu Filialleitern und reinvestierte den größten Teil der Gewinne. Im Gegensatz dazu kümmerte sich sein Enkel **Lorenzo il Magnifico** wenig ums Geschäft und lebte gern über seine Verhältnisse, so dass das Bankhaus bei seinem Tod 1492 fast vor dem Bankrott stand. Die Vormachtstellung der Medici aber war durch die internationalen Verbindungen so gestärkt, dass sie trotz kurzer Vertreibung ab 1513 mit Unterstützung der Päpste die Geschicke der Stadt wieder lenken durften.

Mäzenatentum

Das wohlhabende Florentiner Großbürgertum legte einen beträchtlichen Teil seiner Vermögen in Stiftungen an. So ließ auch Giovanni Tornabuoni, Leiter der Medici-Bankfiliale in Rom, »als einen Akt der Ehrfurcht und der Liebe zu Gott sowie zur Lobpreisung seines Hauses und seiner Familie« von Domenico Ghirlandaio die Hauptchorkapelle von **Santa Maria Novella** mit wunderschönen Fresken ausschmücken. Weitere Beweggründe für das Mäzenatentum erfährt man aus den Aufzeichnungen des Fernhandelskaufmanns Giovanni Rucellai (1403–1481), der die Fassade dieser Kirche finanzierte: »Ich glaube, ich habe mir mehr Ehre verdient dadurch, dass ich Geld ausgegeben habe, als dass ich es verdient habe.«
Welche Dimensionen diese Form der Öffentlichkeitsarbeit annahm, lässt sich den Aufstellungen Lorenzos des Prächtigen entnehmen, der nach Durchsicht der Medici-Geschäftsbücher von 1434 bis 1471 errechnete, dass seine Familie in diesem Zeitraum für Almosen, Stiftungen und Steuern rund 664 000 Goldflorin ausgegeben hatte. Davon entfielen 8000 Goldflorin für die Ausschmückung der Franziskanerkirche Santa Croce, 40 000 Goldflorin auf den Neubau des Klosters San Marco, 60 000 Goldflorin auf den Neubau der Pfarrkirche San Lorenzo durch Filippo Brunelleschi und 60 000 Goldflorin auf den

Schon als junger Mann machte Lorenzo, später der Prächtige genannt, seinem Namen alle Ehre, wie die Darstellung als junger König in Gozzolis Dreikönigsbild veranschaulicht.

Bau des Palazzo Medici. Das entsprach durchschnittlichen Ausgaben pro Jahr von rund 18 000 Goldflorin, die durch jährliche Unternehmensgewinne von rund 13 000 Goldflorin nicht gedeckt waren, allenfalls durch Grundbesitz.

Warum aber dann diese immensen Ausgaben? Zum einen stiftete man zur Beruhigung des schlechten Gewissens, denn Kreditgeschäfte waren anrüchig und von der Kirche geächtet. Durch frommes Mäzenatentum kam ihr das Geld jedoch zugute und sie billigte die Geschäftspraktiken indirekt, indem sie die Stiftungen annahm. Mit der Auswahl der zu unterstützenden Objekte und der Künstler bewiesen die Patrizier zugleich ihre Bildung, tugendhafte Gesinnung und den kultivierten Gebrauch des erworbenen Vermögens.

Zudem diente die Freigebigkeit politischen Zwecken, denn die zahlreichen großen Privataufträge schufen Arbeitsplätze, waren sichtbarer Nachweis der wirtschaftlichen Leistungskraft der Familien und brachte ihnen Wählerstimmen für kommunale Ämter. Wichtig war auch die Einsicht, dass nicht die Menschen selbst, wohl aber ihre gestifteten Kunstwerke die Zeit überdauern und den Ruhm der Familie mehren würden.

Wie subtil man Religiosität einerseits und Wohlstand und politische Macht andrerseits in Bildwerken zur Schau stellen konnte, vermag die **Sassetti-Kapelle** in der Kirche Santa Trinità zu verdeutlichen. Francesco Sassetti war als Filialleiter der Medici-Bank in Lyon zu Wohlstand gelangt und beriet seit 1469 den jungen Lorenzo de' Medici. In der Nebenchorkapelle von **Santa Trinità** ließ er seinen sozialen Aufstieg und die engen Kontakte zur Medici-Familie darstellen. Die Bestätigung der Franziskaner-Ordensregel durch Papst Honorius III. im Jahr 1223 ist dabei in das politische Zentrum des zeitgenössischen Florenz verlegt. Im Vordergrund treten die Familien Sassetti und Medici als Zuschauer auf. Nahe dem päpstlichen Thron erscheinen als Zuschauer rechts der kahlköpfige Francesco Sassetti mit seinem Sohn Federico, neben ihm der dunkelhaarige Lorenzo de' Medici sowie der altersgraue Antonio Pucci, ein Sassetti-Verwandter und Partei-

gänger der Medici. Auf der linken Seite gegenüber stehen Sassettis drei Söhne Teodore I., Cosimo und Galeazzo. Die Kinder Lorenzos des Prächtigen sind dargestellt, wie sie, angeführt von ihrem Erzieher, eine Treppe heraufsteigen: zunächst der kleine Giuliano, dann Piero und schließlich Giovanni, gefolgt von dem Lehrer Matteo Franco und dem Dichter Luigi Pulci. Interessant ist, dass nicht das Domviertel als Handlungsort gewählt wurde, sondern das politische Zentrum von Florenz, ein deutlicher Hinweis, dass es Sassetti mehr um eine Demonstration von Macht als um die Darstellung des Franz von Assisi ging.

Aufstieg in den Fürstenstand

Dass es die bürgerlichen Medici um die Mitte des 15. Jh.s bereits zu fürstlichem Ansehen gebracht hatten, macht u. a. der **»Zug der Heiligen Drei Könige«** in der Privatkapelle des Medici-Palastes deutlich, den Benozzo Gozzoli 1459/1460 malte, und der dabei die Familie in den Rang von Königen erhob. Bezug genommen wird in dem monumentalen Wandgemälde auf drei glanzvolle Ereignisse in Florenz unter maßgeblicher Beteiligung der Medici: das Konzil zur Vereinigung von Ost- und Westkirche 1439, das große Fest für Papst Pius II. und Herzog Galeazzo Sforza 1459 sowie die Prozessionen der Bruderschaft der Heiligen Drei Könige.

Ein weiterer Beleg des monarchischen Anspruchs der Medici ist die Altartafel mit der **»Anbetung der Könige«** (um 1475) in den Uffizien, auf der Sandro Botticelli die Florentiner Oberschicht verewigt hat. Zwar sind die Könige als Porträts von Cosimo dem Alten mit seinen Söhnen Giovanni und Piero der Heiligen Familie untergeordnet, aber sie sind dennoch in die Bildmitte gesetzt. An den Seiten erscheinen die jüngeren Medici, Cosimos Enkel, der nachdenkliche, dunkel gekleidete **Lorenzo** und sein lebensfroher, in leuchtende Gewänder gekleidete Bruder **Giuliano**, der bei der Pazzi-Verschwörung 1478 ermordet wurde. Das eigentliche Bildthema tritt in den Hintergrund und wird zum Vorwand für eine prachtvolle Repräsentation der Medici und ihrer Anhänger.

Verbrennung des Savonarola 1498 auf der Piazza della Signoria

mend autoritär geführten Gottesstaat, der schließlich auch in Kirchenkreisen zur Ablehnung führt. Als sich Savonarola gegen den römischen Papst stellt, wird er auf Betreiben Papst Alexanders VI. 1498 gefangen gesetzt und schließlich öffentlich hingerichtet.

1502 – 1512: Republik unter Soderini

Das nachfolgende republikanische Stadtregiment unter Pietro Soderini ist so erfolgreich, dass eine Verfassungsänderung (1502) ihn zum Stadtherrn (gonfaloniere) auf Lebenszeit macht. Aber er kann auf Dauer die Rückkehr der Medici nicht verhindern. Deren europaweite Beziehungen und ihr Rückhalt in der heimatlichen Oligarchenopposition führen dazu, dass 1512 mit Hilfe des Papstes Julius II. der Sohn Lorenzos des Prächtigen, Giovanni de' Medici, ab 1513 als Leo X. selbst Papst, die Stadtherrschaft zurückgewinnen kann.

1512: Rückkehr der Medici

Die republikanische Regierungsform wird abgeschafft. Der junge **Lorenzo de' Medici**, der unter der Vormundschaft seines Onkels Giulio de' Medici steht, übernimmt die Herrschaft. Der frühe Tod von Lorenzo und die anschließende Übernahme des Regimentes durch Giulio verhindern einen Aufstand gegen die Herrscherfamilie. Auch nach seiner Wahl zum Papst 1523 als Klemens VII. behält Giulio die gemäßigte Herrschaft über Florenz bei, die von seinem Stellvertreter Kardinal Passerini ausgeübt wird. Nach einem Aufstand der Opposition 1527 muß Passerini jedoch die Stadt verlassen.

1527 – 1530: kurzlebige Republik

Die neu gebildete republikanische Regierung schließt eine Allianz mit Frankreich. Als König Franz I. im Konflikt mit Kaiser Karl V. seine italienischen Verbündeten aufgibt, ist Florenz isoliert. 1529 wird die Stadt von kaiserlichen Truppen besetzt und verliert im folgenden Jahr ihren Status als Republik.

Residenz der Großherzöge

1532	Alessandro de' Medici wird Herzog von Florenz.
1569	Ernennung Cosimos I. zum Großherzog von Toskana
1737	Mit dem Tod Gian Gastones erlischt die Medicidynastie.

Fortan wird Florenz zur **Festung und Residenz der Medici-Fürsten** ausgebaut und von einem absolutistischen Regiment gelenkt, das keine erneute Wirtschafts- und Kunstblüte bewirken kann. Kaiser Karl V. ernennt Alessandro de' Medici, den letzten Sprössling der bürgerlichen Medici, zum Regenten und 1532 zum Herzog von Florenz. Er heiratet 1536 Margherita von Österreich-Parma, eine Tochter Kaiser Karls V. Alessandro macht sich jedoch durch seine tyrannische Herrschaft äußerst unbeliebt, so dass er 1537 von seinem Berater Lorenzino de' Medici ermordet wird.

1531 – 1537: Herzog Alessandro de' Medici

Nunmehr wird Cosimo de' Medici, der Nachkomme einer Seitenlinie als Sohn des Söldnerführers Giovanni delle Bande Nere, zum Regenten ernannt. Er schlägt den gegen ihn gerichteten Aufstand der republikanischen Emigranten nieder und regiert vom Palazzo della Signoria aus seinen absolutistischen Fürstenstaat. Wie bei seinen Vorgängern sollen die Künste seiner Macht sichtbaren Ausdruck verleihen. So werden die Innenräume des Regierungspalastes neu dekoriert und mit dem Bau der Uffizien als Behördensitz begonnen. Seine Gattin Eleonora von Toledo verwandelt den **Palazzo Pitti** in einen prächtigen Palast als Residenz künftiger Medici-Fürsten.

Von 1554 bis 1555 erobert Cosimo Siena und erweitert seinen Machtbereich. Nach dem Tod seiner Tochter, zweier seiner Söhne sowie seiner Gattin übergibt Cosimo 1562 seinem Sohn Francesco die Regentschaft. Es gelingt ihm, ihn mit Johanna von Österreich, der Tochter Kaiser Ferdinands, zu verheiraten (1565). Dazu wird der **Palazzo Vecchio** ausgeschmückt und der Vasari-Gang gebaut. Cosimos größter Triumph ist jedoch die **Ernennung zum Großherzog** 1569 durch Papst Pius V., die im darauffolgenden Jahr in der Peterskirche in Rom erfolgt. Die Regierung des an Kunst und Naturwissenschaft interessierten Großherzogs Francesco I. ist dagegen schwach. Nach dem Tod seiner Frau heiratet er seine Geliebte Bianca Cappello, nachdem er deren Mann umbringen ließ. Immerhin können die Medici-Beziehungen international ausgeweitet werden, indem seine Tochter Maria den französischen König Heinrich IV. heiratet.

1537 – 1587: Cosimo I. de' Medici, Francesco I. de' Medici

Nach dem Tod Francescos 1587 kommt sein Bruder Ferdinando I. an die Macht. Als eine Überschwemmung (1589) und mehrere Hungersnöte über die Stadt hereinbrechen, meistert der Regent, der sich bis dahin als Gelehrter und Kunstmäzen profiliert hat, die Situation durch kluges Handeln und erlässt zudem Religionsfreiheit. Unter sei-

1587 – 1609: Großherzog Ferdinando I. de' Medici

ner Regierung werden die **Fortezza de Belvedere** zur Machtsicherung der Medici und zu deren Ruhm die gewaltige **Fürstenkapelle** als Anbau von San Lorenzo errichtet.

Im **17. und 18. Jh.** folgen eher durchschnittliche und schwache Herrscher aus dem Haus Medici: Cosimo II. (1609–1620), Ferdinando II. (1620–1670), Cosimo III. (1670 bis 1723) und Gian Gastone (1723 bis 1737). Die wirtschaftliche Lage von Florenz verschlechtert sich zunehmend. Die Woll- und Seidenindustrie kommt zum Erliegen. Die Adligen leben von ihren Landgütern, und das Volk verarmt immer mehr. Mit dem Tod Gian Gastones im Jahr 1737 erlischt die männliche Linie der Medici. Anna Maria Ludovica (1667–1743), die letzte Medici als Gemahlin des Kurfürsten Johann Wilhelm von der Pfalz, verfügt, dass die Kunstschätze der Medici in der Stadt verbleiben sollten, die damit den Grundstock der hervorragenden Florentiner Museumssammlungen bilden. Das Großherzogtum Toskana fällt im Rahmen einer umstrittenen internationalen Abmachung an den Herzog Franz Stephan von Lothringen, ab 1745 Kaiser Franz I. des Heiligen Römischen Reiches und seit 1736 Gemahl der Erzherzogin Maria Theresia von Österreich.

Immer wieder kam es in Florenz zu Pestepidemien, so auch 1630.

Von Habsburg-Lothringen zum Königreich Italien

1737	Großherzogtum Toskana fällt an Habsburg-Lothringen.
1796–1814	Französische Herrschaft in der Toskana
1860	Per Volksabstimmung kommt Florenz zum Königreich Italien.
1913	Sozialistisches Stadtregiment
1944	Kriegszerstörungen am kulturellen Erbe

Ist unter Franz Stephan von Lothringen als römisch-deutschem Kaiser das Großherzogtum Toskana nur ein Spielball im europäischen Mächtegleichgewicht, so werden unter der langjährigen Regierung des aufgeklärten Großherzogs Peter Leopold Reformen durchgeführt. Die Abschaffung der Zünfte und kirchlicher Privilegien, Beseitigung der Todesstrafe, Folter und Inquisition sowie die Neuverteilung großer Güter unter Kleingrundbesitzern führen zu einer ausgeglichenen Sozialstruktur. Bei maßvoller Steuerpolitik florieren Landwirtschaft und Freihandel. Das Mezzadria(=Halbpacht)-System im Agrarwesen garantiert trotz gewisser Nachteile die Teilhabe auch kleinerer Landbesitzer am Ertrag. Der zum **Kaiser Leopold II.** gewählte Großherzog von Toskana verlässt Florenz 1790 und übergibt die Herrschaft an seinen Bruder Ferdinand, der als **Großherzog Ferdinand III.** nur wenige Jahre regiert, 1796/1797 vor den Truppen des französischen Revolutionsheeres fliehen muss, nochmals zurückkehrt, um 1803 außer Landes zu gehen mit der Abfindung eines Kurfürsten von Salzburg und späteren Großherzogs von Würzburg.

1765 – 1790: Peter Leopold

Nachdem die Toskana zwischen 1804 und 1814 sogar integraler Teil des französischen Kaiserreichs unter Napoleon I. gewesen ist, kehrt nach dem Wiener Kongress Ferdinand III. erneut als Großherzog von Toskana nach Florenz zurück. Ab 1824 führt die Regierung unter **Großherzog Leopold II.** allmählich zur Umwandlung von Florenz in eine moderne Großstadt, die zugleich ein Sammelbecken liberaler Geistesströmungen wird. Seit 1847 sind Liberale auch an der Regierung des Großherzogtums beteiligt.
Nach den kriegerischen Auseinandersetzungen im Zug der 1848er-Revolution kehrt vorübergehend Ruhe ein, die genutzt wird, um das Eisenbahnnetz auszubauen und den Freihandel über den Hafen Livorno zu verbessern. Nach dem kurzen Regiment von **Großherzog Ferdinand IV.** (1859/1860) treten Florenz und die Toskana, mitgerissen von den Ideen für den italienischen Nationalstaat, 1860 per Volksabstimmung dem Königreich Sardinien-Piemont bei, wo König Vittorio Emanuele, Graf Cavour und Giuseppe Garibaldi das Einigungswerk Italiens vorantreiben.

1804 – 1814: Napoleons Intermezzo

Aufgrund des Gebietszuwachses wird die Hauptstadt des Königreichs von Turin nach Florenz verlegt, wo der König im Palazzo Pitti residiert, bis Rom 1871 diese Funktion übernimmt. Ein Bauboom setzt ein, der das Erscheinungsbild der Arnostadt nachhaltig verändert. Die Stadtmauer wird geschleift, an ihrer Stelle entstehen die großen Ringstraßen, und als Aussichtspunkt auf die Stadt wird der Piazzale Michelangelo angelegt.

1865 – 1871: Hauptstadt Italiens

Seit der Konzentration der Politik auf Rom im Windschatten der politischen und wirtschaftlichen Weiterentwicklung Italiens gelegen, reicht die Bewahrung des großartigen kulturellen Erbes der Stadt allein nicht aus, so dass sich in Florenz bis zum Ende des 19. Jh.s die

1871 – 1922: Soziale Spannungen

wirtschaftliche Lage enorm verschlechtert. Liberale, demokratische und sozialistische Ideen streiten miteinander um gesellschaftliche Veränderungen. Zwischenzeitlich wird Florenz zu einem **innovativen geistigen Zentrum**, wo sich zahlreiche Literaten und Landschaftsmaler zu Hause fühlen. Bei den Kommunalwahlen 1913 erreichen die Sozialisten die absolute Mehrheit. Durch den Ersten Weltkrieg werden die sozialen Spannungen noch verschärft. Danach finden Straßenschlachten zwischen Linken und Faschisten statt.

1922 – 1939:
Faschismus

1922 kommen die Faschisten an die Macht. Zahlreiche Linksliberale gehen in den Untergrund und werden später Partisanen. Viele Florentiner sind zwar Anhänger Mussolinis, engagieren sich politisch aber wenig.

1943 – 1944:
Im Zweiten Weltkrieg

Nachdem im Verlauf des Zweiten Weltkriegs 1943 Mussolini abgesetzt worden war und die neue Regierung Waffenstillstand mit den Alliierten geschlossen hat, besetzen deutsche Truppen am 11. September 1943 Florenz. Daraufhin wird es von den amerikanischen Verbänden bombardiert. In der von den Linksparteien getragenen Resistenza sammelt sich die Opposition für eine radikale politische Neugestaltung Italiens. Im August des folgenden Jahres zerstören die Deutschen alle Arno-Brücken bis auf den Ponte Vecchio, bevor die Stadt von den Alliierten befreit werden kann. Bei der Volksabstimmung 1946 votieren die Florentiner gegen den Erhalt des Königreichs und für die Republik Italien.

Kommunaler Neubeginn

seit 1946	häufige links-liberale Stadtregierungen
1966	Verheerende Arnoüberflutung
1993	Bombenattentat im Zentrum

Rasanter Wandel

In der Nachkriegszeit vollzieht sich ein rasanter sozialer und wirtschaftlicher Wandel. Durch den Wirtschaftsaufschwung gelangen breite Bevölkerungsschichten zu Wohlstand. Von 1946 bis 1951 regiert eine Koalition aus Kommunisten und Sozialisten die Stadt. Die Jahre bis 1964 werden vom populären christlich-sozialen Bürgermeister **Giorgio La Pira** geprägt, der sich für soziale Randgruppen einsetzt. Anschließend folgen Mitte-Links- und ab 1975 meistens wieder kommunistisch-sozialistische Stadtregierungen.

1966:
Arnoüberflutung ►

Eine schwere Flutkatastrophe trifft die Stadt, als der Arno am 4. November 1966 über die Ufer tritt. Bis zu 6 m hoch steht das Wasser in Straßen, Wohnungen, Museen und Bibliotheken. Zahlreiche Tote und Obdachlose sowie erhebliche Schäden an der historischen Bausubstanz und an vielen Kunstwerken sind die Folge.

► Kommunaler Neubeginn

Seit dem europaweiten **Studenten-aufstand 1968** erlebt auch die Universitätsstadt Florenz wiederholt politische Unruhen, infolgedessen die traditionellen Werte in Frage gestellt werden. Die Emanzipation der Frauen im Rahmen des **Feminismus** spielt dabei eine wichtige Rolle. Diese Protestbewegung verliert allerdings an Zugkraft, als einige Anhänger in der Drogenszene oder in terroristischen Gruppen enden. Die Achtziger-Jahre stehen im Zeichen eines erneuten **Wirtschaftsaufschwungs**, nicht zuletzt auch durch den boomenden Tourismus. 1981 wird das historische

Bei dem Bombenanschlag 1993 wurden im historischen Zentrum Gebäude und Kunstwerke beschädigt.

Zentrum von Florenz in die **UNESCO-Weltkulturerbeliste** aufgenommen und 1986 zur Europäische Kulturhauptstadt gewählt. Um die zunehmenden Lärm- und Abgasbelästigung einzudämmen, schränkt man den privaten Autoverkehr im Zentrum erheblich ein.

1993: Bombenanschlag

Bei einem Bombenanschlag der Mafia am 27. Mai im Stadtzentrum kommen sechs Menschen ums Leben und etwa 30 werden verletzt. Zudem entstehen Schäden an den Uffizien, und zahlreiche Kunstwerke sind zerstört oder beschädigt.

Jahrtausend-wende

Die Innenstadt ist mittlerweile weitgehend zur Fußgängerzone umgewandelt worden. Im November 2002 ereignet sich eine große Friedensdemonstration in Form einer Menschenkette von 1 Mio. Teilnehmern in den Straßen der Stadt.

2009

Als einer der jüngsten Bürgermeister Italiens wird im Juni 2009 Matteo Renzi (35 Jahre) von der Partito Democratico ins Amt gewählt. Er setzt damit die Tradition der links gerichteten Stadtverwaltung von Florenz fort.

2015/2016

Ein Blick in die Zukunft von Florenz verspricht große Neuigkeiten zum Thema Infrastruktur, nämlich die Fertigstellung des neuen Bahnhofs für Hochgeschwindigkeitszüge im ehemaligen Schlachthofviertel im Nordwesten der Stadt. Er ist von Norman Foster und Ove Arup entworfen worden, und man hat mit den Bauarbeiten 2010 begonnen. Und auch das schon seit Jahren fortschreitende riesige Projekt der »Nuovi Uffizi« soll bis 2015/2016 abgeschlossen sein: nämlich die Restaurierung, Erweiterung und Neuordnung der Uffizien.

Kunst und Kultur

Florenz ist ein Gesamtkunstwerk der Renaissance mit Kunstwerken von unschätzbarem Wert in Museen, Kirchen und Palästen. In keiner anderen Stadt der Welt ist diese Kunstepoche so konzentriert und mit solchen Epoche machenden Meisterwerken vertreten, so dass der Schwerpunkt der Kunstgeschichte auch hierin liegt.

Kunstgeschichte

Florenz ist **eine Kunst- und Kulturmetropole ersten Ranges**. Die schöpferischen Leistungen der Künstler dieser Stadt haben in der Zeit vom 14. bis 16. Jh., besonders während der Epoche der Renaissance, die europäische Kunst- und Kulturgeschichte nachhaltig geprägt. Angesichts der Fülle von bedeutenden Kunstwerken kann nur eine Auswahl aus Architektur, Plastik und Malerei überblicksweise im Folgenden beschrieben werden.

Antike

Die Hügellandschaft um Florenz ist zwar **altes Siedlungs- und Kulturgebiet**, aber die Stadt selbst ist als römische Veteranenkolonie mit dem Namen Florentia erst 59 v. Chr. von Caesar gegründet worden. Die Kunst und Kultur der **Etruskerzeit** und der römischen Republik war in Faesulae, dem heutigen Fiesole, oberhalb des Arnotals konzentriert. Florenz gelangte erst im Verlauf der **römischen Kaiserzeit** im 1. und 2. Jh. n. Chr. zur kulturellen Blüte.

In dieser Phase entstanden in der Nähe des Forums (Piazza della Repubblica) marmorverkleidete Tempel, Säulenkolonnaden, Thermenanlagen und außerhalb der Stadtmauern ein Theater auf dem Areal des heutigen Palazzo Vecchio sowie ein großes Amphitheater westlich der Kirche Santa Croce.

Im Zug von Stadtsanierungsmaßnahmen sind schon seit dem 19. Jh. von Archäologen viele römische Funde gemacht worden, Mosaike, Fragmente von Statuen, Bruchstücke von Tempeln und Häusern, Münzen, die heute zusammen mit den etruskischen Kunstwerken aus Mittelitalien im Archäologischen Museum von Florenz zu sehen sind. Die vielen antiken Statuen in den Uffizien, im Pitti-Palast und im Boboli-Garten stammt nicht aus Florenz, sondern gelangten über die Sammeltätigkeit der Medici-Fürsten von Rom und Süditalien in die Stadt.

Frühmittelalter

Frühchristliche Sakralbauten aus dem späten 4. und frühen 5. Jh. sind als Vorgängerbauten von Santa Felicità, San Lorenzo und Sant' Ambrogio nachweisbar. Bei Grabungen in Santa Felicità stieß man in ihren Katakomben auf Grabplatten mit griechischen Inschriften, die ins Jahr 418 datiert sind. Vieles wurde allerdings durch die Eroberungsfeldzüge der Langobarden im 6. Jh. zerstört. In der Folgezeit hat die Arnostadt bis zum 11. Jh. keine bedeutsamen kulturellen und künstlerischen Leistungen hervorgebracht.

← San Miniato al Monte: ein hervorragendes Beispiel der romanischen, florentinisch-toskanisch geprägten Architektur

Romanik

Architektur Um die Mitte des 11. Jh.s entwickelte sich Florenz zu einem **Zentrum der kirchlichen Reformbewegung**, als der aus Burgund gebürtige Geistliche Gerhard 1045 Bischof von Florenz wurde und die Reformideen von Cluny mitbrachte, was sich auch im Kirchenbau äußerte. Als Papst Nikolaus II. legte er 1059 den Grundstein zum Bau des Baptisteriums San Giovanni. Vermutlich im selben Jahr begann man auf Veranlassung des Legaten Hildebrand, des späteren Papstes Gregor VII., mit dem Ausbau des Klosters San Miniato, einer Benediktinerabtei cluniazensischer Reform. Da beide Bauwerke unverändert überkommen sind, bieten sie hervorragende Beispiele der romanischen, florentinisch-toskanisch geprägten Architektur des späten 11. und 12. Jh.s. Auffallend dabei ist die enge Verbindung zur römischen Antike in der Außengestalt und im Innenraum der Kirchenbauten.

San Miniato al Monte ▶ Die Kirche San Miniato beeindruckt durch ihre strahlende, weißgrün inkrustierte Fassade. **Inkrustation** nennt man die Verkleidung eines Ziegelbauwerks mit verschiedenfarbigen dünnen Marmorplatten, eine Technik, die aus der antiken römischen Baukunst bekannt ist und seit dem 11. Jh. in Florenz wiederverwendet wurde.

Geometrische Muster, Dreiecke, Quadrate, Rechtecke, eingefügt in die großen romanischen Rundbögen gestalten die dreifach gestufte Kirchenfassade. Das dreischiffige Innere ohne Querhaus, aber mit erhöhtem Chor über einer Hallenkrypta (11. Jh.) mit Märtyrergrab und mit offenem Dachstuhl, vermittelt den Eindruck einer frühchristlichen Säulenbasilika, die durch die eingestellten Schwibbögen und dem damit verbundenen Stützenwechsel im Langhaus eine ungewöhnliche Rhythmisierung erfährt. Beachtenswerte spätromanische Arbeiten sind die prachtvoll dekorierten Chorschranken mit der Marmorkanzel (12. Jh.) und der Fußboden in Einlegearbeit (1207).

Battistero San Giovanni ▶ Das Baptisterium San Giovanni aus dem 11. Jh., das man in der Renaissance wegen seiner ebenmäßigen Proportionen und der Inkrustation für ein antikes Bauwerk und deshalb für besonders nachahmenswert hielt (vgl. u. a. Dom und Fassade Santa Maria Novella; 15. Jh.), geht in seiner achteckigen Form auf frühchristliche Taufhäuser zurück – z. B. auf das Baptisterium von San Giovanni in Laterano in Rom –, übertrifft diese jedoch durch seine monumentalen Ausmaße. Seine drei Geschosse sind durch Marmorinkrustationen in Rechteck und Bogenformen verschiedenartig gegliedert.

In seiner Ausgeglichenheit und Regelmäßigkeit der Formen ist das Baptisterium unter Verwendung antiker römischer Vorbilder bereits in vielem der Renaissancekunst vergleichbar, weshalb man hier, drei Jahrhunderte vor Beginn der eigentlichen Renaissance, sogar von Protorenaissance, also einer Vorwegnahme einzelner Stilmerkmale, spricht. Auch im Innern sind die Wände mit verschiedenfarbigen geometrischen Marmorflächen gegliedert. Insgesamt herrscht jedoch ein düsterer, mittelalterlicher Raumeindruck vor. Durch schmale Fenster fällt nur wenig Licht in den Innenraum, den kräftige Granitsäulen und Pilaster gliedern, überhöht von einem achtteiligen, ansatzweise doppelschaligen Gewölbe. Geschmückt ist es mit bedeutenden Mosaiken aus dem 13. Jh., die u. a. die Schöpfungsgeschichte, die Josephslegende, das Leben Christi und die Geschichte Johannes' des Täufers darstellen. Die Mosaizierung geht auf venezianische Künstler zurück, die etwa seit 1230 in Florenz arbeiteten und die die in Byzanz gepflegte Mosaikkunst, die in Ravenna und Venedig meisterhaft nachgeahmt wurde, in die Arnostadt vermittelten.

Etwa zur selben Zeit wie das Baptisterium entstand die Kirche **Santi Apostoli**, erstmals 1075 urkundlich erwähnt. Ihr Inneres vermittelt noch den Eindruck einer frühchristlichen dreischiffigen Basilika mit offenem Dachstuhl und schmalen Obergadenfenstern. Konstruktive und schmückende Teile wie Säulen mit Entasis, Kompositkapitelle – zwei sind original antik – und abgestufte Arkadenbögen orientieren sich an antiker Formensprache und geben der Florentiner Romanik ein römisch-klassisches Gepräge.

Gotik

Erst Ende des 13. Jh.s hielt der gotische Stil der Baukunst in Florenz seinen Einzug. Nach vielen innenpolitischen Parteikämpfen wurde zunächst zwischen 1254 und 1261 der wehrhafte Palazzo del Podestà gebaut, später **Bargello** genannt nach dem italienischen Wort für Amtsbüttel, als Sitz des auswärtigen obersten Exekutivbeamten. **Architektur** Dieser sollte als neutrale Instanz, gebunden an strenge Gesetze, für Recht und Ordnung in der Stadt sorgen. Der imposante festungsartige Bau aus Hau- und Bruchstein mit hohem Turm hatte ursprünglich außen Holzgalerien. Im Innern gibt es einen eindrucksvollen Hof mit weitgespannten Arkaden sowie mehrere steingewölbte Versammlungssäle und eine freskengeschmückte Kapelle. Nachdem sich das Zunftregiment seit 1292 endgültig in Form eines neunköpfigen Regierungskollegiums, Signoria genannt, etabliert hatte, bedurfte es eines neuen Regierungssitzes. Von 1299 an errichtete man den Palazzo dei Priori – seit dem 16. Jh. als **Palazzo Vecchio** bezeichnet –, der im Kernbau 1314 vollendet war. Das Äußere dieses Rathauses entspricht noch stark den Vorstellun-

Im Bargello wurde für Recht und Ordnung gesorgt.

gen eines mittelalterlichen Wehrbaus. Die massive Fassade des Baus ist lediglich mit Bossenquadern geschmückt, wobei in ihren oberen Geschossen gotische Zwillingsfenster eingelassen sind. Bekrönt wird der Kommunalpalast von einem Laufgang mit Zinnen. Dort befindet sich eine Reihe von Wappen, die die wechselvolle mittelalterliche Herrschaftsgeschichte des Stadtstaats Florenz widerspiegeln. Links vom Palazzo Vecchio befindet sich etwas zurückgesetzt ein kleiner Palazzo, das ehemalige Handelsgericht, um 1359 erbaut, dessen gotische Fassade ebenfalls mit einer Wappenfolge der sieben großen und 14 kleinen Zünfte geschmückt ist.

In der Wohnarchitektur waren im 13. Jh. noch die Geschlechtertürme vorherrschend, die nach der Konsolidierung der Kommune geschleift wurden, denn der Turm des Palazzo Vecchio sollte sich als Ausdruck von kommunaler Macht und Bürgerstolz deutlich von allen anderen Gebäuden abheben.

1246 begann man mit dem Bau der Kirche Santa Maria Novella.

Von der gotischen Palazzo-Architektur haben sich noch der loggiabekrönte **Palazzo Davanzati** und der zinnenbekrönte **Palazzo Spini-Ferroni** aus dem 14. Jh. erhalten.

Im Sakralbau entstand in der Zeit um 1300 mit **Santa Maria Novella** die erste gotische Dominikaner-Bettelordenskirche in Form einer dreischiffigen, weiträumigen Pfeilerbasilika mit Kreuzgratgewölben. Das gotische Monumentalbauwerk, der **Dom Santa Maria del Fiore**, wurde 1296 begonnen und mit langen Verzögerungen durch häufigen Planwechsel erst 1436 geweiht, die Fassade erst im 19. Jh. neogotisch vollendet. Bei allen gotischen Kirchen in Florenz ist von einem filigranen Glieder- oder Skelettbau, der traditionell dem Baustil der Gotik eigen ist, kaum etwas zu bemerken. Es fehlen weitgehend die üblichen Strebepfeiler, Maßwerkformen und bauplastisch durchgestalteten Fassaden. Auch die Innenräume weisen florentinische Eigenheiten auf. Das Dominnere bietet sich dem Eintretenden als dreischiffige Pfeilerbasilika auf lateinischem Kreuzgrundriss dar. Das breitgelagerte, nur durch vier Joche unterteilte Langhaus wirkt nüchtern und hallenartig. Die ohne Triforium unmittelbar auf den mächtigen Arkaden ruhenden Kreuzrippengewölbe verstärken diese kompakte Breitenwirkung noch. Kaum etwas erinnert an die schmalen aufstrebenden Formen, die der Gotik in Frankreich und Deutschland eigen sind.

Malerei

◄ Cimabue

Im Bereich der Malerei zählt Cimabue (um 1240/1245 bis nach 1302) zu den ersten Meistern, die sich langsam aus dem starren, über Jahrhunderte hindurch gültigen Formenkanon der byzantinischen Ikonenmalerei lösten und zu einer plastischeren und farblich differenzierten Gestaltung gelangten. **Cimabues** »Thronende Madonna« (um 1275, Uffizien) und der gemalte Kruzifixus (um 1287, Santa Croce) legen davon Zeugnis ab.

◄ Giotto

Vollends aber brach erst Giotto di Bondone(um 1267 – 1337) mit der unkörperlichen und unräumlichen Darstellungsweise der byzantinisch-mittelalterlichen Malerei. Mit seinen in den ersten drei Jahrzehnten des 14. Jh.s geschaffenen Fresken (Santa Croce) und Altartafeln (»Thronende Madonna«, Uffizien) gilt er als Begründer der neuzeitlichen europäischen Malerei, da er ein auf Beobachtung von Realität gegründetes Bild der Welt und des Menschen schafft.

◄ Weitere Künstler

Im Verlauf des 14. Jh.s arbeitete eine Reihe von Malern teils nach dem Vorbild Giottos, teils im Stil der internationalen Gotik. Zu den wichtigen Florentiner Werken zählen die Fresken des Jüngsten Gerichts, des Paradieses und der Hölle (um 1357) von **Nardo di Cione** (Santa Maria Novella), ein stilistisch konservatives Werk von mittelalterlicher Geistigkeit durchdrungen. Etwas heiterer in der Grundstimmung ist der bedeutende Freskenzyklus von **Andrea Bonaiuto da Firenze** (gest. 1377) in der Spanischen Kapelle (Santa Maria Novella) mit einem großartigen Bildprogramm (1365 – 1367), das den Weg des Menschen zum Heil aufzeigt.

In der Franziskanerkirche Santa Croce, wo Giotto exemplarische Werke hinterließ, malte in direkter Nachfolge sein Schüler **Taddeo Gaddi** in der Cappella Baroncelli einen Freskenzyklus mit Szenen aus dem Leben Jesu und Marias (um 1335). In der Hauptchorkapelle von Santa Croce entstand zwischen 1380 und 1390 der bedeutende Freskenzyklus von **Agnolo Gaddi** zur Legende des Heiligen Kreuzes. Beide Maler übernahmen weitgehend den monumentalen Figurenstil Giottos und seine ansatzweise tiefenräumliche Bildanlage, ohne zu neuen Kompositionslösungen zu gelangen.

Skulptur

◄ di Cambio

Auf dem Gebiet der gotischen Skulptur zählen die plastischen Werke von Arnolfo di Cambio, die erste Bronzetür des Baptisteriums von Pisano und das Marmortabernakel von Orcagna in Orsanmichele zu den herausragenden Leistungen. Arnolfo di Cambio (um 1245 bis 1302) war seit 1296 als Dombaumeister in Florenz tätig. Die wenigen ihm zugeschriebenen Skulpturen (u. a. »Hl. Reparata«, »Madonna mit segnendem Christuskind«, »Papst Bonifaz VIII.«, Dommuseum) zeigen einen blockhaften Umriss der monumentalen Figur mit teilweise antikisierenden Tendenzen in Pose, Mimik und Gestik.

◄ Pisano

Um 1330 trat mit Andrea Pisano (um 1295 – vor 1358) wieder ein epochemachender Bildhauer und Goldschmied auf. Sein bedeutendes und einzig sicheres Werk ist die älteste Bronzetür des Baptisteriums (1330 – 1336) mit 28 Vierpassrelieffeldern. Die Reliefszenen aus dem Leben Johannes' des Täufers sind räumlich klar aufgebaut und figürlich ausgewogen komponiert mit ruhig agierenden Gestalten in spannungsvoller Gebärde, teilweise körperlich vollrund modelliert oder in faltenreiche Gewänder gehüllt. Das Erbe Giottos und der römischen Sarkophagreliefs finden in diesem Figurenstil ihren Niederschlag.

Orcagna ▶ Andrea Orcagna (1343/1344 erstmals in Florenz erwähnt; gest. 1368) war nicht nur als Bildhauer, sondern auch als Maler und Architekt tätig. Nur wenige Werke sind erhalten. Das Marmortabernakel mit Szenen aus dem Marienleben (1352 – 1359) in Orsanmichele zählt zu Orcagnas gelungensten Arbeiten.

Frührenaissance

Architektur Die vordringlichste Aufgabe der Baukunst zu Beginn des 15. Jh.s in
Brunelleschi ▶ Florenz war die Fertigstellung des **Doms,** vor allem die Überkuppelung des Vierungsraumes. Filippo Brunelleschi (1377 – 1446) gelang dies mit Hilfe einer freitragenden, doppelschaligen, parabelförmigen Konstruktion zwischen 1420 und 1436, die für den Kuppelbau des Barock wegweisend war. Überhaupt ist Brunelleschi der eigentliche Schöpfer der Renaissance-Architektur auf der Basis eines gründlichen Studiums der antiken Baukunst und mit Hilfe der für die Bauzeichnung wichtigen linearperspektivischen Projektion, die von ihm zwischen 1410 und 1420 wiederentdeckt wurde. So entstanden exakt berechnete wohlproportionierte Profan- und Sakralbauten in Anlehnung an klassisch-antike und frühchristliche Baugedanken.

Das Findelhaus (**Ospedale degli Innocenti**), begonnen 1419, ist der erste neuzeitliche profane Bau mit epochemachender Säulenvorhalle wie bei einem antiken Tempel anstelle der mittelalterlichen Stützpfeiler. Das Gewölbe dieser Loggia besteht zudem aus einer Folge von Hängekuppeln, die die mittelalterlichen Kreuzgrat- und Kreuzrippengewölbe ersetzen. Im Sakralbau setzte Brunelleschi mit der Alten Sakristei von San Lorenzo (um 1420), ein aus Kubus und Kugel entwickelter Kuppelbau, neue Akzente in der Zentralraumarchitektur. Wichtige Neuerungen erbrachte Brunelleschi auch im Langhausbau. **San Lorenzo** (begonnen um 1420) und **Santo Spirito** (begonnen 1436) sind beispielhafte, aus spätantiken und frühchristlichen Baukonzepten entwickelte Basiliken auf lateinischem Kreuzgrundriss mit klar gegliederten, äußerst harmonischen Innenräumen.

Michelozzo ▶ Neben Brunelleschi wirkte vor allem Michelozzo (1396 – 1472) als Architekt und Bildhauer in Florenz und war dessen Nachfolger im Dombaumeisteramt (1446 – 1452). Mit dem **Palazzo Medici-Riccardi** (1444 – 1460) schuf Michelozzo den Prototyp des florentinischen Stadtpalastes mit festungsartiger Schaufront in Rustikaquaderung, mit zweigeteilten Bogenfenstern in Weiterentwicklung der gotischen Biforien, mit umlaufenden Kranzgesimsen und mit einem Arkaden-Innenhof. Ebenfalls im Auftrag der Medici errichtete er zwischen 1437 und 1452 die Konventsgebäude des Dominikanerklosters **San Marco**. Die ohne Dormitorium um einen Innenhof gruppierten kleinen tonnengewölbten Einzelzellen unter gemeinsamem offenem Dachstuhl sind Ausdruck des Individualismus, der auch im Klosterwesen im 15. Jh. Einzug hält. Mit der Kirche **Santissima Annunziata** – heute barockisiert – wurde zwischen 1444 und 1453 unter Federführung Michelozzos ursprünglich der erste einschiffige Saalbau geschaffen, mit einer Folge von Wandkapellen, ein Schema, das später bei vielen Barockkirchen verwendet wurde.

Auf dem Gebiet der **Malerei** ist zu Beginn des Quattrocento (15. Jh.) noch der traditionelle Formenkanon des internationalen gotischen Stils vorherrschend. Der aus den Marken stammende **Gentile da Fabriano** (um 1370 – 1427) war bei aller Meisterschaft im realistischen Detail ein die höfische Gesellschaft in prunkvoll festlicher Manier porträtierender Spätgotiker, wie sein Gemälde »Anbetung der Könige« aus dem Jahr 1422 in den Uffizien belegt.

Medici-Riccardi: Prototyp des florentinischen Stadtpalastes

Als der Schöpfer der italienischen Renaissance-Malerei gilt **Masaccio** (1401 – 1428), der mit Hilfe der von Brunelleschi neu entdeckten Linearperspektive zu einer nie zuvor erreichten Plastizität und Wirklichkeitstreue der Figuren, Räume und Landschaften gelangte. Die Altartafel »Hl. Anna Selbdritt« (1424/1425, Uffizien), der Freskenzyklus aus der Lebensgeschichte des Apostels Petrus in der Brancacci-Kapelle von **Santa Maria del Carmine** und das Trinitätsfresko (1426/1427) in Santa Maria Novella, ein Meisterwerk perspektivischer Raumdarstellung, legen davon Zeugnis ab.

Uccello, Paolo (um 1397 – 1475) griff um 1435 die Vorgaben Masaccios auf und gelangte mit seinem Reiterbildnis des florentinischen Söldnerführers Giovanni Acuto (John Hawkwood) von 1436 (Dom) zu einer großen imposanten dreidimensionalen Darstellung eines Reitermonuments. In dem Fresko der Sintflut (um 1448; Chiostro Verde, **Santa Maria Novella**) und in der Schlacht von San Romano (um 1456, Uffizien) zeigt er sich als leidenschaftlicher Perspektiviker, der zu ungewöhnlichen, teils antinaturalistisch-abstrakten Kompositionslösungen kam.

◄ Uccello

del Castagno ▶ Andrea del Castagno (1421–1457) beschäftigte sich der malerischen Wiedergabe der plastischen Figur und zeigte sich dabei stark von der Skulptur der Frührenaissance beeinflusst. Zwischen 1445 und 1450 entstanden im Freskenzyklus von Sant' Apollonia (**Cenacolo di Sant' Apollonia**) Passionsszenen und ein Abendmahl mit lebensgroßen voluminösen Figuren, die durch allerlei Blicke und lebhafte Gebärden miteinander kommunizieren.

In dem Zyklus Uomini famosi (um 1450) der Villa Pandolfini in Legnaia (heute Uffizien und Cenacolo Sant' Apollonia) sind Einzelpersönlichkeiten der Florentiner Geschichte, der Mythologie und des Alten Testaments mit verblüffender Illusionskraft lebensgroß und statuengleich gemalt worden.

Fra Angelico ▶ Sparsam in der Raumgestaltung und wenig artikuliert in der Körpersprache malte der Dominikanermönch Fra Angelico (um 1387 bis 1455) seine Altartafeln und Fresken (**San Marco** und Uffizien) mit zarten Gestalten, in farbenprächtigen, faltenreichen Gewändern auf ornamentiertem Goldgrund, gelangte aber mit Hilfe der kreis- und halbkreisförmigen Figurenanordnung zu einer überzeugenden, die Bildfläche und den Bildraum vereinigenden Komposition.

Filippo Lippi ▶ Der Malermönch Fra Filippo Lippi (1406–1469) orientierte sich dagegen stärker an den plastisch modellierten Gestalten von Masaccio. Lippis Hauptwerk bilden die Fresken im Dom zu Prato. Daneben gibt es eine Reihe von Marientafeln (Uffizien, Pitti-Palast) in gefälligem, schönlinigem Stil und in verhaltener Gebärdensprache.

Botticelli ▶ Sandro Botticelli (1445–1510) war ein weiterer Maler, der im Dienst der Medici stand. In der »Anbetung« von 1475 (▶ Abb. S. 27; Uffizien) treten drei Generationen der Medici als Könige und ihre Begleiter auf, umgeben von Literaten, Humanisten und vom Maler selbst. Berühmter sind jedoch Botticellis allegorische Bilder »Der Frühling« und »Geburt der Venus« (beide Uffizien), die die Beschäftigung des Malers mit humanistischen Ideen in der Zeit um 1480 offenbaren als kühne Synthese von neoplatonischem und christlichem Gedankengut. Trotz der Darstellungen einiger Aktfiguren ist Botticellis Malerei in wesentlichen Zügen eher noch gotisch in der Betonung der S-förmig geschwungenen Körperlinie, der rauschenden Gewänder und verklärenden Blicke statt eines wirklichkeitsnahen, auf Anatomiestudien beruhenden Renaissance-Menschenbildes.

Fresko des erzählfreudigen Malers Ghirlandaio

In Domenico Ghirlandaio (1449–1494) fand die Florentiner Ober- ◄ Ghirlandaio
schicht einen ihrer erzählfreudigsten Maler. Seine Fresken in der
Hauptchorkapelle von **Santa Maria Novella** mit Szenen aus dem Leben Marias und Johannes des Täufers (1486–1490) sind eine Huldi-
gung an das damalige großbürgerliche Florenz mit einer Fülle von
Porträts berühmter Zeitgenossen, von lokalen Schauplätzen, von Ein-
blicken in vornehme Bürgerstuben, von panoramahaften Land-
schaftsausblicken, von Festmählern und Tanzdarbietungen, die allesamt die sinnenfrohe Lebenswelt der zweiten Hälfte des Quattrocento, der Epoche Lorenzos des Prächtigen, widerspiegeln.

Wollte man ein Fixdatum für die von Florenz ausgehende Erneue- **Skulptur**
rung der abendländischen Skulptur setzen, käme nur der öffentliche
Wettbewerb der besten Bronzebildner um die zweite Baptisteriums-
tür von 1401 in Frage. Die Konkurrenzreliefs mit der Opferung
Isaaks (1402) der führenden Meister Ghiberti und Brunelleschi sind
erhalten (Bargello) und vergegenwärtigen am Beispiel des expressiven Realismus von Brunelleschi und des dekorativen Illusionismus
Ghibertis die Leitlinien der Frührenaissance-Skulptur. Mit seiner
zwischen 1403 und 1424 ausgeführten Bronzetür gelang Lorenzo ◄ Ghiberti
Ghiberti (1378–1455) ein epochales Werk. Unmittelbar nach Vollendung der Pforte gab man Ghiberti auch den Auftrag für die
dritte, die Osttür des **Baptisteriums**, später »**Paradiestür**«

genannt. Wieder sollte Ghiberti über 20 Jahre an dieser Tür
arbeiten (1425–1452). Die Fertigstellung verzögerte sich
hauptsächlich aus technischen Gründen, da viele Experimente beim Bronzegießen und Vergolden vorgenommen
wurden und dieses seit der Antike vernachlässigte Handwerk
erst wieder neu erlernt werden musste. Ghibertis zehn vergoldete Bronzetafeln mit Szenen aus dem Alten Testament
erzielen in Verbindung von Hoch- und Flachrelief eine nie

Tafel der
zuvor erreichte malerisch-illusionistische Wirkung. Ghiberti war in *wundervollen*
der Hauptsache Goldschmied und Bronzebildner und schuf für **Or-** *Paradiestür*
sanmichele die monumentalen Bronzefiguren »Johannes der Täufer«
(1414), »Matthäus« (1419–1422) und »Stephanus« (1429).
Ein anderes herausragendes Projekt für die Bildhauer in Florenz war ◄ di Banco
die skulpturale Ausschmückung des **Doms Santa Maria del Fiore**.
Nanni di Banco (um 1370/1375–1421) arbeitete um 1403 an der
Porta della Mandorla mit, dem am reichsten geschmückten Portal
der Kathedrale, für das er gegen 1414 das Giebelrelief der Himmelfahrt Marias mit der Gürtelspende des hl. Thomas schuf. Im Jahr
1408 skulptierte er aus Marmor den Evangelisten Lukas für die
Domfassade, ein schulemachender Typus der Sitzfigur mit sicherer
Beherrschung des Körperaufbaus und beredtem Gesichtsausdruck.
Es folgte eine Reihe von Statuen für die Außennischen von **Orsanmi-**
chele. Bei allen Skulpturen ist erstmalig die Rezeption der antiken
Kontrapostfigur zu beobachten und eine an der römischen Porträtbüste orientierte Modellierung der Köpfe.

Donatello:
Hl. Magdalena

Donatello ▶ In anregender Auseinandersetzung mit dem plastischen Werk Nannis gelangte Donatello (1382/1386 – 1466) zu herausragenden Leistungen, die ihn als den **eigentlichen Schöpfer der neuzeitlichen Skulptur** berechtigt erscheinen lassen. Der »Marmordavid« (1408/1409, Bargello), Standfigur und Relief »Hl. Georg« (um 1415 – 1417, Bargello) bezeugen seine dramatische, von Gegensätzen bestimmte Figurenkonzeption, die auf der Verwendung des Kontrapostes aus Stand- und Spielbein sowie der daraus folgenden Verschiebung der Körperachsen beruht in Verbindung mit sich in der Physiognomie widerspiegelnder innerer Erregung der Gestalten. Ähnliches zeigt sich auch bei seinen monumentalen Nischenfiguren für den Dom: Prophet mit Schriftrolle, Habakuk, Jeremias (1425 – 1435; alle im Dommuseum), bei denen er klassischen Körperaufbau mit gotischer Gewandfigur verbindet und den Statuen Leidenschaft sowie prophetische Kraft verleiht. Im Gegensatz dazu steht die weich modellierte knabenhafte Bronzefigur des David (um 1435, Bargello), die erste freistehende und nackte Figur seit der Antike. Mit seiner Sängerkanzel (1433 bis 1439, Dommuseum) schuf Donatello ein furioses Tanzensemble ausgelassener Puttoknaben. Auf dem Gebiet der Holzplastik zeigt Donatello sein großes Talent mit dem Kruzifix (1412 – 1420) von **Santa Croce**, das in seinem expressiven Naturalismus die Menschenähnlichkeit des Gottessohnes betont. Von erschütternder Tragik ist sein Spätwerk, die »Hl. Magdalena« (Dommuseum), eine Holzfigur, nach 1453 geschaffen, deren ausgezehrte, greisenhafte Gestalt im Vergleich zur makellosen Schönheit des »Bronzedavids« von 1435 die künstlerische Wandlungsfähigkeit Donatellos deutlich macht.

della Robbia ▶ Luca della Robbia (1400 – 1482) gestaltete mit seiner Sängerkanzel (1431 – 1438; Dommuseum) – als Gegenstück zu der von Donatello – zwar ein qualitätvolles Marmorrelief mit musizierenden und tanzenden Kindern sowie mit der nördlichen Sakristeitür im Dom auch ein wichtiges Bronzewerk, sein Hauptaugenmerk galt aber der Keramik. Er war der Gründer einer bedeutenden Familienwerkstatt des 15. und 16. Jh.s, zu der auch Andrea (1435 – 1525) und dessen Söhne Giovanni und Giuliano della Robbia gehörten, die sich der Herstellung gebrannter, mit Email oder Bleiglasur überzogener zunächst blau-weißer, später farbiger Reliefs widmeten, die in vielen kirchlichen (**Dom**) und öffentlichen (**Findelhaus**) Bauten von Florenz zu finden sind.

Settignano ▶ Von Donatello beeinflusst, aber weniger leidenschaftlich und expressiv arbeitete Desiderio da Settignano (um 1430 – 1464). Das Grabmal für den Humanisten Carlo Marsuppini (um 1453) in **Santa Croce**, das Sakramentstabernakel (1461) in **San Lorenzo** und die Porträtbüsten (u. a. »Junge Dame«, Bargello) zeigen vor allem in der Vorliebe für das ornamentale Detail und in der sensiblen, fast zeichnerischen Oberflächenbehandlung des Marmors Charakteristika der Kunst Settignanos.

Brüder Rossellino ▶ Sein Zeitgenosse ist der Architekt und Bildhauer Bernardo Rossellino (1409 – 1464), dessen Wandnischengrabmal für den Staatskanzler

Leonardo Bruni (um 1450) in Santa Croce stilbildend war für eine Reihe weiterer Grablegen des florentinischen Patriziats. Sein Bruder Antonio Rossellino (1427–1479) gestaltete das Grabmal des Kardinals von Portugal (1461–1466) in San Miniato al Monte sowie hervorragende lebensnahe Porträtbüsten.

Benedetto da Maiano (1442–1497) leistete u. a. mit seiner 1474 geschaffenen, bestechend realistischen Porträtbüste des Pietro Mellini (Bargello) und der ebenfalls um diese Zeit gestalteten Marmorkanzel von **Santa Croce** mit Reliefs der Franziskuslegende und Tugendfiguren sowie mit den unvollendeten Spätwerken »Madonna mit Kind« und »Hl. Sebastian« (Misericordia-Kapelle) bedeutende Beiträge zur Florentiner Skulptur, die bereits in die Formensprache der Hochrenaissance vorausweisen. ◀ Maiano

Der überragende Bildhauer und Bronzegießer in der zweiten Hälfte des 15. Jh.s war jedoch Andrea del Verrocchio (1436–1488), der auch als Maler Talent bewies (u. a. »Taufe Christi«, Uffizien). Sein Grabmal für Piero und Giovanni de' Medici (1472 vollendet) besteht aus rein ornamentaler Ausschmückung in verschiedenfarbigem Marmor und Bronze. Der »Bronzedavid« (1472–1475, Bargello) ist die fein modellierte, naturalistische Figur eines Hirtenknaben, der selbstbewusst im Raum steht. Noch stärker auf Vielansichtigkeit angelegt ist die kraftvoll-realistische Figur des »Putto mit Delfin« (Palazzo Vecchio), der auf kunstvoll »gedrehte« Brunnenplastiken des Barock verweist. Die Marmorbüste einer »Dame mit Sträußchen« (Bargello) zeigt eine ausgezeichnete Oberflächenbehandlung des Marmors, so dass nicht nur Kopf und Hände, sondern auch die verschiedenen Stoffschichten gut zur Geltung kommen. ◀ Verrocchio

Zu seinen Meisterleistungen auf dem Gebiet der Großbronzen zählt die »Christus-Thomas-Gruppe« (1466–1483) von **Orsanmichele**, mit der er den Raum durchdringende Nischenfiguren schuf, die der barocken Skulptur wichtige Anregungen gaben.

Hochrenaissance

Innerhalb weniger Jahrzehnte hatte sich um 1500 der an der griechisch-römischen Antike orientierte Stil in Italien durchgesetzt, so dass man diese Phase bis zum Tod Raffaels (1520) als Hochrenaissance bezeichnet.

Als wegweisend für die Hochrenaissance-Baukunst in Florenz gelten die Bauwerke von Giuliano da Sangallo (1445–1516), der die Baukonzepte Brunelleschis weiterführte und so der florentinischen Architektur zur Reife verhalf. In Poggio da Caiano wurde unter seiner Leitung die **Villa Medicea** (1480–1485) errichtet. In Florenz war er verantwortlich für die Sakristei von **Santo Spirito**, ein achteckiger Zentralbau mit doppelschaliger Kuppel (1488–1492) und einer tonnengewölbten Vorhalle mit antikisierendem Schmuck, vor allem reich verzierten Kapitellen. Von 1480 bis 1500 leitete Sangallo auch **Architektur** ◀ Sangallo den Umbau von **Santa Maria Maddalena dei Pazzi**, wobei er im Langhaus Seitenkapellen hinzufügte, die den Eindruck eines einschiffigen Saalkirchenraums noch verstärken.

Cronaca ▶ Sein Zeitgenosse, der Architekt Cronaca (1457–1508), verwendete dasselbe Prinzip beim Bau von **San Salvatore al Monte** (1487 bis 1504), setzte aber mit der doppelgeschossigen, palastfassadenartigen Wandgliederung im Innern neue Akzente. Mit dem **Palazzo Gondi** (1490–1494) entwickelte Giuliano da Sangallo bereits Vorstellungen eines auf die römische Hochrenaissancebaukunst vorausweisenden Stadtpalastes. Nur ein Jahr zuvor war mit dem Bau des **Palazzo Strozzi** begonnen worden, für den nacheinander Sangallo der Ältere, Benedetto da Maiano und Cronaca zwischen 1489 und 1500 die Bauleitung übernahmen.

Im Gegensatz zum Palazzo Gondi, wo die Rustikaquaderung bei den drei Geschossen kontinuierlich abnimmt, zeigt der stilistisch konservativere Strozzi-Palast eine durchgängige Rustizierung der Fassade mit einer gleichmäßigen Reihung der Bogenfenster und sorgfältig gearbeiteten, die drei Geschosse trennenden Kranzgesimsen. Beide Palazzi haben sehr schöne Innenhöfe.

Als drittes Palast-Beispiel der Hochrenaissance sei der **Palazzo Pandolfini** (1517–1520) erwähnt, dessen Tabernakel-Fenster (mit Halbsäulen) und wechselnde Segment- und Dreiecksgiebel sowie das rustikale Portal inmitten der Grausteinfassade eindeutig auf die römische Hochrenaissance verweisen. Man vermutet, dass der Bauentwurf von Raffael stammt und von Mitgliedern der Architektenfamilie Sangallo ausgeführt wurde.

Malerei An der Schwelle zur Hochrenaissance steht das malerische Werk von
Filippino Lippi ▶ Filippino Lippi (1457–1504). Nach Ergänzungen der Fresken in der Brancacci-Kapelle (**Santa Maria del Carmine**) zwischen 1481 und 1483 ließ er mit dem Altarbild der »Vision des hl. Bernhard« (1486, **Badia**) die Bildvorstellungen der Frührenaissance noch ein letztes Mal aufleben und integrierte Stifterbildnis, Landschaft, Architektur und Stilleben mittels warmer tonaler Farben und ausgewogener Komposition zu einer Einheit. Die »Anbetung der Könige« (1496, Uffizien) präsentiert dagegen in unruhiger Bildanlage eine Fülle von Haltungs- und Bewegungsmotiven der Figuren, die sich auch in den Fresken der Cappella Strozzi von **Santa Maria Novella** mit Szenen aus dem Leben des Apostels Philippus und des Evangelisten Johannes finden, die Lippi 1502 vollendete. Dort herrscht ein bewegter Linienstil vor, die Architektur wirkt monumental und dekorativ überladen, die Figuren zeigen heftige Gebärden, alles Aspekte, die bereits den Stil des Manierismus ankündigen.

da Vinci ▶ Leonardo da Vinci (1452–1519), Maler, Bildhauer, Architekt, Techniker und Naturforscher, lernte die Malkunst in Florenz bei Andrea del Verrocchio und fiel mit zwei Jugendwerken, der »Taufe Christi« und der »Verkündigung« (1472–1475, beide Uffizien), die in Zusammenarbeit mit Verrocchio entstanden, als äußerst begabt auf. Die

»Anbetung der Weisen« (Uffizien) gilt als eigenhändiges Werk, blieb aber unvollendet, als Leonardo 1482 in den Dienst des Herzogs von Mailand trat. War die Weihnachtsgeschichte zuvor märchenhaft-volkstümlich dargestellt worden, so gewinnt sie in Leonardos unruhig-expressiver Version einer aus den Fugen geratenen Welt eine neue Dimension der Welterlösung. Leonardos Beitrag zur Malerei der Hochrenaissance liegt vornehmlich im Bereich der Helldunkeltechnik mit weichen Übergängen zwischen Licht- und Schattenzonen, die seinen Bildern große atmosphärische Qualität verleihen.

> **!** *Baedeker* TIPP
>
> ### Genialer Techniker
>
> Wer das Universalgenie Leonardo da Vinci auch einmal von einer anderen Seite kennenlernen möchte, dem sei das Museo Leonardo (Via dei Servi 66/68 r) empfohlen. Hier werden seine nachgebauten Erfindungen gezeigt. Öffnungszeiten: tgl. 10.00 – 19.00 Uhr; Internet: www.mostredi leonardo.com.

Raffael, eigentlich Raffaello Santi (1483 – 1520), stammte aus Urbino, ◄ Raffael ging bei Perugino in die Lehre und hat seine großen Werke in Rom hinterlassen. In Florenz hielt er sich nur vier Jahre zwischen 1504 und 1508 auf. In dieser Zeit entstanden das Doppelporträt von Agnolo und Maddalena Doni, geb. Strozzi (1505/1506, Palazzo Pitti), ein Werk von scharfer Beobachtungsgabe, die »Madonna mit dem Stieglitz« (um 1506, Uffizien) und die »Madonna del Granduca« (1505/1506, Palazzo Pitti), beides »liebenswürdige« Darstellungen von leicht melancholischer Stimmung, die jahrhundertelang das Raffaelbild recht einseitig geprägt haben.

Die hohe Porträtkunst Raffaels bezeugen die in Rom gemalten Bildnisse von Papst Leo X. (1517/1518, Uffizien), der »Donna Velata« (um 1514, Palazzo Pitti), einer schönen Römerin, und des Kardinals Inghirami (um 1516, Palazzo Pitti). Raffael führte die Malerei der Hochrenaissance zum Höhepunkt und zugleich zum Abschluss mit einer durchgängig optimistischen Lebensgrundhaltung trotz der Krisenzeit – es war die Epoche der Reformation. Harmonie und Schönheit, Stolz und Würde bestimmten sein Menschenbild.

Andrea del Sarto, eigentlich Andrea d' Agnolo (1486 – 1530), war von ◄ Andrea del Sarto Raffael, Leonardo und Michelangelo beeinflusst, arbeitete aber fast ausschließlich in Florenz. In der Kirche **Santissima Annunziata** sind eine Reihe seiner Fresken zu sehen, darunter die »Geburt Marias« (1514), ein streng geometrisch komponiertes Bild, aber mit schreitenden Figuren bewegungsreich ausgestaltet. Recht gut lässt sich der Stilwandel del Sartos nachvollziehen in dem Zyklus aus Grisaille-Malereien mit Szenen aus dem Leben Johannes des Täufers im **Chiostro dello Scalzo**, woran er mit Unterbrechungen in den Jahren 1510 bis 1526 arbeitete. Im Palazzo Pitti beeindrucken die kraftvoll-heldenhafte Bildgestalt Johannes des Täufers, vermutlich diente ein antiker Torso als Vorlage, sowie die Himmelfahrt Marias (um 1527), ein Werk von atmosphärischer Dichte durch wirkungsvolle Helldunkeltechnik und von tiefer religiöser Empfindung.

Skulptur

Michelangelo ▶

Es ist Michelangelo Buonarroti (1475 – 1564), der mit seinem Frühwerk in Florenz dem Hochrenaissance-Stil in der Skulptur zum Durchbruch verhalf, bevor er von 1496 bis 1501 nach Rom ging. Geschult an antiken Vorbildern und ausgebildet bei Ghirlandaio und Bertoldo zeigen bereits Michelangelos erste Werke (alle in der Casa Buonarroti), die »Madonna an der Treppe« (1491), die »Kentaurenschlacht« (1492) und das Holzkruzifix (1494), mit kühnen Verkürzungen und kontrastreichen Modellierungen seine starke Rezeption und zugleich bahnbrechende Erneuerung der antiken Kunst.

Der »Trunkene Bacchus« (begonnen 1497, Bargello) ist auf den ersten Blick lediglich eine Antikenrezeption, doch verblüfft, dass die Schulter über dem rechten Spielbein nicht nach hinten, sondern nach vorn gewendet ist, wodurch die Figur ins Schwanken gerät, was die antike Plastik ebensowenig kannte wie den expressiven Naturalismus der leicht dickbäuchig-vulgären Gestalt mit lallenden Mundzügen. Michelangelo interessierte weniger das ausgewogene, unter allen Umständen harmonische Figurenkonzept der Antike als vielmehr ein aus spannungsreichen Gegensätzen gestaltetes Spiel der Körperglieder. Dies drückt sich auch in der Kolossalstatue des **»David«** (1501 – 1504, Akademie; ▶ Baedeker Special S. 170/171) aus, einer klassischen Kontrapostfigur mit starken Gegensätzen zwischen Ruhe und Bewegung, Gelöstheit und Spannung. Michelangelos »David«,

»David« von Michelangelo: Äußerst selbstbewusst schaut der schöne Jüngling.

für die Außenfassade des Doms geplant, dann vor dem Palazzo Vecchio aufgestellt, bildet den Abschluss einer um 1400 begonnenen ganzen Serie von Darstellungen des alttestamentlichen Helden in Florenz, der neben seiner religiösen Bedeutung auch Vorbildfunktion für ritterliche Tapferkeit und im übertragenen Sinn für Zivilcourage hatte. Sein Kampf für Recht und Freiheit ließ sich zu Beginn des 16. Jh.s ein letztes Mal programmatisch zur Selbstdarstellung der Republik Florenz als Kämpferin für städtische Autonomie gegen unumschränkte Fürstenherrschaft verwerten. Deshalb erfolgte die Aufstellung von Michelangelos »David« vor dem Palazzo Vecchio, wo er sich mit Donatellos »Judith und Holofernes« und mit dem Stadtlöwen einfügte in eine Reihe republikanischer Denkmäler.

Manierismus

Für die Epoche der Spätrenaissance, der Zeit von 1520 bis 1600, hat sich für den italienischen Kunstraum der Begriff Manierismus eingebürgert als Bezeichnung für den antiklassischen Stil, der anstelle des ideal überhöhten Naturvorbilds zu einer Dynamisierung aller Ausdrucksformen gelangt und dabei auch Verzerrungen der Wirklichkeit bis hin zur Darstellung des Abnormen und Irrealen erlaubt.

Das wichtigste Zeugnis der Architektur des Manierismus in Florenz ist die **Biblioteca Laurenziana**. Mit dem Bau wurde nach Plänen Michelangelos 1524 begonnen, aber erst nach seinem Tod wurde die Bibliothek 1571 ihrer Bestimmung übergeben. Weniger der Bibliothekssaal als vielmehr das Vestibül gehört zu den eigenwilligsten Raumschöpfungen Michelangelos und seiner Epoche. Die hohe und enge, zudem monumental gegliederte Vorhalle steht als triumphaler Eingang und Aufgang zur Bibliothek in der Architekturgeschichte einmalig da. Der Betrachter weiß zunächst gar nicht recht, wo er sich aufhält – in einem Haupt- oder Zwischengeschoss, einem Innen- oder Außenraum. Das Raumgefüge wird durch Doppelsäulen in einzelne Abschnitte geteilt. Eigenartig wirkt auch die Treppenanlage, die auf kürzestem Raum einen großen Höhenunterschied überwinden muss. Breit und gerundet fließen die mittleren Stufen aus dem Portal heraus, und beim Besteigen der geländerlosen Seitentreppen macht sich ein Gefühl von Unsicherheit bemerkbar. Dieses Hervorrufen von Unsicherheit durch die Umkehrung architektonischer Kräfte ist typisch für den Manierismus.

Giorgio Vasari (1511–1574), Maler, Baumeister und Kunstschriftsteller, orientierte sich an der Formensprache Michelangelos und schuf mit dem Bau der **Uffizien** (1560–1580) ein Verwaltungsgebäude des toskanischen Großherzogtums, einen sich extrem verkürzenden, hofartigen Architekturprospekt, dessen Bewegungsrichtung sich nicht in einem Mitteltrakt sammelt, sondern durch die offene Loggia in die Ferne führt. Mit dem so genannten Studiolo (Studierzimmer) für Großherzog Francesco I. lieferte er ab 1570 sein Kabi-

Architektur
◄ Michelangelo

◄ Vasari

Etwas überladen: die manieristische Grotte von Buontalenti

nettstück des Manierismus, eine philosophisch inspirierte Schöpfung mit einander durchdringenden Formen von Architektur, Malerei und Plastik, die die Grenze zwischen realem und Kunstraum vollends aufheben.

Der wohl vielseitigste Architekt des Manierismus in Florenz war **Bernardo Buontalenti** (1536–1608), als Innenausstatter, Festungsbaumeister, Gartenplaner, Theateringenieur und Kostümbildner gleichermaßen geschätzt. Die Tribuna (um 1581), ein kunstvoll ausgestatteter, herrschaftlicher Achtecksaal in den **Uffizien**, die Grotten im **Boboli-Garten** (um 1585, Planung von Vasari), die Innenausstattung des Palazzo Vecchio (1588) sind Baumaßnahmen zum Zweck fürstlichen Müßigganges. Der **Palazzo Nonfinito** (1593), die Festung **Forte di Belvedere** (1590–1595) und die Fassade von **Santa Trínita** (1593) sind weitere bedeutende Bauwerke Buontalentis.

Malerei
Rosso ►

Zu den ersten Vertretern der Malerei des Manierismus in Florenz zählt Giovanni Battista Rosso (1494–1540), genannt Rosso Fiorentino. Das Fresko der »Himmelfahrt Marias« (1517, **Santissima Annunziata**) und das Tafelbild »Madonna mit vier Heiligen« (1518, Uffizien) sind seine frühesten Werke, die sein vermutlich bei Andrea del Sarto erworbenes Können beweisen. Die Altartafeln »Madonna mit vier Heiligen« (1522, Palazzo Pitti) und die »Verlobung Marias« (1523, **San Lorenzo**) zeichnen sich durch einen asymmetrischen Bildaufbau, changierende Farben und raffinierte Gestaltung der Gewandfiguren aus. Ungewöhnlich ist auch die aus starken Farb- und Richtungskontrasten aufgebaute Komposition von »Moses verteidigt die Töchter Jethros« (1523, Uffizien) mit puppenhaft wirkenden Menschenkörpern.

Pontormo ►

Jacopo da Pontormo, eigentlich Jacopo Carrucci (1494–1557), nahm in seinem frühen Fresko »Heimsuchung« (1514–1516, **Santissima Annunziata**) noch Bezug auf den Monumentalstil seines Lehrers Andrea del Sarto. In Pontormos Verkündigungsfresko und Kreuzabnahme (1526–1528, beide **Santa Felicità**) wirken die Gestalten durch raffinierte Gewandbehandlung in kühlen, transparenten Farben fast schwerelos. Pontormos posthume Bildnisse der Medici, Cosimo d. Ä. und Lorenzos des Prächtigen, sind von großer Feinheit und Einfühlsamkeit.

Skulptur
Michelangelo ►

Charakteristische Beispiele für die Bildhauerkunst des Manierismus sind die Skulpturen für das Grabmal Papst Julius II., die so genannten **Sklaven** (um 1519, Accademia) und die Medici-Gräber

(1520–1534) in der Neuen Sakristei (San Lorenzo) von Michelangelo Buonarroti mit einer nie zuvor erreichten Komplexität der Bewegung und Steigerung des Ausdrucks zur Sichtbarmachung seelischer Spannungen und Leidenschaften. Da alle Arbeiten unvollendet sind, geben sie lediglich Einblick in den Arbeitsprozess Michelangelos. Und dennoch wirken die Skulpturen im unvollendeten Zustand geradezu überzeitlich modern als grundsätzliche Veranschaulichung eines existentiellen Kampfes zwischen Freiheit und Gebundenheit, zwischen Geist und Materie. Michelangelo setzte sich immer wieder in dem zentralen Thema der Pietà mit der christlichen Heilslehre auseinander. Die Dom-Pietà (Dommuseum) und die Pietà Rondanini (Accademia) sind unvollendete Werke von erschütternder Tragik.

◄ Cellini

Benvenuto Cellini (1500–1571) war einer der führenden Goldschmiede und Bronzebildner des Manierismus. Seine Bronzebüste Cosimo I. (1545, Bargello) mit überreichem Detailschmuck der Rüstung ist ebenso ein Meisterwerk wie die lebensgroße Perseus-Statue (1545–1554; **Logia dei Lanzi** (Piazza della Signoria). Kennzeichnend für seinen Stil ist die momentane szenische Bewegung der Figur, die stets gut ausgewogen ist und eine feine Körpermodellierung erfährt.

◄ Giambologna

Einen letzten Höhepunkt erreichte die Skulptur in Florenz Ende des 16. Jh.s mit den Werken von Giovanni da Bologna (1529–1608), einem Flamen aus Boulogne sur Mer. Sein wesentlicher Beitrag zur Entwicklung der Plastik, nicht zuletzt im Hinblick auf die Barockskulptur, war die »figura serpentinata«, eine auf Vielansichtigkeit ausgerichtete Figur, die aufgrund ihrer spiralförmigen Bewegung den Betrachter zum Umschreiten zwingt. Die Marmorgruppen »Florenz siegt über Pisa« (1570, Bargello) und »Raub der Sabinerinnen« (1583, **Loggia dei Lanzi**) sind hervorragende Beispiele dafür.

Auf dem Gebiet der Bronzeplastik schuf Giambologna mit dem **»Geflügelten Merkur«** (um 1580, Bargello) ein virtuoses Standbild, das die Gesetze der Statik aufzuheben scheint und im Raum zu schweben beginnt. Das **Reiterdenkmal für Großherzog Cosimo I. de Medici** (um 1594) auf der Piazza della Signoria gilt als das erste der Epoche des Absolutismus. Ein öffentliches Herrscherdenkmal in Imperatorhaltung, hoch zu Ross über den Köpfen des Volkes sitzend, ist die letzte Steigerung der Verherrlichung von Fürstenmacht und zeigt schlaglichtartig die politischen Verhältnisse in Florenz auf. Aus den republikanisch gesinnten Bürgern, die sich mit freiheitskämpferischen Helden wie dem David verglichen, sind gegen Ende des 16. Jh.s Untertanen geworden, die dem Fürsten huldigen.

Giambologna: »Geflügelter Merkur«

Barock

Florenz war ein Nebenschauplatz der barocken Kunst. Wirtschaftlicher Niedergang und ein rigides politisches System hatten seit Beginn des 17. Jh.s zum Rückgang des Kunstschaffens in Florenz geführt. Die Verantwortlichen widmeten sich fortan der Pflege und Bewahrung der Kulturgüter aus den vorangegangenen Jahrhunderten.

Architektur Das größte Bauprojekt in der Arnostadt im 17. und 18. Jh. war die Errichtung der **Fürstenkapelle** (begonnen 1608), ein riesiges über-kuppeltes Oktogon in Verlängerung der Chorpartie von San Lorenzo als prunkvolles Mausoleum für die Medici-Großherzöge. Nach mehrfachen Planänderungen und Bauverzögerungen wurde es 1737 fertiggestellt, die Innenausstattung wurde erst im 20. Jh. (Altar mit Einlegearbeiten von 1939) vollendet.

Weitere Baumaßnahmen waren die Erweiterungen des **Palazzo Pitti** als Fürstenresidenz mit der Verlängerung der Fassade (1620 – 1640) durch Giulio und Alfonso Parigi und der Ausbau der Seitenflügel zwischen 1764 und 1783, so dass sich ein Ehrenhof nach dem Vor-bild französischer Barockresidenzen ergab. Der **Palazzo Corsini** (1648 – 1656), von Gherardo Silvano errichtet, bietet ein gutes Bei-spiel eines barocken Stadtpalastes mit einer monumentalen Treppen-anlage im Innern. Auf dem Gebiet der Sakralbaukunst entstand um 1685 mit der Neugestaltung der Choranlage von **Santa Maria dei Pazzi** ein bedeutendes Werk in Zusammenarbeit von Pier Francesco Silvani (Architektur) und Ciro Ferri (Malerei). Der Neubau von **San Gaetano** lag im Wesentlichen in Händen von Gherardo und Pier Francesco Silvani. Im 18. Jh. wurde der Neubau von Santa Felicità von Ferdinando Ruggieri ausgeführt (1736 – 1739), der bereits klassi-zistische Elemente miteinbezog.

Malerei Um 1600 war die Malerei in Florenz noch von den Nachklängen des
Allori ▶ Manierismus bestimmt. Alessandro Allori (1535 – 1607), ein Schüler Bronzinos, machte sich zunächst als Porträtmaler einen Namen, freskierte unter dem Einfluss Michelangelos 1560 ein Jüngstes Ge-richt in **Santissima Annunziata**, neigte um 1570 zu ekstatischen ge-genreformatorischen Bildideen und malte schließlich auch Themen aus der Mythologie und antiken Geschichte mit einer Reihe von Akt-darstellungen. Die »Opferung Isaaks« (1589/1601, Uffizien) ist eine episodenhafte Bilderzählung mit starkem Hang zur Landschaftsdar-stellung. Sein Werk »Maria mit dem Kind« (um 1590, Palazzo Pitti) zeigt im Rückgriff auf die Malerei des Quattrocento einen ausgepräg-ten Realismus.

da Cortona ▶ Für die Ausmalung einiger Innenräume des **Pitti-Palastes** konnte Pietro da Cortona (1596 – 1669) von den Medici-Fürsten gewonnen werden. Seine illusionistische Wand- und Deckenmalerei mit sinn-lichem Pathos lässt sich gut in den Sälen der Venus, des Mars, des Ju-piter und des Apoll sowie in der Sala della Stufa (»Ofensaal«) be-obachten, die von 1637 bis 1641 von ihm ausgemalt wurden.

Skulptur Der bedeutendste Bildhauer des Barocks in Florenz um 1700
Foggini ▶ war Giovanni Battista Foggini, der sich ebenso als Architekt betätigte. Eine Reihe von Skulpturen in **Santissima Annunziata** stammen von ihm. Auch für die Barockisierung von Sant'Ambrogio ist Foggini verantwortlich, er brachte aber im Vergleich zur römischen Barock-kunst keine epochemachenden Werke hervor.

Bedeutsames Kunsthandwerk im Florenz der Barockzeit war das Florentiner Mosaik, »pietra dura« genannt, aus Einlegearbeiten in Stein (häufig Edelsteine), das besonders in der Fürstengruft von San Lorenzo zu bewundern ist. Im Jahr 1588 gründete Großherzog Francesco I. de' Medici die Werkstätten, die bald in ganz Europa berühmt waren und heute noch existieren (Opificio delle Pietre Dure).

Pietra dura

Moderne (19./20. Jahrhundert)

Klassizismusund Historismus haben einige Spuren vornehmlich beim Wohnhaus- und Stadtpalastbau hinterlassen. Es kam jedoch vielfach zu wenig glücklichen Architekturschöpfungen wie dem **Palazzo delle Assicurazioni Generali di Venezia** (1871) an der Piazza della Signoria. Für die Anlage des großbürgerlichen Flanierplatzes **Piazza della Repubblica** wurde um 1890 das mittelalterliche Viertel mit dem Mercato Vecchio und dem Ghetto abgerissen und durch einen Triumphbogen, den sogenannten Arconte (1895) ersetzt, umgeben von einer Reihe von Verwaltungspalästen, die mit ihrer antikisierenden Formensprache an das römische Forum erinnern, das sich einst an dieser Stelle befand.

Architektur

Im Sakralbau wurde die Marmorfassade von **Santa Croce** (1853 bis 1860) von Niccolò Matas vermutlich nach den Ideen Cronacas (15. Jh.) vollendet. Die Fassade des **Doms Santa Maria del Fiore** wurde von 1875 bis 1887 nach Entwürfen des Florentiners Emilio de Fabris im Stil der Neogotik errichtet.

Von den Bauten des 20. Jh.s sind die **Stazione di Santa Maria Novella**, der Hauptbahnhof, vom Architektenteam Baroni, Berardi, Gamberini, Guarnieri, Lusanna und Micheluzzi 1933 errichtet, und das **Sparkassengebäude** von G. Micheluzzi aus dem Jahr 1958 erwähnenswert.

Um die Mitte des 19. Jh.s machte eine toskanische Künstlergruppe von sich reden unter dem Namen **»Macchiaioli«** (macchia = Fleck), die sich bewusst vomAkademiestil ab- und der Freilichtmalerei nach dem französischen Beispiel der Schule von Barbizon und des Impressionismus zuwandte mit lockerer Pinselführung, natürlichen Farben und realistischen Themen. Die Werke u. a. von G. Boldini, G. Fattori, S. Lega sind in der **Galleria d'Arte Moderna** im Pitti-Palast ausgestellt. Zu Beginn des 20. Jh.s hatte der Futurismus auch in Florenz seine Anhänger. Während der Mussolini-Diktatur war die abstrakte Kunst unbeliebt und zum Teil verboten, so dass erst nach dem Zweiten Weltkrieg wieder der Anschluss an die modernen Malströmungen gefunden wurde. Die Kunstakademie leistet in dieser Hinsicht nach wie vor gute Aufbauarbeit.

Malerei

Bekanntester klassizistischer Bildhauer des 19. Jh.s in Florenz war **Pio Fedi** (1816 – 1892), dessen »Raub der Polyxene« (1866) unter den Statuen der Loggia dei Lanzi einen Ehrenplatz erhalten hat.

Skulptur

Galleria d'Arte Moderna im Pitti-Palast:
eine der wenigen Sammlungen moderner Kunst in Florenz

Um die Jahrhundertwende gab es auch in Florenz eine Reihe von Epigonen, die sich für den Skulpturenstil von Rodin begeisterten. Heroismus und Pathos bestimmten dann die Skulptur während des Faschismus. Nach dem Zweiten Weltkrieg wurden die Grenzen zwischen Malerei und Plastik zunehmend aufgehoben. Installationen, Environments und Inszenierungen kommen in der zeitgenössischen Kunst häufig vor und erschließen auf diese Weise auch der Skulptur eine neue Dimension.

Kulturleben

Kunstzentrum Seit der Renaissance hat sich Florenz seinen Rang als **Zentrum von Kultur und Kunst** bewahrt; wichtiger noch, es hat das Stadtbild seiner Blüte behalten. Die Kirchen und Paläste, Plätze und Brücken, Fresken und Gemälde, die in den Jahrzehnten seiner kulturellen Hoch-Zeit entstanden, blieben bestehen. Die Stadt zieht seitdem nicht nur allgemein interessierte Touristen an, sondern in besonderem Maße auch Künstler, Kunsthistoriker, Geschichtswissenschaftler und Kunstrestaurateure. Universitäten und wissenschaftliche Forschungs-institute, Theater und Orchester, Oper und Bibliotheken beweisen die Lebendigkeit des Florentiner Geisteslebens.

Neben der seit 1924 bestehenden Staatlichen Universität – als Hochschule 1349 gegründet – gibt es folgende Hochschulen: Università di Parigi, Università Europea (Sitz in Fiesole), Università Internazionale dell'Arte, Università Libera per Attori. Neun öffentliche Bibliotheken stehen dem Publikum und Wissenschaftlern zur Verfügung.

Universitäten, Bibliotheken

Florenz bietet mit seinen Bauwerken, Kirchen, Palästen und Museen einzigartige Möglichkeiten für künstlerische und historische Studien. Deshalb kümmern sich zahlreiche Akademien und Institute um die **Pflege von Wissenschaft und Kultur**, wie etwa die Accademia della Crusca per la Lingua Italiana um die Förderung der italienischen Sprache. Daneben unterhalten auch ausländische Nationen wissenschaftliche Institute in Florenz, so Deutschland das Istituto Tedesco di Storia dell' Arte (»Deutsches Institut für Kunstgeschichte«).

Akademien und wissenschaftliche Gesellschaften

Zwölf Theater, an der Spitze das **Teatro Comunale**, erfüllen den Wunsch nach klassischen und modernen Schauspielen sowie Opernaufführungen. Die Konzertveranstaltungen können auch hohen Ansprüchen gerecht werden, besonders die Darbietungen des **Maggio Musicale Fiorentino**, des »Musikalischen Mai von Florenz« (von Mai bis Ende Juni), der mit Unterbrechungen seit 1933 veranstaltet wird.

Theater, Musik

Etwa **50 Museen und Kunstsammlungen** sind in Florenz der Öffentlichkeit zugänglich. Weltberühmt sind die Uffizien. Aber auch die Galleria dell' Accademia, das Museo Nazionale del Bargello, der Palazzo Pitti mit seinen Kunstschätzen sowie zahlreiche kleinere Museen bewahren Kunstwerke von unermesslichem Wert. Die moderne Kunst ist in Florenz bis auf temporäre Ausstellungen sowie die Internationale Biennale zeitgenössischer Kunst in der Fortezza da Basso (www.florencebiennale.org) kaum vertreten, daran hat sich auch nach der Eröffnung des Museo Marino Marini 1988 wenig geändert.

Museen

Ein Großteil der Kunstwerke von Florenz befindet sich jedoch nicht in Museen, sondern ist bzw. war ursprünglich im Freien aufgestellt. Um Skulpturen und bauplastischen Schmuck vor Umweltschäden durch die Luftverschmutzung zu retten, wurden in der Vergangenheit zahlreiche Kunstwerke nach umfassender Restaurierung in Museen untergebracht und an ihrem eigentlichen Standort durch Kopien ersetzt. Einige von ihnen fertigte man aus Kunststoff an. Dass dieser Weg auch in der Zukunft bei zahlreichen Kunstschätzen gegangen werden muss, ist unbestritten. Diskutiert wird in Florenz allerdings die Frage, ob für die Imitationen statt Kunststoff das Originalmaterial verwendet werden soll. Man unternimmt große Anstrengungen, um die unschätzbar wertvollen Kunstwerke zu erhalten. Überall wird restauriert, nicht nur die Gemälde in den Uffizien, sondern auch Kirchen und deren Kunstwerke sowie andere Gebäude. Diese **Restaurierungsarbeiten** werden durch städtische, staatliche Mittel und mit Hilfe der EU und durch Sponsoren finanziert.

Kunstwerke

Berühmte Persönlichkeiten

Florenz, die Geburtsstätte der Renaissance, hat eine außergewöhnlich große Zahl an hervorragenden Künstlern hervorgebracht, die auch weit reichenden Einfluss auf die europäische Kunst ausgeübt haben. Ihnen ist hier ein kleines Denkmal gesetzt.

Fra Angelico (um 1387? – 1455)

Der Sohn eines wohlhabenden Landwirtes aus dem Mugello-Tal trat **Maler** mit zwanzig Jahren in das Dominikanerkloster von Fiesole ein. Dort verbrachte er viele Jahre als malender Mönch mit der Ausschmückung seines Heimatklosters durch Fresken. Sein Ruf als vorzüglicher Maler – weitgehend ein Naturtalent – verbreitete sich rasch, und als in Florenz 1436 das Dominikanerkloster **San Marco** neu gestaltet wurde, erhielt Fra Giovanni den Auftrag, die Klosterzellen mit Themen aus der Passion Christi auszugestalten.

Fra Giovannis Malerei ist trotz starker Anlehnung an den gotisch-flächigen Stil von erstaunlicher Plastizität und Wirklichkeitsnähe. Sein Realismus ist teilweise so wirkungsvoll, dass die Mitbrüder beim Anblick der Kreuzigungsdarstellungen wegen des vielen Bluts in Ohnmacht fielen. Diese Art des Mitleidens war durchaus beabsichtigt und gab der Malerei neue emotionale Impulse. Darüber hinaus ist der Malermönch auch ein wichtiger Neuerer der Bildkomposition, der vor allem Halbkreis und Kreis als konstituierende Elemente des Bildaufbaus nutzte. Die glanzvolle Farbigkeit, der beseelte Ausdruck und die innige Frömmigkeitshaltung der Figuren, vor allem auf seinen Altartafeln, kennzeichnen seinen Malstil. Die Nachwelt hat seine Lebensweise und seine künstlerische Leistung verklärt, indem sie ihm den Beinamen »Il beato Angelico« (»Der selige Engelsgleiche«) gab. Während eines Aufenthaltes in Rom starb er 1455 und wurde in Santa Maria sopra Minerva begraben.

Giovanni Boccaccio (1313 – 1375)

Boccaccio wurde als unehelicher Sohn eines großbürgerlichen Kaufmanns aus Certaldo vermutlich in Paris geboren, wuchs in Florenz auf und ergriff zunächst den Beruf seines Vaters. Handelsreisen führten ihn mit Anfang 20 nach Neapel, wo er mit höfischen Kreisen in Berührung kam, sich zum Studium der alten Sprachen entschloss und anschließend als Autor lateinischer und italienischer Literaturwerke für viele Jahre in Neapel blieb. Um 1340 hielt er sich wieder in Florenz auf, wo er mit dem Humanisten und Gelehrten Petrarca zusammentraf und sich beide um die Wiederbelebung der lateinischen und griechischen Sprache sowie der Literatur bemühten. In dieser Zeit entstand u. a. Boccaccios psychologischer Liebesroman »Fiammetta« (1343), der auf ein persönliches Liebeserlebnis am Hof von Neapel zurückgeht.

Boccaccio überlebte die große Pestepidemie von 1348, die über die Hälfte der Einwohner von Florenz dahinraffte, und verfasste unter dem Eindruck dieser Katastrophe seinen berühmten Novellenzyklus **»Il Decamerone«** (»Das Dekameron«, 1348 – 1353), der heute als Ursprung der italienischen Prosa überhaupt angesehen wird und die

← Florenz hat seinen großen Dichter Dante nicht gut behandelt.

Weltliteratur entscheidend beeinflusst hat (Shakespeare, Rabelais, Lessing). In den 100 Erzählungen, von zehn Personen an zehn Tagen vorgetragen, geht es in praller realistischer Darstellung mit Lebenslust und Daseinsfreude um Fragen der Liebesmoral, angefangen von der hohen Kunst der Minne bis zur triebhaften Liebe, auf dem Hintergrund einer die Schranken der Gesetze, der Religion und Moral außer Kraft setzenden Pestkatastrophe.

Neben vielen weiteren Werken in italienischer und lateinischer Sprache schrieb Boccaccio als Bewunderer Dantes auch eine, historisch umstrittene, »Vita di Dante« (um 1360) und erhielt 1373 von der Stadt Florenz den ersten öffentlichen Lehrstuhl für die Deutung der »Göttlichen Komödie« von Dante übertragen.

Sandro Botticelli (1445 – 1510)

Maler Der in Florenz geborene Maler Alessandro di Mariano Filipepi, der den Spitznamen Botticelli (»Fässchen«) schon in seiner Jugend erhielt, erfuhr zunächst eine Ausbildung als Goldschmied und kam

von dort in die Lehre zu Filippo Lippi. Sehr früh gewann er die Gunst der Medici-Familie, die ihn durch viele Aufträge förderte, ja er war sogar mit dem etwa gleichaltrigen Lorenzo dem Prächtigen befreundet. Botticelli war humanistischen Ideen sehr aufgeschlossen, die er auch in seinen Gemälden verarbeitete, erhielt Anregungen durch die Platonische Akademie zu Florenz, neigte aber in seinen späteren Jahren zur Mystik und gehörte schließlich zu den Anhängern Savonarolas.

Seine Hauptwerke – darunter die berühmten Gemälde **»Der Frühling«** und **»Geburt der Venus«** – entstanden in der Zeit von 1470 bis 1495 und sind in der Uffiziensammlung entwicklungsgeschichtlich gut und umfangreich präsentiert. In seinen Bildvorstellungen vereinen sich die glanzvolle Lebensart der Epoche Lorenzos des Prächtigen mit humanistischer Bildung, starker Empfindsamkeit, mit scharfem Geist in Verbindung mit feiner, eleganter Linienführung des Pinsels und rhythmischen Farbklängen. Trotz einiger Aktfiguren ist Botticellis Malweise im Grund »neogotisch«, da er auf den plastischen Realismus der Renaissance-Kunst bewusst verzichtet und statt dessen seinen Bildern einen verklärenden, geheimnisvollen Zauber verleiht.

Nach Tod und Vertreibung der Medici-Mäzene 1494 geriet Botticelli in eine persönliche und künstlerische Krise, die zum Teil durch religiöse Bilder aufgefangen wurde, ohne sich aber mit der neuen Malerei eines da Vinci, Michelangelo oder Raffael auseinanderzusetzen. Es ist nicht verwunderlich, dass er gegen Ende seines Lebens über 90 Federzeichnungen zu Dantes »Göttlicher Komödie« fertigte und sich mystisch mit dem Erlösungsgedanken auseinandersetzte.

Filippo Brunelleschi (1377 – 1446)

Der gebürtige Florentiner Baumeister und Bildhauer Filippo Brunelleschi ist der eigentliche Schöpfer der Renaissance-Architektur. Voraussetzung für die Erneuerung der Baukunst war die intensive Beschäftigung mit antiker Architektur. Brunelleschi zog sogar mit seinem Freund, dem Bildhauer Donatello, nach Rom, um vor Ort die antiken Überreste zu studieren. Als Ergebnis der Messungen und Berechnungen entwickelte er geometrische und stereometrische Formen, die die Grundlage für seine Bauten bildeten.

Baumeister, Bildhauer

Aus der optischen Lehre von Euklid leitete er schließlich zwischen 1410 und 1420 seine epochale Entdeckung der **zentralperspektivischen Projektion** ab, d. h. die wissenschaftlich exakte Darstellung eines dreidimensionalen Raums auf einer Fläche, was vor allem der Malerei ungeahnte Möglichkeiten eröffnete.

Zu Brunelleschis großen Ingenieurstaten zählt außerdem die gewaltige freitragende, doppelschalige Konstruktion der **Domkuppel** in Florenz, die von 1420 bis 1436 ausgeführt wurde. Im Profanbau setzte er mit dem Findelhaus neue Akzente durch die Verwendung von Hängekuppeln. In der Sakralarchitektur gelangen ihm mit San Lorenzo und Santo Spirito revolutionäre Longitudinalbauten (Langbau), die die gotische Baukunst als völlig überholt erscheinen ließen. In einer kühnen Synthese aus frühchristlichen basilikalen Baugedanken und antikisierender Formensprache (Säule, Pilaster, Kapitell, Gebälk) schuf Brunelleschi ein lichtdurchflutetes, proportional gleichgewichtiges Raumgefüge, in dem das Raumganze in ständiger Wechselwirkung mit den Einzelformen steht.

In **San Lorenzo** beispielsweise wiederholt sich der Halbkreisbogen der Langhausarkaden in verkleinertem Maßstab in den Obergadenfenstern, in den Bögen der Kapellenöffnungen und in den Schildbögen der Hängekuppeln in den Seitenschiffen.

In **Santo Spirito** bildet das Vierungsquadrat (Schnittfläche von Langhaus und Querhaus) die Maßeinheit für den ganzen Bau. Auf dem Gebiet des Zentralbaus orientierte sich Brunelleschi an byzantinischen Kuppelbau-Vorbildern.

Die **Alte Sakristei** von San Lorenzo (quadratischer Kuppelraum) und die **Pazzi-Kapelle** als Kapitelsaal der Franziskaner von Santa Croce, wo er einen überkuppelten Rechteck- mit einem Quadratgrundriss kombinierte, bieten interessante Varianten des neuzeitlichen Zentralbaus.

Als Bildhauer nahm Brunelleschi 1402 am Wettbewerb um die Gestaltung der zweiten Bronzetür des Baptisteriums mit dem Relief »Die Opferung Isaaks« teil, das jedoch gegen den Entwurf Ghibertis unterlag; beide Reliefs befinden sich heute im Bargello-Museum. In Konkurrenz zu seinem Freund Donatello schuf er ein Kruzifix mit einer ebenmäßig schönen, idealisierten Christusgestalt im Sinn einer klassisch-antiken Aktfigur (**Santa Maria Novella**). Im Dom zu Florenz fand der große Baumeister seine letzte Ruhestätte.

Cosimo I. de' Medici (1519 – 1574)

Großherzog

Durch Cosimo I., seit 1537 Herzog von Florenz und 1569 von Papst Pius V. zum **Großherzog der Toskana** ernannt, erhielt das Geschlecht der Medici noch einmal eine politische Machtstellung in Florenz. Cosimos Vater, Giovanni delle Bande Nere, so genannt nach der schwarzen Rüstung, die er als Anführer der »schwarzen Reiterschar« trug, hatte mit seinen fortwährenden kriegerischen Händeln sein Vermögen weitgehend vertan. Mit 17 Jahren trat Cosimo durch Ernennung zum Herzog durch Kaiser Karl V. in das politische Leben von Florenz ein. Als seine Herrschaft auch mit Gewaltmitteln gesichert war, sanierte Cosimo I. die darniederliegende Wirtschaft und brachte Florenz noch einmal zu politischer Größe. Als Herzog von Florenz verließ er das Stadthaus seiner Väter, den Medici-Palast, und zog in den Palazzo della Signoria ein, der fortan Palazzo Ducale hieß. Später übersiedelte er in den Palazzo Pitti, der zum Mittelpunkt der fürstlichen Hofhaltung wurde. So erfolgreich Cosimo I. als Regent und Kunstmäzen war, so wenig Glück hatte er in seinem privaten Leben. Sieben seiner acht Kinder erlitten einen frühen oder gewaltsamen Tod. 1574 starb Cosimo I. im Alter von 55 Jahren, nachdem er die Staatsgeschäfte seinem Sohn Francesco übertragen hatte.

Cosimo der Ältere de' Medici (1389 – 1464)

Bankier, Politiker

Cosimo der Ältere (»il Vecchio«) ist der erste aus der Florentiner Familie der Medici, der die politischen Geschicke von Florenz lenkte. Das Volk verlieh ihm den altrömischen Ehrentitel »Pater patriae« (»Vater des Vaterlands«). Auf einem eindrucksvollen Gemälde des Jacopo da Pontormo in den Uffizien zeigt sich Cosimo als kluger, gewissenhafter, musischer, doch keineswegs schöner Mann, dessen geistiger Ausdruck jedoch gewinnend wirkt. Sohn des Giovanni di Bicci, eines erfolgreichen Bankiers und gewählten Gonfaloniere, vertrat Cosimo schon mit 31 Jahren zusammen mit seinem Bruder Lorenzo die Interessen der Familie. Bei einem der zahlreichen Machtkämpfe der Adelsfamilien um die politische Führung der Stadt wurde Cosimo 1433 verbannt. Ein Jahr später jedoch kehrte er unter dem Jubel des Volkes nach Florenz zurück und wurde zum Gonfaloniere gewählt, ein Amt, das er bis zu seinem Tod innehatte. Neben dem politischen Wirken baute der Kaufmann Cosimo der Ältere seine Bankgeschäfte über ganz Europa aus.

Als **Mäzen** förderte er großzügig Künstler. Er vertraute den Bau des Palazzo Medici dem Architekten Michelozzo an, der auch das Kloster von San Marco umgestaltete, und unterstützte die Maler Fra Angelico und Fra Filippo Lippi. Zudem begründete Cosimo die Medici-Bibliothek (Biblioteca Laurenziana) und eine Philosophenschule (Platonische Akademie), an der Marsilio Ficino lehrte. Als er starb, hinterließ er ein wohlgeordnetes Staatswesen und ein Volk, das sehr um ihn trauerte.

Dante Alighieri (1265 – 1321)

Dante wurde 1265 als Sohn angesehener Patrizier in der Arnostadt **Dichter**
geboren und wuchs zu einer Zeit auf, als in den Städten Norditaliens
Kämpfe zwischen rivalisierenden Adelsfamilien tobten, die als Partei-
gänger des Kaisers Ghibellinen und als die des Papstes Guelfen genannt wurden. Vielfach ging es diesen Familien aber gar nicht um
die Durchsetzung von Reichs- oder Papstinteressen, sondern um ihre Vormachtstellung in der jeweiligen Stadt.
Dantes Familie gehörte zur Ghibellinenpartei, die sich in
Florenz **»weiße Guelfen«** nannte, und musste mehrfach ins
Exil gehen, wenn die päpstlichen schwarzen Guelfen wieder
einmal die Regierung stellten. Als Dante geboren wurde,
war dies der Fall, so dass ein Teil seiner Familie in der Verbannung leben musste. In Bologna studierte er anschließend Rechtswissenschaft und ging daraufhin mit etwa 20
Jahren in die Politik. 1295 gehörte er zum Rat des Capitano
del Popolo, 1296 zum Rat der Hundert und 1297 zu dem
des Podestà, bis er schließlich 1300 als Prior zum Mitglied
der Signoria gewählt wurde. In diesem Jahr seiner politischen Tätigkeit brachen erneut blutige Kämpfe zwischen
den Adelsgruppen in der Stadt aus. Der Papst schickte Karl

von Valois nach Florenz, um die Ordnung wiederherzustel-
len. Die weißen Guelfen wurden der Verschwörung beschuldigt und
ihre Anführer aus der Stadt verbannt. Auch Dante machte man als
ihr Anhänger den politischen Prozess: 1302 wurde er zu lebenslanger
Verbannung verurteilt, die fünf Jahre später in Abwesenheit Dantes
in eine **Todesstrafe** umgewandelt wurde. Dante lebte fortan verbit-
tert und auf fremde Hilfe angewiesen in verschiedenen Städten
Norditaliens, in Verona, in Treviso und Ravenna, wo er zuletzt als
Botschafter in den Diensten von Guido Novello della Polenta stand
und 1321 starb. Sein Grab befindet sich in Ravenna. In Santa Croce
zu Florenz erinnert ein Kenotaph an ihn.
Während seiner Exiljahre schrieb Dante seine wichtigsten staatsphi-
losophischen und literarischen Werke. Dazu zählen u. a. die latei-
nisch verfassten Abhandlungen »Monarchia« und »De vulgari elo-
quentia« sowie die im toskanischen Dialekt, dem Vorläufer der italienischen Nationalsprache, geschriebene **»Commedia«**, später mit dem
Beinamen »Divina« versehen. Sie ist ein aus 100 Gesängen in Vers-
form komponiertes allegorisch-lehrhaftes Gedicht, das, enzyklopä-
disch verfasst, die wichtigsten geistigen Auseinandersetzungen des
Mittelalters über Theologie und Philosophie, Kirche und Staat sowie
die politisch-soziale Situation Italiens zur Zeit Dantes zum Thema
hat. In der »Göttlichen Komödie« und in Gedichten taucht immer
wieder die Frauengestalt Beatrice auf, eine Jugendbegegnung Dantes,
die sich mit zunehmendem Alter zur Personifizierung der erlösenden
Liebe wandelt. Mit dieser Minne-Vorstellung bleibt der Dichter noch
stark dem mittelalterlichen Denken verhaftet.

Donatello (um 1386 – 1466)

Bildhauer

Donatello – sein eigentlicher Name lautet Donato di Niccolò di Betto Bardi – ist **der bedeutendste Bildhauer des 15. Jh.s**, in seiner Zeit von keinem anderen Künstler an Ausdruckskraft, Themenvielfalt und Reichtum des Schaffens übertroffen. Als Lehrling arbeitete er in der Werkstatt Ghibertis und bei Nanni di Banco, als Meister fertigte er in seiner Heimatstadt Florenz Standbilder für die Fassade, die Außenseiten und den Campanile des Doms sowie für die Kirche Orsanmichele an. Die Begegnung mit der römischen Antike führte ihn dann weit über das mittelalterliche Kunstempfinden und Können hinaus. Er schuf die erste Aktdarstellung (Bronze-David, um 1430, im Bargello), das erste Reiterstandbild (Bronzedenkmal des Gattamelata in Padua) und das erste vollkommen freistehende Gruppenmonument (»Judith tötet Holofernes«, 1440, vor dem Palazzo Vecchio), die in der Neuzeit entstanden sind.

Hervorzuheben sind weiter das Tabernakel mit der Verkündigung in der Kirche **Santa Croce** (um 1434) und die **Sängertribüne** mit tanzenden Kindern für den Dom (1433 – 1440, im Dommuseum). Seine realistische Bildhauerkunst ist Schönem wie Hässlichem gleich gewachsen und erweitert – beispielhaft für die nachfolgenden Künstler – die plastische Gestaltung der Figuren. Die Medici ehrten den Bildhauer, indem sie ihn in der Krypta Cosimos des Älteren in San Lorenzo beisetzen ließen.

Oriana Fallaci

▶Baedeker Special

Lorenzo Ghiberti (1378 – 1455)

Bildhauer, Baumeister, Maler, Goldschmied

Lorenzo Ghiberti erlangte großen Ruhm durch die zwei Bronzetore, die er für das **Baptisterium** in Florenz schuf. In dem Wettbewerb um das Nordportal der Taufkapelle, den er gewann, bewarb er sich noch als Maler; von 1403 bis 1424, also 21 Jahre lang, arbeitete er an diesen Türen. Sein Meisterwerk bilden aber die beiden Flügel des Ostportals, in die er – zu Recht – einmeißelte: »mira arte fabricatum« (»mit bewundernswerter Kunst geschaffen«). Der reliefierte Bilderreigen der Portale (Szenen aus dem Alten und Neuen Testament, umgeben von Heiligen, Kirchenvätern und Ornamenten) zeigt das künstlerische Ausdrucksvermögen und handwerkliche Können des Bildhauers. Harmonie der Formen und Ausgewogenheit der Bewegungen zeichnen diese Werke aus; der noch gotische Ausdruck der Frömmigkeit wird mit dem klassischen Schönheitsideal der Renaissance verbunden.

Seine drei Bronzefiguren für die Kirche **Orsanmichele** sind die ersten Großbronzen der Renaissance. Auch als Baumeister (Mitarbeit am Florentiner Dom), Maler (Glasfenster im Dom), Goldschmied (die Werke sind verloren) und als Autor (Betrachtungen über die italienische Kunst des 13. Jh.s) ist Ghiberti hervorgetreten.

Mit akribischen Reportagen rüttelte Oriana Fallaci die Welt auf.

MUTIGE WORTGEFECHTE

Selbstbewusst und kritisch interviewte die Florentiner Publizistin Oriana Fallaci (1929–2006) die Mächtigen unserer Welt, ob Fidel Castro, Yassir Arafat, Ayatolla Chomeini, Willy Brandt, Henry Kissinger oder Deng Xiaoping.

Die 1929 in Florenz geborene Journalistin und Schriftstellerin war die Vorreiterin des **konfrontativen Interviewstils**, der Ende der 1960er-Jahre populär wurde. Ihre Zivilcourage war schon als Jugendliche in der Arnostadt sehr ausgeprägt, denn ihr Vater, ein heftiger Kritiker des Faschismus unter Mussolini, nahm sie mit zu Geheimtreffen der Widerstandsgruppen. Oriana half beim Waffenschmuggel genauso wie bei der Flucht von Gefangenen aus den Lagern und gab auch dann nicht auf, als ihr Vater von den deutschen Besatzern verhaftet und gefoltert, später aber wieder freigelassen wurde. Die Erfahrungen des Faschismus prägten ihre Persönlichkeit und ließen sie fortan in ihrem journalistisch-publizistischen Berufsleben gegen jede Form der Repression aufbegehren. Sie lernte nach dem Zweiten Weltkrieg schnell, die Wirksamkeit des Wortes als ihre ganz eigene Waffe zu nutzen, reiste als **Kriegs- und Krisenreporterin** um die Welt für Berichterstattungen in weltbekannten Zeitungen und Magazinen. Im Jahr 1956 war sie beim Ungarn-Aufstand in Budapest vor Ort, 1967/1968 erlebte sie den Vietnamkrieg und wurde 1968 bei den Unruhen während der Olympischen Spiele in Mexiko sogar durch Schüsse verletzt. Inwischen war ihr Florenz zu eng geworden, so dass sie wiederholt in New York lebte, wo sie Zeugin der Anschläge vom 11. September 2001 wurde. In ihren heftig diskutierten, zum Teil in wütendem Protest verfassten Büchern vermischen sich oft Berufliches und Privates, Reportage und Roman. Bis zu ihrem Tod warnte sie unablässig vor den Gefahren des Islamismus. Als erste Italienerin überhaupt empfing Papst Benedikt XVI. die Atheistin Oriana Fallaci 2005 sogar zur Privataudienz.

Giotto di Bondone (um 1266 – 1337)

Maler,
Baumeister

Giotto wird allgemein als **Begründer der neuzeitlichen europäischen Malerei** bezeichnet, da er um 1300 bedeutende, wegweisende Werke schuf, die mit der unräumlichen und unkörperlichen Gestaltungsweise der byzantinisch-mittelalterlichen Malerei brachen. Auf der Grundlage unmittelbarer Beobachtung von Natur und Wirklichkeit erreichte er in seinen Fresken und Altartafeln mit nach wie vor religiösen Themen ein realitätsnahes Bild der Welt und des Menschen. Er malte Figuren in betonter Körperlichkeit, die überdies menschliche Empfindungen ausstrahlen und als selbständig handelnde Personen erscheinen. Sein realistischer, monumentaler Figurenstil in Verbindung mit klaren Kompositionsprinzipien (Dreieckskomposition) und leuchtenden Farben wirkte schulbildend und anregend für Generationen von Malern. Darüber hinaus war Giotto noch als Baumeister sowie Bildhauer tätig und erhielt in Florenz 1334 das Amt des **Dombaumeisters** übertragen, wo er in den wenigen Jahren bis zu seinem Tod hauptsächlich den Bau des Campanile vorantrieb.

Er unterhielt einen großen Werkstattbetrieb und war neben Florenz noch in Assisi, Padua, Rom, Rimini, Neapel und Mailand tätig. Als sichere Werke gelten die sechs Fresken aus dem Leben des Franziskus (um 1320) in der Bardi-Kapelle und je drei Szenen aus der Vita Johannes des Evangelisten und des Täufers (um 1325) in der Peruzzi-Kapelle von **Santa Croce** in Florenz, weiterhin die »Thronende Madonna« (um 1310) in den Uffizien und das Kruzifix in der Sakristei von **Santa Maria Novella**, ein Frühwerk um 1290.

Leonardo da Vinci (1452 – 1519)

Maler, Bildhauer,
Baumeister,
Naturforscher,
Ingenieur

Die italienische Renaissance hat zahlreiche vielseitige Persönlichkeiten hervorgebracht, doch nur das **Genie** Leonardo da Vincis vereint Fähigkeiten als Maler, Bildhauer, Baumeister, Naturforscher und Ingenieur. Allein Michelangelo ist ihm vergleichbar. Als Künstler führte er die Renaissance auf einen Gipfel; seine Erkenntnisse und Erfindungen im technischen Bereich zeigen seinen weitumfassenden Geist. Leonardo da Vinci war Schüler Verrocchios und wurde bereits 1472, mit zwanzig Jahren also, in die Malergilde von Florenz aufgenommen. Sein erstes großes Eigenwerk war die unvollendet gebliebene »Anbetung der Könige« (Uffizien). In der Zeit von 1482 bis 1498 wirkte er am Hof von Herzog Lodovico Sforza in Mailand. In Florenz lebte er wieder von 1500 bis 1506, danach in Mailand, schließlich von 1513 bis 1516 in Rom. 1517 folgte er einer Einladung von König Franz I. nach Frankreich. Seine Werke aus den letzten zwanzig Lebensjahren sind fast alle verlorengegangen oder nur als Kopien seiner Schüler erhalten. Sein wohl berühmtestes Gemälde, die **»Mona Lisa«**, befindet sich im Pariser Louvre, ebenso »Die hl. Anna Selbdritt«. Für den Palazzo Vecchio in Florenz entwarf er das Wandgemälde »Die Schlacht von Anghiari«, doch ist der Karton

bis auf ein Teilstück verlorengegangen, von der Malerei auch nichts mehr erhalten. Leonardo war als Festungsbaumeister tätig, widmete sich intensiv wissenschaftlichen Aufgaben, sezierte Leichen, schrieb einen Aufsatz über die Anatomie des menschlichen Körpers und illustrierte ihn mit Zeichnungen, führte Flugexperimente durch, beobachtete den Vogelflug, untersuchte die Strömungsgesetze in Luft und Wasser, betrieb botanische und geologische Studien. Seine zahlreichen Zeichnungen, die Bewegungsstudien des menschlichen Körpers, naturwissenschaftliche Untersuchungen, Entwürfe für Bauten und technische Projekte beweisen die Universalität dieses Renaissance-Genies.

Lorenzo de' Medici, der Prächtige (1449 – 1492)

Die **Verkörperung des Renaissance-Zeitgeistes** in Regierungsstil, Lebensführung, Weltanschauung, Bildung und Mäzenatentum – das war Lorenzo de' Medici, vom Volk »Il Magnifico« (»Der Prächtige«) genannt. Lorenzo verschaffte unter Ausnutzung der Mittel der Medici-Bank und seines Rückhalts in der Florentiner Bevölkerung der Stadt eine kulturelle und politische Sonderstellung in Italien. Sein Bruder Giuliano fiel 1478 im Dom Santa Maria del Fiore der Pazzi-Verschwörung zum Opfer. Lorenzo konnte sich verletzt in die Sakristei retten. Er förderte die Platonische Akademie und war selbst literarisch tätig. In den Mediceischen Gärten bei San Marco sammelte er antike Skulpturen, zog die Bildhauer seiner Zeit zusammen und ließ junge Talente wie Michelangelo ausbilden. Andrea del Verrocchio, Ghirlandaio und Sandro Botticelli waren für ihn tätig. Als Lorenzo mit 43 Jahren an einer geheimnisvollen Krankheit starb, schrieb Niccolò Machiavelli: »Nie starb in Italien ein Mensch mit dem Ruf so großer Klugheit, noch zu so großer Betrübnis seines Vaterlandes. Alle seine Mitbürger klagten über seinen Tod, keiner unterließ es, seine Trauer über dieses Ereignis zu bezeugen.« Lorenzo wurde zuerst in der Alten Sakristei von San Lorenzo, später zusammen mit seinem Bruder in der von Michelangelo erbauten Neuen Sakristei beigesetzt.

Regent

Niccolò Machiavelli (1469 – 1527)

Als Historiker war Niccolò Machiavelli der **große Chronist seiner Vaterstadt** und hinterließ eine achtbändige Geschichte von Florenz. Als Kanzleisekretär der Republik Florenz von 1498 bis zum Verlust seines Amtes 1512 war Machiavelli trotz der innenpolitischen Zerrissenheit ein überzeugter Anhänger des republikanischen Systems, in dem die Menschen am ehesten zur freien Selbstentfaltung gelangen könnten. Als Vorbild erschien ihm dabei die römische Republik, die den Gemeinnutz zum Wohl aller Bürger vor den Eigennutz gestellt hatte, wie Machiavelli in seinen »Gedanken über Politik und Staatsfüh-

Historiker, Schriftsteller

rung« (»Discorsi«) ausführte. In verschiedenen Werken analysierte er seine eigene Epoche und gelangte vor allem in seiner Schrift **»Der Fürst«** (»Il Principe«) zu scharfsinnigen, aber wenig positiven Erkenntnissen über die Regeln und Verhaltensweisen in der Politik. Zu seinen Lebzeiten waren die Schriften Machiavellis nur einem kleinen Kreis von Intellektuellen bekannt. Erst die Wirkung auf die Nachwelt machte ihn berühmt als Verfechter der Staatsräson, obwohl Machiavelli nur den religiös verbrämten mittelalterlichen Staat entmystifizierte, seine wirklichen Machtmechanismen freilegte und feststellte, dass Vernunft, Wille und Instinkt die Welt regieren und nur sie der menschlichen Labilität und den Schicksalsstürmen gewachsen sind. Weniger bekannt ist, dass Machiavelli auch Novellen, Gedichte und höchst originelle Lustspiele geschrieben hat.

Masaccio (1401 – 1428)

Maler Masaccio (Tommaso di Giovanni di Simone Guidi) gilt als der **Schöpfer der italienischen Malerei der Renaissance**. Auf der Grundlage und in Weiterentwicklung des Giotto-Stils aus dem frühen 14. Jh. gelangte er mittels der exakt und konsequent angewandten Perspektivlehre, die zwischen 1410 und 1420 von Brunelleschi neu entdeckt wurde, zu einer nie zuvor erreichten Plastizität und Wirklichkeitstreue der Figuren, Räume und Landschaften. Die seelische Eindringlichkeit seiner Malerei bringt das Menschenbild der Renaissance aufs vollkommenste zum Ausdruck.
Masaccio war Schüler von Masolino und seit 1422 in Florenz tätig, wo er zusammen mit seinem Lehrer die Freskenfolge aus der Lebensgeschichte des Apostels Petrus in der Brancacci-Kapelle in **Santa Maria del Carmine** zwischen 1424/1425 und 1427/1428 malte, darunter als eigenhändige Werke die »Vertreibung Adams und Evas aus dem Paradies«, den ersten lebensnahen Akt in der Malerei der Renaissance, die »Almosenspende«, die »Schattenheilung Petri«, »Petrus taufend und lehrend in der Kathedrale« sowie die berühmte Darstellung des »Zinsgroschen« mit ausdrucksstarker Mimik und Gestik der abgebildeten Personen. In **Santa Maria Novella** befindet sich das Dreifaltigkeitsfresko (um 1426/1427) mit kniendem Stifterpaar, das Meisterwerk perspektivischer Raumdarstellung in der Frührenaissance-Malerei.

Michelangelo Buonarroti (1475 – 1564)

Maler, Bildhauer, Baumeister, Dichter, Forscher Michelangelo Buonarroti, Maler, Bildhauer, Baumeister, Dichter und Forscher, hat die Kunst der Renaissance zur höchsten Vollendung gebracht. Mit 13 Jahren begann Michelangelo seine Lehre in der Werkstätte des Florentiner Malers Domenico Ghirlandaio. Neben der Neigung zur Malerei entwickelte sich mehr und mehr die Leidenschaft zur Bildhauerkunst. 1489 wurde der junge Michelangelo in die Bildhauer-Akademie der Mediceischen Gärten aufgenommen. 1494 verließ er Florenz (vor der Vertreibung der Medici und dem politischen Umsturz – der Dominikanermönch Savonarola sollte bald die Macht übernehmen) und arbeitete nach einem kurzen Aufenthalt in Venedig in Bologna. Sein nächster Wohnort war wiederum Florenz (1495/1496). Dann reiste Michelangelo nach Rom und blieb dort von 1496 bis 1501. In dieser Zeit entstanden »Der trunkene Bacchus« (Bargello) und die »Pietà« (Sankt Peter in Rom). Von 1501 bis 1505 hielt sich Michelangelo wieder in Florenz auf; es entstanden der **»David«** (Galleria dell'Accademia), die »Madonna von Brügge«, das Rundrelief »Madonna Pitti« (Bargello) und das Gemälde »Die Heilige Familie« (Uffizien).

Sein unruhiger Geist und Aufträge ließen ihn zwischen 1505 und 1534 ein unstetes Wanderleben zwischen Florenz, Rom und Bologna führen. In diesen Jahren schuf er u. a. die Deckenfresken in der **Sixtinischen Kapelle** im Vatikan, die **Grabkapelle der Medici** bei San Lorenzo in Florenz, die »Boboli-Sklaven« (Accademia), den »Apoll« (Bargello) und die »Vittoria« (Palazzo Vecchio), dazu viele Zeichnungen. Mit kurzen Unterbrechungen blieb Michelangelo von 1534 bis zu seinem Tod (1564) in Rom (Brutus-Büste im Bargello, Projekte für die Biblioteca Laurenziana bei San Lorenzo in Florenz). Sein Alterswerk, u. a. die Marmorgruppe der »Pietà« im Dommuseum zu Florenz, stellt den christlichen Erlösungsgedanken wieder in den Vordergrund. Der Leichnam Michelangelos wurde von Rom nach Florenz übergeführt und in der Kirche Santa Croce bestattet.

Raffael (1483 – 1520)

Raffael (sein eigentlicher Name lautet Raffaello Santi/Sanzio) ist der Künstler, der die **»Malerei der Hochrenaissance am reinsten, vollkommensten und umfassendsten ausgedrückt hat«** (J. Jahn), **Maler** vor allem in den Fresken der »Schule von Athen« und der »Disputà« im Vatikanischen Palast sowie in den Madonnenbildern. In Urbino geboren, trat Raffael mit 17 Jahren in die Malerwerkstätte des Perugino in Perugia ein. 1504 zog er nach Florenz, wo er die Werke der alten und ›modernen‹ Maler mit Hingabe studierte. Von 1508 an lebte er in Rom; dort wurde ihm nach dem Tod Bramantes die Leitung der Bauarbeiten in Sankt Peter übertragen. Während dieser zwölf römischen Jahre erreichte er seinen künstlerischen Höhepunkt in den Fresken der »Stanzen des Raffael« im Vatikan. Raffael wurde als einzigem Künstler die Ehre zuteil, im Pantheon in Rom begraben zu werden. Von den vielen Gemälden Raffaels in Florenz seien nur einige hervorgehoben: In den Uffizien »Papst Leo X. mit zwei Kardinälen«, »Papst Julius II.«, »Madonna mit dem Stieglitz« und »Bildnis des Perugino« und im Palazzo Pitti »La Donna Velata«, »La Donna Gravida« und »Madonna del Granduca«.

Praktische Informationen

WO GIBT ES AUSKUNFT
ÜBER FLORENZ? WELCHES
SIND DIE SCHÖNSTEN
HOTELS? WO FINDET
MAN GUTE RESTAURANTS?
LESEN SIE ES NACH,
AM BESTEN VOR DER REISE.

Anreise · Reiseplanung

Mit dem Auto
Für die Anreise mit dem Auto nach Florenz empfehlen sich die Autobahnen und Hauptstraßen. Am günstigsten erreicht man Florenz über den St. Gotthard, Mailand und Bologna oder über den Brenner, Verona und Bologna. Die Benutzung der österreichischen Autobahnen ist gebührenpflichtig. Es gibt eine **Vignette** für ein Jahr, zwei Monate oder zehn Tage. Die Autobahnen und autobahnähnlichen Straßen in der Schweiz sind ebenfalls kostenpflichtig. Die erforderliche Autobahnvignette ist ein Kalenderjahr lang gültig. Die Vignetten für beide Länder sind in Deutschland beim ADAC, bei den Postämtern und an Grenzübergängen erhältlich. Auch in Italien muss man für die Autobahnbenutzung zahlen – entweder in bar, mit Kreditkarte oder mit der Viacard, die man bei den Automobilklubs, an wichtigen Mautstellen, an Tankstellen und Raststätten bekommt.

Mit der Bahn
Direktverbindungen mit der Bahn nach Florenz bestehen von allen wichtigen Städten Deutschlands, Österreichs und der Schweiz. Es verkehren neben Tageszügen Nachtzüge mit Liege- und Schlafwagen sowie Autoreisezüge.

Mit dem Bus
Von einer großen Anzahl von Veranstaltern werden Busreisen angeboten, die entweder Florenz direkt als Ziel haben oder einen Florenzaufenthalt innerhalb einer Rundreise vorsehen. Zumeist handelt es sich dabei um Gruppenreisen. Für Einzelreisende kommen die Touring-Busse in Frage, die im Linienverkehr von vielen Städten Deutschlands, Österreichs und der Schweiz verkehren. Das Busunternehmen Touring Eurolines fährt an mehreren Tagen in der Woche nach Italien, z. B. nach Padua oder Bologna. Aus Österreich reist man mit dem ÖBB Intercitybus an (www.oebb.at).

Mit dem Flugzeug
Der Flughafen Amerigo Vespucci (5 km nordwestlich von Florenz) wird direkt von München und Frankfurt a. M. (beide Lufthansa), Stuttgart (airberlin), Zürich (Swiss) und mit Zwischenstopp von Wien (Austrian Airlines) angeflogen. Der nahe Flughafen Galileo Galilei von Pisa wird von Billig-Fluggesellschaften bedient, so von Ryanair aus München, Düsseldorf-Weeze, Hamburg-Lübeck, Frankfurt-Hahn und von EasyJet aus Berlin. Von Pisa fahren regelmäßig Züge (Bahnhof direkt beim Flughafen) und Busse nach Florenz.

Ein- und Ausreisebestimmungen

Personalpapiere
Auch als Bürger der Europäischen Union sollte man nicht ohne Personalpapiere nach Italien reisen. Für deutsche, österreichische und auch Schweizer Staatsbürger genügt der Personalausweis. Kinder unter 16 Jahren müssen einen Kinderausweis besitzen oder im Elternpass eingetragen sein.

← *Im eleganten Café Gilli*

BAHN

▶ **In Deutschland**
Der Reiseservice der Deutschen
Bahn erteilt auch Auskünfte
über inneritalienische Bahnver-
bindungen und Autoreisezüge.
Tel. 0 18 05/99 66 33
www.bahn.de
www.dbautozug.de

▶ **In Italien**
Tel. 1 99 89 20 21
www.trenitalia.com

BUS

▶ **Touring Eurolines GmbH**
Am Römerhof 17
D-60486 Frankfurt am Main
Tel. 0 69/790 35 01
Fax 79 60 59
www.touring.de

FLUGHÄFEN

▶ **Florenz**
Amerigo Vespucci
www.aeroporto.firenze.it

▶ **Pisa**
Galileo Galilei
www.pisa-airport.com

FLUGGESELLSCHAFTEN

▶ **Lufthansa**
Tel. 0 18 05 80 58 05
www.lufthansa.com

▶ **Weitere Fluggesellschaften**
www.airberlin.com
www.swiss.com
www.aua.com
www.easyjet.com
www.ryanair.com

Wenn die Papiere gestohlen wurden, helfen die jeweiligen Vertretun-
gen im Ausland. Erste Anlaufstelle ist jedoch die Polizei, denn ohne
eine Kopie der Diebstahlsmeldung geht gar nichts. Ersatzpapiere bekommt man von der Botschaft viel leichter, wenn man die Kopien
der jeweiligen Dokumente vorweisen oder diese von einem elektro-
nischen Postfach abrufen kann.

Verlust der Papiere

Mitzuführen sind der Führerschein und der Kraftfahrzeugschein.
Empfohlen wird die Internationale Grüne Versicherungskarte. Kraft-
fahrzeuge müssen das ovale Nationalitätskennzeichen tragen, sofern
sie kein EU-Kennzeichen tragen.

Fahrzeugpapiere

Wer Haustiere nach Italien mitnehmen will, benötigt einen EU-
Heimtierausweis, der vom Tierarzt ausgestellt wird und mit dem
Nachweis einer Tollwutimpfung versehen ist. Maulkorb und Leine
sind mitzuführen.

Haustiere

Innerhalb der Europäischen Union ist der Warenverkehr für private
Zwecke weitgehend zollfrei. Es gelten lediglich gewisse **Höchstmen-
gen**: 800 Zigaretten, 400 Zigarillos, 200 Zigarren und 1 kg Tabask sowie 10 l Spirituosen, 90 l Wein und 110 l Bier. Für **Reisende aus**

**Zoll-
bestimmungen**

Nicht-EU-Ländern wie der Schweiz gelten folgende Freigrenzen: 200 Zigaretten oder 100 Zigarillos oder 50 Zigarren oder 250 g Tabak, ferner bei 2 l Wein oder andere Getränke bis 22 % Alkoholgehalt sowie 1 l Spirituosen mit mehr als 22 % Alkoholgehalt. Zollfrei sind zudem Geschenke bis zu einem Wert von 430 € für Flug- und Seereisende und von 300 € für Bahn- und Autoreisende.

Kranken-versicherung

Versicherte der deutschen Krankenkassen haben im Krankheitsfall in Italien Anspruch auf eine Behandlung nach den in Italien gültigen Vorschriften. Seit 2005 gibt es die europäische **Krankenversicherungs-karte (EHIC)**. Auch mit dieser Karte muss in den meisten Fällen ein Teil der Kosten für ärztliche Behandlung und verordnete Arzneimittel selbst bezahlt werden. Gegen Vorlage der Quittungen übernimmt die Krankenkasse zu Hause dann die Kosten – allerdings nicht für jede Behandlung. Schweizer müssen die ärztliche Behandlung und Medikamente selbst bezahlen. Privat Versicherte legen zur Kostenerstattung bei ihrer Versicherung die Rechnung vor.

Ausgehen

Die Ausgehszene von Florenz hat sich in den letzten Jahren recht belebt. Neue Lokale, Lounge Bars, Cocktailbars, Wine Bars, Musikbars wurden eröffnet, und **ganze Straßen** verwandeln sich abends in eine einzige **Feiermeile**, so etwa im Viertel Santa Croce die Straßen Via de' Benci und Via Verdi, die bei jungen Leuten und ausländischen Studenten beliebt sind. Oder das Viertel San Niccolò am linken Arnoufer zwischen den Brücken Ponte Vecchio und Ponte San Niccolò, wohin es die Einheimischen zieht. Ein eher alternatives Publikum trifft sich tagsüber und abends auf der Piazza Santo Spirito. Ein Schauplatz sommerlicher Abendveranstaltungen ist die Parkanlage Le Cascine im Westen. Der Abend beginnt mit dem Aperitiv ab 19.30 Uhr mit Wein und Cocktails zu oft üppigen Häppchen- und Pastabüffets, der sich bis 22/23 Uhr hinzieht. Weiter geht es mit Cocktails, Musik Hören oder Disko.

▶ **ADRESSEN**

▶ ① etc. ▶Karte S. 84/85

BARS UND LOKALE

▶ ① **Angels**
Via del Proconsolo 29
Tel. 0 55 2 39 87 62

In der Nähe des Doms; modernes stylisches Lokal, in dem man gut essen und Cocktails trinken kann.

▶ ② **La Cité Libreria**
Borgo San Frediano 20 r
Tel. 0 55 21 03 87

www.lacitelibreria.info
Tagsüber Bücher-Caffè, abends
Tango, Jazz Sessions und andere
Konzerte.

▶ ③ **Dolce Vita**
Piazza del Carmine 12
Tel. 0 55 28 45 95
Gestylter Treffpunkt mit entspre-
chendem Publikum; auf der
schönen Terrasse zur Piazza hin
lassen sich gut die feinen Cocktails
genießen.

▶ ④ **Golden View Open Bar**
Via die Bardi 54/58 r
Tel. 0 55 21 45 02
www.goldenviewopenbar.com
Café, Aperitivbar und Restaurant:
eine Folge von modern gestylten
Räumen, alle mit fantastischer
Sicht auf den Arno und den Ponte
Vecchio, dazu guter Service und
häufig Live-Jazz.

▶ ⑤ **Moyo**
Via de' Benci 23 r
Tel. 0 55 2 47 97 38
Unter jungen Szenegängern
beliebte Cocktailbar im Santa
Croce-Viertel; Hochstimmung zur
Aperitif-Zeit zwischen 19 und
22.30 Uhr; Freitag- und Samstag-
abend mit DJ-Set.

▶ ⑥ **O'Tel**
Via Generale della Chiesa 9
Tel. 0 55 65 07 91
www.otelvariete.com
Restaurant mit Varieté-Shows,
Cocktaillounge, Aperitifbuffet;
Afterdinner-Treff.

▶ ⑦ **Pop Café**
Piazza Santo Spirito 18 r
Tel. 0 55 21 38 52
Vegetarisches und Drinks bis spät
abends.

▶ ⑧ **Porfirio Rubirosa**
Viale Strozzi 18 r
Tel. 0 55 49 09 65
Seit Jahren bewährter Treffpunkt
nahe der Fortezza da Basso mit
lässig-urbane Atmosphäre, in dem
man erstklassige Cocktails
bekommt. Das Lokal eignet sich
für jede Zeit des Abends, angefangen mit frischem Sushi zum
Aperitif.

▶ ⑨ **Il Rifrullo**
Via San Niccolò 55 r
Tel. 0 55 2 34 26 21
Winters am Kamin, sommers im
Garten an der Porta San Niccolò;
zum Essen, zum Aperitif, zum
Afterdinner, zum Sonntagsbrunch:
eine Institution!

▶ ⑩ **La Suite Imperiale**
Via Baracca 4 r
Tel. 33 95 47 14 12
www.lasuiteimperiale.com
Schicke, elegante Bar mit einem
der besten Aperitifbuffets der
Stadt; Musik und Cocktails bis
spät in die Nacht.

▶ ⑪ **Terrazza Bardini Moba**
Costa San Giorgio 6 a
Tel. 0 55 2 00 84 44
Ganz neu ist diese traumhafte
Aperitif- und Cocktailterrasse
beim Museum Villa Bardini im
gleichnamigen Park hoch über
dem linken Arno-Ufer; gespielt
wird Lounge- oder Livemusik; hier
kann man auch Fisch essen.

DISKOTHEKEN
▶ ⑫ **Central Park**
Via Fosso delle Macinate 13
Tel. 0 55 35 67 23
Am Eingang zum Cascine-Park
gelegen; im Sommer trendige
Open-Air-Diskothek.

► ⑬ **Meccano**
Viale degli Olmi 1
Tel. 0 55 3 31 33 71
Ein Highlight in der florentinischen Diskoszene ist das ebenfalls am Cascine-Park gelegene Meccano, die bekannteste und beliebteste Diskothek von Florenz.

► ⑭ **Space Electronic**
Via Palazzuolo 37
Tel. 0 55 29 30 82
www.spaceelectronic.net
Avantgardistische Diskothek für junge Leute mit der entprechenden Musik.

► ⑮ **Tenax**
Via Pratese 47, Tel. 0 55 30 81 60
www.tenax.org
Das Tenax ist ein Vergnügungszentrum, wo Live-Musik gespielt wird sowie Bars und ein Restaurant die Gäste erwarten.

► ⑯ **Yab**
Via Sassetti 5 r, Tel. 0 55 21 51 60
www.yab.it
In-Diskothek der Stadt, mit Musikprogramm von lateinamerikanischen Rhythmen bis Jazz; nach 1.00 Uhr Treffpunkt der Reichen und Schönen.

Auskunft

 WICHTIGE ADRESSEN

IN DEUTSCHLAND
► **Staatliches Italienisches Fremdenverkehrsamt ENIT (Ente Nazionale Italiano per il Turismo)**
Barckhausstr. 10
D-60325 Frankfurt am Main
Tel. (0 69) 23 74 34
Fax (0 69) 23 74 34
www.enit-italia.de

► **Weitere Büros**
Prinzregentenstr. 22
D-80538 München
Tel. (0 89) 53 13 17
Fax (0 89) 53 45 27

► **In Österreich**
Kärntner Ring 4
A-1010 Wien
Tel. (01) 5 05 16 39

Fax (01) 5 05 02 48
www.enit.at

► **In der Schweiz**
Uraniastr. 32
CH-8001 Zürich
Tel. (01) 2 11 30 31
Fax (01) 2 11 36 33
www.enit.ch

► **In Florenz**
Agenzia per il Turismo di Firenze:
Via Cavour 1 r
Tel. 0 55 29 08 32
Fax 0 55 2 76 03 83
www.firenzeturismo.it

Aeroporto A. Vespucci
Tel./Fax 0 55 31 58 74

Comune di Firenze:
Borgo Santa Croce 29 r
Tel. 0 55 2 34 04 44
Fax 0 55 2 26 45 24
www.comune.firenze.it

Piazza Stazione 4 a
Tel. 0 55 21 22 45
Fax 0 55 2 38 12 26

KONSULATE

▶ **Bundesrepublik Deutschland**
Corso di Tintori 3
Tel. 0 55 2 34 35 43

Fax 0 55 2 47 62 08
www.auswaertiges-amt.de

▶ **Republik Österreich**
Lungarno A. Vespucci 58
Tel. 0 55 2 65 42 22
Fax 0 55 29 54 57
www.bmeia.gv.at

▶ **Schweizerische Eidgenossenschaft**
Piazzale Galileo 5
Tel. 0 55 22 24 34
Fax 0 55 22 05 17
www.eda.admin.ch

Mit Behinderung in Florenz

Über Bahn- und Flugreisen, behindertengerechte Einrichtungen, Ermäßigungen etc. informieren viele Reisebüros, die Deutsche Bahn sowie auch die Bundesarbeitsgemeinschaft der Clubs Behinderter und ihrer Freunde e. V.

 ## WICHTIGE ADRESSEN

AUSKUNFT

▶ **BSK-Reise-Service**
Reisedienst des Bundesverbands
Selbsthilfe Körperbehinderter
Altkrautheimer Str. 20
D-74236 Krautheim
Tel. (0 62 94) 42 81-71
Fax (0 62 94) 42 81 59
www.bsk-ev.de

▶ **Bundesarbeitsgemeinschaft der Clubs Behinderter**
Langenmarckweg 21
D-51465 Bergisch-Gladbach
Tel. (0 22 02) 9 89 98 11
Fax (0 22 02) 9 89 99 10
www.bagcbf.de

▶ **Verband aller Körperbehinderten Österreichs**
Lützowgasse 24 – 28, A-1014 Wien
Tel. (01) 9 11 32 25
Fax (01) 94 55 62

▶ **Mobility International Schweiz**
Froburgstr. 4, CH-4600 Olten
Tel. (0 62) 2 06 88 35
Fax (0 62) 2 06 88 39
www.mis-ch.ch

▶ **In Florenz**
www.firenzeturismo.it/en/info/
tourists-with-special.needs

Cafés und Eisdielen

Piazza della Repubblica Etliche traditionsreiche Cafés wie das Gilli, das Paszkowski, das Giubbe Rosse, alle auch mit Restaurantbetrieb, säumen die Piazza della Repubblica. So wird der großzügige Platz im Sommerhalbjahr zu einem einzigen Straßencafé. Man sitzt unter Markisen und großen Sonnenschirmen in durch Blumenkübel voneinander abgegrenzten Arealen. Die meisten Cafés sind bis weit in die Nacht hinein geöffnet und daher auch nach dem Abendessen oder einem Konzert- oder Theaterbesuch noch ein beliebter Treffpunkt.

 EMPFOHLENE CAFÉS UND EISDIELEN

▶ ① **etc. ▶Karte S. 84/85**

CAFÉS

▶ ① **Belvedere**
▶Tipp S. 193

▶ ② **Giacosa**
Via della Spada 10 r
Tel. 0 55 2 77 63 28
www.caffegiacosa.it
Nach seinem Restyling durch Modeschöpfer Roberto Cavalli ist das Traditionscafé im eleganten Shoppingviertel zum modischen Szenetreff geworden. Ein Giacosa-Café gibt es nun auch im Innenhof des Ausstellungszentrums Palazzo Strozzi (Via Strozzi 1).

▶ ⑤ **Gilli**
▶Tipp S. 240

▶ ③ **Giubbe Rosse**
Piazza della Repubblica 13/14 r
Tel. 0 55 22 21 80

Eisliebhaber kommen in Florenz voll auf ihre Kosten.

Durch seine Ausstellungen und Kulturevents ist dieses schöne, alteingesessene Künstler- und Literatencafé auch heute noch nicht nur für Touristen, sondern auch für die Florentiner attraktiv.

► ④ **Rivoire**
►Tipp S. 244

EISDIELEN

► ⑥ **Grom**
Via del Campanile 2
Tel. 0 55 21 61 58
Erstklassige Zutaten – wie frische Eier und Früchte, die besten Nusssorten usw. - sind es, die das

Eis dieser Eisdiele beim Dom so köstlich machen.

► ⑦ **Perché no?**
►Tipp S. 216

► ⑧ **Veneta**
Piazza Beccaria 7
Tel. 0 55 2 34 33 70
Das Veneta ist bekannt für seine feinen hausgemachten Eissorten, die Schleckermäuler im Freien mit Blick auf das alte Stadttor genießen können.

► ⑨ **Vivoli**
►Tipp S. 207

Elektrizität

Das Stromnetz führt 220 Volt Wechselspannung; Europanorm-Gerätestecker sind im Allgemeinen verwendbar.

Essen und Trinken

Florenz bietet eine Fülle von Speisemöglichkeiten, vom gepflegten und teuren Gourmetlokal bis zur handfesten Trattoria; viele Lokale bieten heute einen preiswerten Mittagstisch an, eine gute Alternative zum Brötcheneinerlei. Auch entstehen hier und dort kleine Bistrotbars mit leckeren Imbissen. Neben dem **Ristorante** gibt es die als **Trattoria** und **Osteria** bezeichneten Lokale. Während früher ein Ristorante ein eher teures Haus mit gepflegter Atmosphäre und eine Trattoria ein recht einfacher Familienbetrieb war, ist eine solche Unterscheidung heute kaum noch möglich. In Florenz muss man sich beim Essen auf ein relativ hohes Preisniveau einstellen. Zu den Preisen für die Einzelgerichte kommt noch ein Zuschlag für »pane e coperto« (»Brot und Gedeck«). In Bars ist der Verzehr am Tisch im Vergleich zu dem am Tresen um einiges teurer. **Restaurants**

Der Siegeszug der italienischen Küche quer durch (fast) alle Länder der Welt hat dazu geführt, dass man beinahe überall italienisch essen **Toskanische Küche**

gehen oder die Ingredienzen für ein italienisches Essen kaufen kann. Dennoch schmeckt es vor Ort, aus den Töpfen der heimischen Köche, immer noch am besten. Die toskanische Küche ist deftig und äußerst schmackhaft. Sie lebt vor allem von frischen Zutaten – von Gartengemüse, Kräutern, Hülsenfrüchten, Olivenöl, Huhn, Kaninchen, Schwein, Fisch und viel Rind.

Essgewohnheiten In puncto Essgewohnheiten gibt es ein paar Unterschiede gegenüber Deutschland. Das italienische Frühstück (colazione) beschränkt sich häufig auf einen Cappuccino oder einen Caffè, d. h. einen Espresso, mit Gebäck. Die Hotels sind jedoch in der Regel auf die Gewohnheiten ihrer ausländischen Gäste eingestellt und bieten ein mehr oder weniger reichhaltiges Frühstücksbuffet an. Zum Mittagessen (pranzo) begibt man sich in der Regel gegen 12.30 oder 13.00 Uhr, Abendessen hingegen erhält man fast nirgends vor 20.00 Uhr. Mittag- oder Abendessen bestehen immer aus mehreren Gängen. Den Auftakt bildet die Vorspeise (antipasto), gefolgt von einem ersten Gang (primo) mit Teigwaren oder Suppe und einem zweiten Gang (secondo) mit einem Fleisch- oder Fischgericht. Zum Abschluss gibt es Käse (formaggio), ein Stück Kuchen oder eine andere süße Spezialität (dolce), ein Eis (gelato) oder Obst (frutta).

Toskanische Spezialitäten

Antipasti **Antipasti:** Toskaner Schinken (prosciutto toscano) ist sehr schmackhaft und stärker gesalzen als der Parmaschinken, Toskaner Salami (salame toscano) wird kräftig gewürzt und mit großen Fettstücken und Pfefferkörnern zubereitet. Sehr beliebt sind auch **Crostini**, kleine geröstete Brotscheiben mit Belag – die klassische Variante ist eine warme Paste aus Hühnerleber, Sardellen, Zwiebeln und Kräutern. Eine **Finocchiona** gleicht einer großen Salami, ist aber jünger und vom Geschmack der eingearbeiteten Fenchelsamen geprägt.

Primo Piatto (Erster Gang) **Pappa al Pomodoro** wird ein schmackhaftes Mus aus Brot und Tomaten genannt, mit frischem Basilikum und Olivenöl. Ein fantastisches, kalt serviertes Sommergericht ist die **Panzanella**, ein Salat aus eingeweichtem, hartem Brot, reifen Tomaten, Zwiebeln, manchmal Gurken, abgeschmeckt mit Olivenöl, Basilikum, Pfeffer und Salz. **Ribollita** bezeichnet eine dicke, stundenlang und vor dem Servieren nochmals aufgekochte Suppe mit je nach Region variierendem Gemüse. Immer aber spielt der toskanische Schwarzkohl eine wichtige Rolle, und meist fehlen auch die weißen Bohnen nicht. **Zuppa di Pane** oder **Pancotto** ist Brotsuppe mit Tomaten, Knoblauch, Basilikum und Olivenöl, bei **Farinata** handelt es sich um eine Maissuppe mit Kohl. Für die »Zuppa di fagioli alla fiorentina« werden weiße Bohnen in Olivenöl geschmort und mit Zwiebeln, Knoblauch, Kohl, Lauch, Brot und Kräutern gekocht. Ganz fehlen die Nudelgerichte auch in der toskanischen Küche natürlich nicht: **Cannelloni ripieni alla toscana**

sind mit Fleisch, Hühnerleber, Trüffeln, Eiern und Parmesankäse ge-
füllte Rohrnudeln, bei **Agnolotti alla toscana** handelt es sich um Ra-
violi, die mit Fleisch, Spinat, Parmesankäse und Gewürzen gefüllt
sind. Gern gegessen wird auch **Pappardelle alla lepre**, das sind Eier-
bandnudeln mit Hasenragout.

Fagioli (weiße gekochte Bohnen) sind eine klassische Beilage und
werden mit etwas Olivenöl und Pfeffer abgeschmeckt. **Fagioli all'uc-
celletto** heißt ein mit Salbei gewürzter Eintopf aus Bohnen und Tomaten. Am besten schmeckt lokales Frischgemüse (Verdure) wie Spi-
naci (gekochte Spinatblätter), kurz in heißem Knoblauch-Olivenöl
gewendet, oder in Olivenöl angebratene Zucchini-Stückchen. Besonders lecker: **Fiori fritti** und **Carciofi fritti**, in Brotteig gehüllte und in
Olivenöl ausgebackene Zucchiniblüten und Artischockenviertel.

*Contorni
(Beilagen)*

Arrosto misto ist meist eine eher trockene Angelegenheit, bei der auf
einer Platte unterschiedliche gebratene Fleischstücke (Hähnchen, Kaninchen, Perlhuhn, Schweinskotelett, Rind etc.) serviert werden. Das
berühmte Florentiner T-Bone-Steak (**Bistecca Fiorentina**) stammt
heute in der Regel aus Argentinien, nur noch selten wird man mit einem echten, in der Toskana aufgezogenen Chianina-Rind beglückt.
In Brotteig getunkte und in Olivenöl ausgebackene Kaninchenfleisch-
stücke (**Coniglio fritto**) kommen häufig mit Carciofi fritti auf den
Tisch. Geschickte Zusammenstellungen von Kräutern, Wildbeeren,
Knoblauch, Öl, Wein und Essig sind für eine Vielzahl von toskanischen Gerichten entscheidend.
Hierzu gehört **Arista alla Fiorentina**, ein mit Rosmarin und Nelken
gewürztes Stück Schweinelende, oder **Pollo alla diavola**, Hühnchen,
das u. a. mit Salbei gewürzt ist und über dem Holzkohlengrill gegart
wird. Charakteristisch für die toskanische Küche sind ferner Inne-
reien. Unter **Trippa alla fiorentina** versteht man Kutteln, die in einer
Sauce aus geschälten Tomaten und Parmesankäse gekocht wurden,
unter »Fegatini di maiale« mit Lorbeerblättern umwickelte und am
Spieß gebratene Schweineleberstücke.

*Secondo Piatto
(Zweiter Gang)*

Der beste toskanische Käse ist der Schafskäse (**Pecorino**) aus der südlichen Toskana, wobei man die Wahl zwischen frischem (fresco) und
abgelagertem (stagionato) hat.

*Käse
(formaggio)*

Brot spielt bei fast jedem toskanischen Essen eine Rolle. Man isst es
zum Schinken oder zum Käse, zum Antipasto, sogar zur Pasta, zum
Fleisch, zum Gemüse – aber nicht zum Frühstück. Und: Das Brot ist
ungesalzen, damit es den Geschmack der Speisen nicht stört. Schon
Dante sagte: »Wie schmeckt das Brot der Fremde doch nach Salz.«
Zum Glück haben die meisten Bäcker Mitgefühl mit den Fremden
und backen auch ein Brot mit Salz (pane salato). Eine Besonderheit
ist das toskanische Fladenbrot (castagnaccio toscano), das mit Kastanienmehl, Olivenöl, Rosinen und Pinienkernen zubereitet wird.

*Brot
(pane)*

Süßes (dolci) Mandeln sind eine der wichtigsten Zutaten der toskanischen Süßbackwaren. die schon seit Jahrhunderten zu den besten Italiens gehören. Sie prägen auch das bekannteste Gebäck der Toskana, die **Cantuccini** von Prato, mürb bis hart gebackene Mandelkekse, die besonders gut schmecken, wenn man sie in den typischen, bernsteinfarbenen Dessertwein Vin Santo tunkt. Ebenfalls aus Prato stammt das Mandelgebäck **Bruti ma Buoni** (Hässliche Gute). Der **Panforte di Siena**, eine Art Pfefferkuchen aus Mandeln, kandierten Früchten, Mehl, Butter und Eiern, wird in die ganze Welt versandt. Aus frischem, geröstetem Kastanienmehl wird der **Castagnaccio** gebacken, ein wohlschmeckender Fladen. Fast in jedem Lokal und in jeder Konditorei (Pasticceria) erhält man die **Torta della Nonna** (»Großmuttertorte«) aus Mürbeteig, Vanille-

Panforte di Siena:
Für Schleckermäuler das Richtige

creme, Pinienkernen und Mandeln. Florenz ist bekannt für seinen **Zuccotto**, eine halbgefrorene Süßspeise aus Biskuitteig, Schokoladencreme und Sahnefüllung. Verführerisch ist ferner die **Schiacciata alla fiorentina**, ein Blechkuchen aus Mehl, Olivenöl, Eiern und Schmalz. Werden dem Kuchen noch blaue Trauben zugefügt, heißt er **Schiacciata con l'uva**.

Eis (gelato) Nicht alles ist gut, was Gelato heißt. Gelati, die etwas auf sich halten, sind nur wenige Stunden alt. Am besten schmeckt Eis daher in Eisdielen (Gelateria) mit eigener Produktion (produzione propria) und regem Andrang.

Getränke Wer zum Essen keinen Wein trinken möchte, kann sich auch ein Bier oder ein Mineralwasser bestellen. Zum Abschluss einer Mahlzeit trinkt man überall in Italien den **Caffè espresso**. Viel beliebter noch als der Caffè ist bei ausländischen Italienreisenden der **Cappuccino**, ein starker Kaffee mit viel heißer Milch und dem berühmten Milchschaum oben drauf. Beim Stadtbummel am Vormittag gibt es nichts Besseres als einen Cappuccino. Aber Achtung: Falls Sie nicht auf den ersten Blick als Tourist erkannt werden möchten, dann ordern Sie nie einen Cappuccino nach dem Mittagessen. Milchkaffee trinken Italiener nur am frühen Vormittag. Ein einfacher Milchkaffee ist ein **Caffè latte** oder **macchiato** (»gefleckt«), wer aber Milch mit wenig Kaffee vorzieht, der bestelle sich eine **Latte macchiato**.

Wein ▶dort

▶ EMPFOHLENE RESTAURANTS

▶ ① etc. s. Plan S. 84/85

FEIN & TEUER

▶ **Antinori**
▶Palazzo Antinori

▶ ① **Il Cibreo**
Via del Verrocchio 8 r/
Via dei Macci 122 r
Tel. 0 55 2 34 11 00
Geschl. So., Mo.
Im Feinschmeckerlokal unweit
vom Markt Sant' Ambrogio kann
man beste toskanische Küche
genießen; Reservierung erforder-
lich; günstiger isst man in der
angeschlossenen Trattoria; auch
gehören ein Café und eine Pizzi-
cheria zum Cibreo.

▶ ④ **Don Chisciotte**
Via Cosimo Ridolfi 4 r
Tel. 0 55 47 54 30
Geschl. Mo.mittag, So.
Elegantes Restaurant, das Fisch-
gerichte und kreative toskanische
Küche serviert.

▶ ⑤ **Alle Murate**
Via del Proconsolo 16 r
Tel. 0 55 24 06 18
Geöffnet abends
Geschl. Mo
Eines der angesehensten Restau-
rants der Stadt, das eine kreative
leichte Kochkunst, basierend auf
italienischen Regionalküchen
pflegt.

▶ ⑥ **Enoteca Pinchiorri**
Via Ghibellina 87
Tel. 0 55 24 27 77
Geschl. So.-, Mo.-, Di.- und
Mi.mittags
Das elegante Restaurant in einem

ℹ Preiskategorien

■ Für ein 3-Gänge-Menü
Fein & teuer: über 60 €
Erschwinglich: 30 – 60 €
Preiswert: bis 30 €

Stadtpalast aus dem 16. Jh. mit
sehr schönem Innenhof verspricht
zweifellos ein kulinarisches Erlebnis allererster Güte, was allerdings
auch seinen Preis hat; berühmt ist
der Weinkeller mit Spitzenerzeug-
nissen aus aller Welt.

ERSCHWINGLICH

▶ ⑧ **Cammillo**
Borgo Sant' Jacopo 57 r
Tel. 0 55 21 24 27
Geschl. Di., Mi.
Traditionsreiche typische florenti-
nische Trattoria mit vorzüglicher
Küche.

▶ ⑨ **Coco Lezzone**
Via del Parioncino 26 r
Tel. 0 55 28 71 78
Geschl. Di.
Einfaches, schon seit langem
beliebtes Lokal der Florentiner
Gesellschaft im toskanischen Stil
und mit schmackhafter regionaler
Küche.

▶ ② **Dino**
Via Ghibellina 51 r
Tel. 0 55 24 13 78
Geschl. So., Mo.mittag
Feines Restaurant mit ausgespro-
chen angenehmer Atmosphäre; die
Küche basiert auf historischen
Rezepten; großes Angebot an
Weinen.

Florenz Essen, Ausgehen & Übernachten

Essen

1. Il Cibreo
2. Dino
3. Filipepe
4. Don Chisciotte
5. Alle Murate
6. Enoteca Pinchiorri
7. Targo Bistrot Fiorentino
8. Cammillo
9. Coco Lezzone
10. Garga
11. Omero
12. Cantinetta de Verazzano
13. Zà Zà
14. Antica Porta
15. Trattoria del Carmine
16. Il Latini
17. Mario
18. Santo Spirito

Übernachten

1. Gallery Hotel Art
2. Grand Hotel
3. Helvetia & Bristol
4. Regency
5. Torre di Bellosguardo
6. Villa Mangiacane
7. Villa Medici
8. Westin Excelsior
9. Annalena
10. Aprile
11. Beacci Tornabuoni
12. Botticelli
13. Brunelleschi
14. Classic
15. Il Guelfo Bianco
16.] and [
17. Liana
18. Loggiato dei Servizi
19. Lungarno
20. Monna Lisa
21. Pendini
22. Principe
23. Villa Carlotta
24. Alessandra
25. Casci
26. Crocini
27. Firenze
28. La Scaletta
29. Palazzo Ricasoli
30. Porta al Prato
31. Ostello Archi Rossi
32. Ostello Santa Monaca

Ausgehen

1. Angels
2. La Cité Libreria
3. Dolce Vita
4. Golden View Open Ba
5. Moyo
6. O'Tel
7. Pop Café
8. Porfirio Rubirosa
9. Il Rifrullo
10. Suite Imperial
11. Terrazza Bardini Mob
12. Central Park
13. Meccano
14. Space Electronic
15. Tenax

Cafés und Eisdielen

1. Belvedere
2. Giacosa
3. Giubbe Rosse
4. Rivoire
5. Gilli
6. Grom
7. Perché no
8. Veneta
9. Vivoli

③ **Filipepe**
Via San Niccolò 43
Tel. 0 55 2 00 13 97
Geschl. mittags
Mal etwas ganz anderes: gute
Mittelmeerküche in charmant-
kreativem Ambiente in Oltrarno,
auf der linken Arnoseite.

⑩ **Garga**
Via del Moro 48 r
Tel. 0 55 2 39 88 98
www.garga.it, geschl. Mo.
Kunst ziert die Wände der anhei-
melnden Trattoria; köstliche Flo-
rentiner Spezialitäten. Auch
Kochkurse werden angeboten.
Reservierungs empfehlenswert.

⑯ **Il Latini**
Via dei Palchetti 6
Tel. 0 55 21 09 16
Geschl. Mo.
Von der Decke baumeln die
Schinkenkeulen und auf den Tel-
lern liegt sie – die berühmte
Bistecca fiorentina, ein dickes

Lendenstück, das nur mit einem
Spritzer Olivenöl gewürzt wird;
aber es gibt auch leichtere
Gerichte.

⑪ **Omero**
Via Pian dei Giudari 11 r
Tel. 0 55 22 00 53
Geschl. Mo.
Das bei Florentinern beliebte
Lokal beeindruckt durch seinen
Ausblick in die Landschaft.

⑦ **Targa Bistrot Fiorentino**
Lungarno Cristoforo Colombo 7
Tel. 0 55 67 73 77
Geschl. So.
Die sorgfältige, einfallsreiche
Küche und die exzellenten Weine
genießt man sommers auf einer
schönen Terrasse über dem Arno.

⑬ **Zà Zà**
Piazza del Mercato Centrale 26
Tel. 0 55 21 54 11
Geschl. So.
Gut besuchtes Lokal mit fantasie-

Im Garga stehen toskanische Spezialitäten auf der Speisekarte.

voller Florentiner Küche; vor allem Leute aus dem Viertel kommen hierher; unbedingt reservieren!

PREISWERT

► ⑭ **Pizzeria Antica Porta**
Via Senese 23 r
Tel. 0 55 22 05 27
Geschl. Mo.
Unter Florentinern ist es schon lange kein Geheimtipp mehr, dass man in der Pizzeria Antica Porta hervorragende Pizzen bekommt.

► ⑮ **Trattoria del Carmine**
Piazza del Carmine
Tel. 0 55 21 86 01
Geschl. So.
Terrasse auf der Piazza; die umfangreiche Speisekarte enthält toskanisch-florentinische Gerichte.

► ⑫ **Cantinetta del Verrazzano**
Via die Tavoloni 182
Tel. 0 55 26 85 90
Geschl. So.
In der höchster Touristendichte zwischen Piazza della Repubblica und Piazza della Signoria gelegen und doch sind die Focaccie,

Crostini und Käse- und Schinkenplatten dieser schönen Wein- und Imbissstube immer gut und frisch.

► **Il Cantinone de Gallo Nero**
► Tipp S. 279

► ⑰ **Mario**
Via Rosina 2 r
Tel. 0 55 21 85 50
Geöffnet: nur 12.00 – 16.00 Uhr
Die winzige Trattoria in der Nähe des Mercato Centrale ist ein typischer florentinischer Familienbetrieb und sehr beliebt – wo sonst würde man bei einem vollen Restaurant auf dem Gehweg warten, bis der Padrone die Gäste zu Tisch bittet?

► ⑱ **Il Santino**
Via Santo Spirito 60 r
Tel. 0 55 2 30 28 20.00
Geöffnet: tgl. 10.00 – 22.00 Uhr
Zum Restaurant Il Santo Bevitore gehört gleich nebenan dieses kleine Bistrot mit hochwertiger Käse- und Schinken- sowie Weinauswahl.

Feiertage, Feste und Events

 **TERMINE**

FEIERTAGE

1. Januar: Neujahr
6. Januar: Erscheinungsfest (Hl. Drei Könige)
März/April: Ostermontag
25. April: Tag der Befreiung (1945)
1. Mai: Tag der Arbeit
2. Juni: Fest der Republik Italien
15. August: Mariä Himmelfahrt
1. November: Allerheiligen
8. Dezember: Mariä Empfängnis
25./26. Dezember: Weihnachten

Piazza della Signoria: stimmungsvoller Rahmen für Konzerte

JANUAR

Hll. Drei Könige (6.)
La Cavalcata dei Magi: Umzug in historischen Kostümen durch die Innenstadt zur Krippe im Dom.

JANUAR/FEBRUAR

Pitti-Mode-Messen: Damen-, Herren- und Kinderkleidung, Stoffe, Accessoirs, Parfüm (auch im Juli und September); www.pittiimagine.com.

MÄRZ/APRIL

Ostersonntag: Scoppio del Carro (►Baedeker Special).
La Notte Bianca: offene Museen, Lokale und Kunstevents in der Nacht des letzten Aprilsamstags.

MAI

2.–20. Mai: Mostra dell' Iris: Schwertlilienschau in den hübschen Gärten unterhalb der Piazzale Michelangelo.

MAI

So. nach Himmelfahrt: Festa del Grillo (►Baedeker Special).

MAI/JUNI

Maggio Musicale Fiorentino: Musikalische Veranstaltungen mit Künstlern aus aller Welt, Vorstellungen im Teatro Comunale und Teatro della Pergola sowie im Freien auf der Piazza della Signoria und im Boboli-Garten. Infos: ► Theater · Konzerte
ART-Fiera Internazionale dell' Artigianato (Internationale Kunsthandwerksmesse)
► Baedeker Special Guide

SOMMER

Firenze Estate: Die Stadt bietet ein reiches Kulturprogramm, z. B. Konzerte klassischer Musik in den Innenhöfen des Museo Bargello und des Palazzo Strozzi, Kunstaktionen und alternative Musik auf der Piazza Santo Spirito u.v.m.
Festival Opera: von Anfang Juni bis Anfang August Opernaufführungen und U-Musikkonzerte auf einer Freilichtbühne im Boboli-Garten; www.festivalopera.it.

JUNI

24. Juni: Calcio in Costume (►Baedeker Special)

JUNI–AUGUST

Estate Fiesolana: Konzert, Theater, Film- und Ballettaufführungen, vielfach als Freilichtaufführungen.

Hart zu geht es beim Calcio in Costume auf der Piazza Santa Croce.

FLORENTINISCHE FESTE

Die Florentiner sind zwar nicht gerade die Verköperung des Frohsinns, was auch schwerfällt, wenn man sich den asketischen Prediger Johannes den Täufer zum Patron der Stadt wählt, doch verstehen sie auf ihre Art zu feiern.

Den Auftakt zu den populären Festen im Jahr bildet am Ostersonntag der **Scoppio del Carro**, eine Art Feuerwerk auf der Piazza del Duomo, um die Auferstehung Christi lautstark zu verkünden. Nach der Ostermesse im Dom zischt vom Hochaltar aus eine la colombina, das Täubchen, genannte Rakete an einem Seil hinaus auf den Domplatz, wo sie den mit Knallkörpern festlich geschmückten totenwagenähnlichen carro (»Karren«) »sprengt«, der zuvor von zwei weißen Ochsen über den Arno hierher gezogen worden war. Bei starker Sprengkraft und Rauchentwicklung bedeutet der Karren ein ertragreiches Jahr für Bauern und Kaufleute.

Wenn ab Mai die Sonnenstrahlen auf die Plätze und Gärten fallen, erheitern sich auch die Gemüter und viele Florentiner treffen sich am Himmelfahrtstag im Parco delle Cascine, um im Grünen die merenda (»Vesper«) einzunehmen. Während allerlei Süßigkeiten wie Nougat, Haselnüsse und kandierte Früchte gegessen werden, lauscht man den zirpenden Klängen der Grillen. So nennt man diesen Festtag **Festa del Grillo**. Ursprünglich fing man die Grillen sogar selbst, heute werden sie in kleinen Holzkäfigen angeboten. Nach altem Brauch lässt man die zirpenden Insekten, wenn man seinen Spaß gehabt hat, wieder frei.

Am Johannistag, dem 24. Juni, geht es zu Ehren des Stadtpatrons Johannes dem Täufer wieder eher lautstark und schlagkräftig zu. Auf der Piazza Santa Croce versammelt sich Jung und Alt, um die jeweilige Mannschaft beim **Calcio in Costume** anzufeuern. Dieses traditionelle Ballspiel in historischen Kostümen fand erstmals 1530 statt, als die Florentiner ihren Belagerern Gelassenheit und Stärke zugleich demonstrierten, indem sie sich noch Zeit für ein Spiel nahmen. Ein farbenprächtiger Umzug aus allen Stadtteilen führt von Santa Maria Novella zur Piazza Santa Croce. Die vier Mannschaften sind an ihren stadtteilbezogenen Farben zu erkennen. Gespielt wird eine Art Fußball mit kräftigem Hand- und Ellbogeneinsatz nach schwer durchschaubaren Regeln. Den Abschluss des Festtags bildet ein farbenprächtiges Feuerwerk auf der Piazzale Michelangelo.

JULI

Zeitgenössischer Tanz im Hof des Bargello (zweite Julihälfte; www.florencedance.org).

JULI/AUGUST

Festa dell' Unità: Ende Juli, Anfang August in der Fortezza da Basso mit Schlemmerständen, Politikdebatten und Rockkonzerten.

SEPTEMBER

La Rificolana: Am 7. September feiern Erwachsene und Kinder die Jungfrau Maria mit einem stimmungsvollen Papierlaternen-Zug.

HERBST

Festival Internazionale Musica dei Popoli: das bekannte Volksmusikfestival mit Musik fremder Völker.

SEPTEMBER/OKTOBER

Mostra Mercato Internazional dell' Antiquariato: Antiquitätenausstellung im Palazzo Corsini (an allen ungeraden Jahreszahlen); www.biennaleantiquariato.it

Fundbüro

▶ **Städtisches Fundbüro (Ufficio oggetti trovati)**
Via Francesco Veracini 5/5
Tel. 0 55 33 48 02

Öffnungszeiten:
Mo., Mi., Fr. 9.00 – 12.30
Di., Do.
auch 14.30 – 16.30 Uhr.

Geld

Euro   Der Euro (€) ist in Italien ebenso wie in Deutschland, Österreich und weiteren europäischen Ländern das offizielle Zahlungsmittel. Für die Schweiz gilt: 1 CHF entspricht 0,78 €, und für 1 € bekommt man 1,28 CHF.

Banken   Banken sind in der Regel von Montag bis Freitag von 8.20 bis 13.30 und von 15.00 bis 16.00 Uhr geöffnet. Außerhalb der üblichen Kassenstunden ist Geldwechsel bei der Bank am Bahnhof Santa Maria Novella und bei der Esercizio Promozione Turismo (Via Condotta) möglich, die durchgehend von 9.00 bis 19.00 Uhr da sind.

Geldautomaten   Geldautomaten gibt es bei den meisten Banken. An ihnen kann man mit verschiedenen Kreditkarten und Bankkarten in Kombination mit der Geheimzahl rund um die Uhr Geld abheben.

Bei Verlust der Bankkarte wende man sich umgehend an den rund **Bankkarten** um die Uhr erreichbaren **Zentralen Annahmedienst für Verlustmeldungen** in (Telefon von Italien: 00 49/11 61 16); die Karte wird dann sofort gesperrt. Dies gilt auch für Handys.

Banken, größere Hotels, Restaurants, Autovermieter und viele Einzelhandelsgeschäfte akzeptieren die meisten internationalen Kreditkarten. Verbreitet sind Visa, Eurocard, American Express und Diners Club. Auch bei Verlust von Kreditkarten benachrichtige man unverzüglich die jeweilige Zentralstelle. **Kreditkarten**

In Italien ist der Käufer verpflichtet, die Kassenbelege (ricevuta fiscale oder scontrino) zu verlangen und aufzuheben. Es kann vorkommen, dass man nach Verlassen eines Geschäfts aufgefordert wird, die Quittung vorzuzeigen – damit soll Steuerbetrug erschwert werden. **Quittungen**

Gesundheit

Im Notfall wendet man sich am besten an den rund um die Uhr erreichbaren Nofalldienst Guardia Medica, der im Universitätskrankenhaus Careggi arbeitet. Erste Hilfe (pronto soccorso) leistet auch **Medizinische Versorgung**

 WICHTIGE ADRESSEN

APOTHEKEN

► **24 Stunden Apotheken**
Farmacia Comunale No 13
Bahnhof Santa Maria Novella

Farmacia All' Isegna del Moro
Piazza San Giovanni 20 r
(beim Baptisterium)

Farmacia Molteni
►Tipp

ÄRZTLICHE HILFE

► **24 hours-Medical Service
(dt., engl., frz.)**
Tel. 0 55 47 54 11
www.medicalservice.firenze.it

► **Deutschsprachige Ärztin**
International Medical Service

Dr. Gabriele Friedl
Piazza dell' Unita Italiana 7
Tel. 0 55 21 89 12

► **Medizinischer Notdienst**
Tel. 1 18

! *Baedeker* TIPP

Mittelalterliche Apotheke
Man sollte sich einen Besuch bei der Farmacia Molteni (Via Calzaiouli 7 r) vornehmen, die aus dem 13. Jh. stammt und damit die älteste Apotheke der Welt ist. Hier soll sich schon der große Dichter Dante regelmäßig mit Arzneien versorgt haben. Und eine Kleinigkeit kann man doch immer gebrauchen.

das **Krankenhaus Archispedale Santa Maria Nuova** (Piazza Santa Maria Nuova). Für Kinder ist die Erste Hilfe für Kinder (pronto.soccorso pediatro) im Krankenhaus Ospedale A. Meyer (Via Giordiano 13) zuständig. Erste Hilfe findet man auch beim Weißen Kreuz (Croce Bianca), Grünen Kreuz (Croce Verde) und Roten Kreuz (Croce Rossa Italiana), deren Adressen auf den ersten Seiten des Telefonbuchs (Avantielenco) aufgeführt sind. Zahnärzte stehen im Telefonbuch unter dem Stichwort »Medici dentisti«.

Apotheken Apotheken (farmacie) haben in der Regel von Mo. bis Fr. von 9.00 bis 13.00 und von 16.00 bis 19.30 Uhr geöffnet. Sie schließen wechselweise mittwochs oder samstags. Einige Apotheken machen Tag und Nacht Dienst.

Mit Kindern unterwegs

Für Kinder geeignet? Eine Kunststadt wie Florenz, wo vor allem Museen und Kirchen zu besichtigen sind, ist nicht gerade ein Kinderparadies. Trotzdem gibt es einige Attraktionen für die Kleinen – nicht nur die unzähligen Eisdielen. Zur Vermeidung von Wartezeiten ist es zu empfehlen, für die Akademie und die Uffizien Eintrittskarten telefonisch zu reservieren (Tel. 0 55 2 65 43 21). Was das Bummeln mit Kindern in der Innenstadt, wo die meisten Sehenswürdigkeit nahe beieinanderliegen, angenehm macht, ist die **Fußgängerzone**.

Museen Die Florentiner Museumslandschaft ist im Großen und Ganzen kinderfreundlich, immer mehr Museen bieten heute fantasiereiche Initiativen an, um den Kindern spielerisch Geschichte, Wissenschaft, Kunst und Kultur näherzubringen. Für Kinder und Jugendliche unter 18 Jahren ist in der EU in den Staatlichen Museen der Eintritt frei. Folgende Museen sind empfehlenswert: Das **Museo di Storia della Scienza** (▶ Galleria deli Uffizi), in dem wissenschaftliche Instrumente Neugierde wecken, ▶**Museo Stibbert**, wo die Attraktion ein lebensgroßer Reiterzug ist, und das kuriose **Museum La Specola** (▶ Palazzo Pitti), dessen anatomische Wachsmodelle allerdings eher für ältere Kinder geeignet sind. Spannend ist es, die von Leonardo da Vinci erfundenen Maschinen im **Museum di Leonardo** (▶ Tipp S. 49) auszuprobieren. Im **Palazzo Vecchio** gibt es eine auf Kinder zugeschnittene Abteilung (Museo die Ragazzi) mit zahlreichen Aktivitäten. Auch die naturwissenschaftlichen Museen bieten Kinderprogramme an (Internet: www.msn.unifi.it).

Weitere Attraktionen Als Ausgleich zur Kunst bieten sich nicht nur für Kinder die Parks von Florenz an. Die erste Wahl wäre der ▶**Giardino di Boboli**, da er im Zentrum liegt und sich mit dem Besuch des Palazzo Pitti verbinden lässt. Aber auch der **Botanische Garten** im Giardino dei Semplici

ANGEBOTE FÜR KINDER

BÄDER
- ► Urlaub aktiv

LUDOTHEK
- ► **Ludoteca Centrale**
  Piazza SS. Annunziata 13
  Tel. 0 55 2 47 83 86
  Geöffnet: Mo. – Fr.
  9.00 – 13.00, 15.00 – 18.30
  Sa. 9.00 – 13.00

MUSEUMSPROGRAMME
- ► **Associazone Museo Ragazzi**
  Tel. 0 55 76 82 24
  www.palazzovecchio-
  museoragazzi.it

ABENDTEUERPARK
- ► **Parco Avventura Vincigliata**
  Tel. 0 55 3 98 40 36
  www.treeexperience.it

(►S. 258) mit seinen exotischen Pflanzen ist für Kinder von Interesse. Die **Ludothek** im Ospedale degli Innocenti erwartet die kleinen Gäste mit Spiel- und Krabbelzimmer. Das Kontrastprogramm zur Kunst ist das Planschen in einem der städtischen **Schwimmbäder**. Le Cascine, der große Park am westlichen Stadtrand, bietet sich für einen Picknickausflug an. Zum Austoben gibt es außerdem oberhalb von Fiesole den Abenteuerpark **Parco Avventura Vincigliata** im Wald voller Klettertouren und Spielüberraschungen.

Kinos

Es gibt nur wenige Kinos, wo Filme in Originalversion gezeigt werden, meistens in Englisch. Es finden drei bis vier Vorführungen am Tag statt, wobei die letzte zwischen 22.00 und 22.45 Uhr beginnt. Am Mittwoch ist Kinotag, an dem die Eintrittskarten billiger sind.

KINOS

FREILUFTKINOS
Im Sommer finden Filmvorführungen im Freien an zahlreichen Orten statt, z. B. im Nelson Mandela Forum (Viale P. Paoli 3; www.mandelaforum.it) und in der Arena Estiva Poggetto des FLOG (Via M. Mercati 24 b; Internet: www.flog.it).

KINOS (AUSWAHL)
- ► **Fulgor**
  Via Maso Finiguerra 22 r
  Tel 0 55 2 38 18 81
  Donnerstags englische Filme.

- ► **Odeon**
  Piazza Strozzi, Tel. 0 55 21 40 68
  Mo. Filme in Originalversion.

Knigge

Was kommt an in Italien und was nicht? **Bella Figura**, der schöne äußerliche Schein, ist für die meisten Italienerinnen und Italiener ein innerliches Bedürfnis. Auch wenn es sich bloß um den Gang zum Postamt oder einen Markteinkauf handelt, wer auf die Straße tritt, macht sich gern für die Öffentlichkeit fein – frei nach der Devise Coco Chanels, immer so angezogen zu sein, dass die Frau jederzeit den Mann ihres Lebens treffen könnte.

Im Zweifelsfall gibt man sein Geld eher für Mode (und gutes Essen) als für Möbel oder Fassadenanstriche aus. Umso verständnisloser oder amüsierter schaut man auf etikettelose Touristen herab, die mit Badeschlappen Kirchen betreten, in Shorts Gemäldegalerien besichtigen, mit Sandalen in Restaurants sitzen oder gar mit nacktem Oberkörper durch die Altstadt schlendern.

? WUSSTEN SIE SCHON …?

■ Ein Vino oder Grappa, dazu eine Zigarette – darauf müssen Raucher seit 2005 in Restaurants und Bars verzichten. Es sei denn, sie befinden sich in einem abgeschlossenen, separat belüfteten Raucherraum. Auf die Kulanz der Gastwirte sollte man nicht vertrauen, denn es drohen Strafen von bis zu 2200 Euro.

Verkehr Spontan sind Italiener hinter dem Steuer ihres Wagens. Wenn auch die Regierung Berlusconi 2004 beschlossen hat, die deutsche **Flensburger Verkehrssünderkartei** nachzuahmen, erweisen sich vor allem Süditaliener immer wieder als Lebenskünstler, die unbekümmert im Fiat auf Standspuren zum Überholen ansetzen oder in dritter Reihe parken. Wie schön, wenn das Verkehrschaos sich dann doch entwirrt und möglichst viele Menschen mit möglichst vielen Gesten daran beteiligt sind.

Denn dann wird die Straße zur lebendigen Piazza, wird die mechanisierte Routine des Alltags durchbrochen. Dass es dabei um Kommunikation und kaum je um Rechthaberei geht, beweist die kavaliersmäßige Rücksicht gegenüber Fußgängern, die im Gegensatz zu anderen mediterranen Ländern angenehm auffällt.

Arrangiarsi Glücklich wird in Italien, wer auf die einzelnen Italiener zugeht und ihnen durch ein Lächeln oder eine Geste zu verstehen gibt, dass man es schätzt und genießt, es gerade mit diesem besonders kompetenten und gewinnenden Gegenüber zu tun zu haben. Fragen Sie ruhig nach dem Vornamen des Kellners, rufen Sie lieber ein »bravo«, »grande« oder »bello« zuviel als zu wenig.

Und wenn wieder einmal etwas nicht klappen sollte, dann praktizieren Sie ganz machiavellistisch die uralte italienische Kunst des »arrangiarsi«. Ein verständnisvolles Kompliment führt meist schneller zum Ziel als herrische Drohgebärden, die – Sie ahnen es schon – die Bella Figura beschädigen.

Literaturempfehlungen

Boccaccio, Giovanni: Das Dekameron, Insel Taschenbuch. Novellensammlung mit 100 Erzählungen, die ab 1348 nach der großen Pestepidemie von Florenz entstanden und als Ursprung der italienischen Prosa angesehen werden.

Belletristik

Dante Alighieri, Göttliche Komödie, Reclam Verlag
Das ab 1311 als allegorisch-lehrhaftes Gedicht verfasste Hauptwerk Dantes verweist an zahlreichen Stellen auf tatsächliche Ereignisse und Zeitgenossen des Florentiner Dichterfürsten.

Florenz. Eine literarische Einladung, Wagenbach Verlag 20002
In dem literarischen Streifzug durch die Stadt stellen italienische Schriftsteller Florenz vor.

Forster, E. M.: Zimmer mit Aussicht, Nymphenburger Verlag 2002
Florenz im Jahr 1907: Eine Engländerin verliebt sich auf einer Bildungsreise in einen jungen Schöngeist. Zunächst leugnet sie ihre Gefühle, findet dann aber den Mut, sich gegen alle Konventionen zu entscheiden.

> **!** *Baedeker* TIPP
>
> **»Zimmer mit Aussicht«**
> Sehr schöne, stimmungsvolle filmische Umsetzung von E. M. Forsters Romanvorlage. Der Film spielt im Hotel degli Orafi (▶Tipp S. 247). Schon damals gab es den »Baedeker«: Wenn die junge Lucy Honeychurch durch die Straßen von Florenz schlendert, hat sie immer den roten Reiseführer bei sich, um ihren Bildungshunger zu stillen.

King, Ross: Das Wunder von Florenz, Btb 2002
Roman über die spannende Baugeschichte der Domkuppel durch Brunelleschi.

Nabb, Magdalena: Tod in Florenz, Diogenes 1992
Spannender Kriminalroman, in dessen Mittelpunkt der etwas trottelige Kommissar Maresciallo Guarnaccia steht.

Pratolini, Vasco: Chronik armer Liebesleute, Beck & Glückler Verlag 1991
Vom Leben und Lieben in Florenz zur Zeit des Faschismus.

Röhrig, Tilmann: Wir sind das Salz von Florenz, Lübbe 2006
Dieses Zitat von Lorenzo de Medici wählte der Schriftsteller als Titel seines historischen Romans aus der Zeit des mächtigen Regenten.

Wulf, Franziska: Verschwörung in Florenz, Droemer/Knaur 2005
Der Leser wird in einer spannenden Zeitreise ins 15. Jh., der Epoche Lorenzo de' Medicis, des Prächtigen, des mächtigen und kunstsinnigen Regenten von Florenz, versetzt.

Buonarotti, Michelangelo: Lebenserinnerungen, Briefe, Gespäche, Gedichte, Manesse 2002
Hier lernt man das Künstlergenie auch als Dichter kennen und erhält Einblick in sein Innenleben.

Burke, Peter: Die Renaissance in Italien, Wagenbach 1987
Darstellung der Sozialgeschichte einer Kunstepoche zwischen Tradition und Erfindung.

Cleugh, James: Die Medici. Macht und Glanz einer europäischen Familie, Piper 2002
Porträt der historisch bedeutendsten Familie von Florenz.

Forcellino, Antonio: Michelangelo, Pantheon Verlag 2007
Forcellino verbindet die Interpretation der Werke des genialen Künstlers mit einer einfühlsamen Schilderung des Menschen Michelangelo.

Vasari, Giorgio: Lebensläufe der berühmtesten Maler, Bildhauer und Architekten der Renaissance, Manesse Verlag, 1993
Um 1550 verfasste Biografien berühmter Zeitgenossen.

Walter, Ingeborg, Der Prächtige. Lorenzo de'Medici und seine Zeit. C. H. Beck, München 2003
Mit profunder Kenntnis und in hervorragendem Stil zeichnet die Autorin ein nüchternes Bild der bedeutendsten Herrscherpersönlichkeit der mächtigen Familie Medici.

Wirtz, Rolf C., Kunst und Architektur Florenz, Könemann Verlag 2005
Detaillierte Darstellung der beiden Themenbereiche mit vielen Hintergrundinformationen.

Medien

»La Repubblica«, Italiens größte Tageszeitung, erscheint in Florenz mit eigenem Lokalteil. Zweitgrößte nationale Zeitung ist der »Corriere della Sera«. Größte toskanische Tageszeitung ist die in Florenz verlegte »La Nazione«. In Florenz sind führende deutsche Zeitungen und Zeitschriften erhältlich.

Über alle wichtigen Veranstaltungen in Florenz informiert das monatlich erscheinende »Firenze Spettacolo«. In der Touristeninformation und in den Hotels erhält man ebenfalls das zweimal im Monat erscheinende »Firenze Concierge Information«. Der Veranstaltungskalender erscheint auf Italienisch und Englisch.

Museen

Die Eintrittspreise für Museen und andere Sehenswürdigkeiten in Florenz sind hoch. Freien Eintritt gibt es für EU-Bürger unter 18 und über 65 Jahren bei Vorlage des Personalausweises. Studenten erhalten gegen Vorlage des Studentenausweises und junge Leute aus der EU zwischen 18 und 25 Jahren 50 % Ermäßigung. Für die staatlichen Museen (Galleria degli Uffizi, Galleria dell' Accademia, Palazzo Pitti, Capelle Medicee, Museo Nazionale del Bargello) kann man Eintrittskarten bestellen, jedoch nicht für den gleichen Tag. Die **Reservierung** von Eintrittskarten ist dringend zu empfehlen bei den großen Museen wie den Uffizien, der Akademie und dem Palazzo Pitti, um lange Wartezeiten zu vermeiden.

Eintrittspreise, Eintrittskarten

MUSEEN IN FLORENZ

KARTENBESTELLUNG

► **Museen**
Tel. 0 55 2 65 43 21
www.firenzemusei.it
Und an Sonderschaltern direkt in den Uffizien und im Palazzo Pitti.

GESCHICHTE

► **Museo Ebraico**
►Synagoga e Museo Ebraico

► **Museo di Preistoria (Museum für Urgeschichte)**
Via S. Egidio 21
Geöffnet: Mo., Mi., Fr., Sa.
9.30 – 12.30, Di., Do. bis 16.30
Asugestellt sind Exponate aus vorgeschichtlicher Zeit.

► **Museo Nazionale Alinari della Fotografia**
Piazza Santa Maria Novella 14 r
www.allinari-fondazione.it
Das Museum zur Geschichte der Fotografie ist das älteste seiner Art in der Welt. Zu sehen sind Werke von italienischen und ausländischen Fotografen des 19./20. Jh.s.
Geöffnet: Mo., Di., Do. – So.
9.00 – 19.00 Uhr.

► **Museo di Storia della Scienza**
►Galleria degli Uffizi

► **Museo Storico Topografico »Firenze com' era«**
►Museo Storico Topografico »Firenze com'era«

KUNST UND ARCHÄOLOGIE

► **Casa Buonarroti**
►Casa Buonarroti

► **Collezione Contini Bonacossi**
►Giardino di Boboli

► **Galleria dell' Accademia**
►Galleria dell' Accademia

► **Galleria Corsini**
►Palazzo Corsini

► **Galleria del Costume**
►Giardino di Boboli, Palazzina della Meridiana

► **Galleria dello Ospedale degli Innocenti**
►Ospedale degli Innocenti

► **Galleria Strozzina**
  ►Palazzo Strozzi

► **Galleria degli Uffizi**
  ►Galleria degli Uffizi

► **Museo Archeologico**
  ►Museo Archeologico

► **Museo Bardini**
  ►Museo Bardini

► **Museo del Bigallo**
  ► Piazza San Giovanni,
  Loggia del Bigallo

► **Museo della Casa Fiorentina Antica/Palazzo Davanzati**
  ►Museo della Casa Fiorentina Antica/Palazzo Davanzati

► **Museo della Fondazione Horne**
  ►Museo della Fondazione Horne

► **Museo Marino Marini**
  ►Museo Marino Marini

► **Museo Nazionale del Bargello**
  ►Museo Nazionale del Bargello

► **Museo dell'Opera del Duomo**
  ►Museo dell'Opera del Duomo

► **Museo dell'Opera di Santa Croce**
  ►Santa Croce

► **Museo di San Marco**
  ►San Marco

► **Museo Santa Croce**
  ►Santa Croce

► **Museo di Santa Maria Novella**
  ►Santa Maria Novella

► **Raccolta Alberto della Ragione**
  Zurzeit Forte Belvedere
  Geöffnet: n. V., Tel. 0 55 2 00 12 56
  Vor allem Gemälde italienischer Künstler aus der Mitte des 20. Jh.s wie Carrà, Morandi und Bildhauer wie Fontana.

KUNSTHANDWERK

► **Museo delle Porcellane**
  ►Giardino di Boboli

► **Museo Salvatore Ferragamo**
  ►Palazzo Spini-Ferroni

► **Museo Stibbert**
  ►Museo Stibbert

► **Museo degli Strumenti Musicali Antichi**
  ►Palazzo Pitti

► **Opificio e Museo delle Pietre Dure**
  ►Galleria dell'Accademia

LITERATUR

► **Casa di Dante**
  ►Casa di Dante

Keine Warteschlangen durch Kartenreservierung!

NATURKUNDE NATURWISSENSCHAFT

► **Museo Botanico**
►Orto Botanico (►S. 258)

► **Museo di Geologia e Paleontologia (Geologisches und Paläontologisches Museum?**
Via G. La Pira 4
Geöffnet:
Mo., Di., Do., Fr.
So. 9.00 – 13.00
Sa. 9.00 – 17.00
Sommer Di., Do. auch
16.00 – 19.00 Uhr
Neben einer umfangreichen Sammlung von Fossilien sind urzeitliche Tiere und Pflanzen vor allem aus Italien ausgestellt.

► **Museo Leonardo**
►Tipp S. 49

► **Museo di Mineralogia e Litologia (Museum für Gesteinskunde)**
Via G. La Pira 4
Geöffnet:
wie das Geologiemuseum
Das Museum enthält eine große Sammlung von Mineralien und eine Kollektion von Gegenständen aus Halbedelsteinen.

► **Museo Zoologica »La Specola«**
►Palazzo Pitti

VÖLKERKUNDE

► **Museo Nazionale di Antropologia ed Etnologia**
►Museo Nazionale di Antropologia ed Etnologia

Notrufe

► **Erste Hilfe**
Tel. 1 18 (landesweit)

► **Polizeinotruf**
Tel. 1 12 (landesweit)
Städtische Polizei:
Tel. 0 55 3 28 31

► **Feuerwehr**
Tel. 1 15 (landesweit)

► **Pannenhilfe des ACI**
Tel. 80 31 16

► **ADAC Pannenhilfe und Notruf**
nach Deutschland
Tel. 00 4902 89 22 22 22
In Italien Tel. 03 92 10 41

► **ACE-Notrufzentrale Stuttgart**
Kranken- und
Fahrzeugrückholdienst
Tel. 00 49/18 02/34 35 36

► **DRK-Flugdienst Bonn**
Tel. 00 49/2 28/23 00 23

► **Deutsche Rettungsflugwacht**
Tel. 00 49/7 11/70 10 70

Post · Telekommunikation

Postämter Die italienischen Postämter sind nur für den Post- und Paketdienst sowie für die Geschäfte der Postbank zuständig. Sie sind zu folgenden Zeiten geöffnet: von Montag bis Freitag von 8.30 bis 14.00 und Sa. von 8.30 bis 13.30 Uhr .
Die **Hauptpost** (Via Pelleceria 1) von Florenz, die man in den Arkaden der zentral gelegenen Piazza della Repubblica findet, ist für ihre Kunden von Montag bis Freitag von 8.30 bis 19.00 und samstags von 8.30 bis 12.30 Uhr da.

Briefmarken Briefmarken (Francobolli) kauft man in Postämtern oder in Tabakwarengeschäften (Tabacchi), die durch ein »T«-Schild gekennzeichnet sind. Brief bis 20 g und eine Postkarte von Italien ins europäische Ausland kosten 0,65 €.

Telefonieren Gespräche nach Deutschland, Österreich oder in die Schweiz kann man von öffentlichen Fernsprechern mit orangerotem Telefonhörersymbol führen. Sie funktionieren mit Telefonkarten (carta telefonica), die es u. a. in Bars, an Zeitungskiosken, bei Postämtern und in Tabakgeschäften gibt. Die Ortsvorwahlen sind Bestandteil der italienischen **Telefonnummern**. So muss immer bei Ortsgesprächen in Italien sowie bei Anrufen aus dem Ausland die Vorwahl einschließlich der Null mitgewählt werden.

Handys Beim Eintritt in Italien wird das Handy automatisch von einer italienischen Telefongesellschaft empfangen. Die besten Auslandstarife erfährt man vor der Abreise unter www.teltarif.de und www.tariftip.de. Wichtige Mobilfunknetze unterhalten die Telefongesellschaften Telecom Italia Mobile (Zugangsnummer 2 22 01) und Omnitel Pronto Italia (Zugangsnummer 2 22 10).

Preise · Vergünstigungen

Leider gibt es in Florenz keine nennenswerten Vergünstigungen oder eine spezielle Touristenkarte. Alle Eintrittspreise erfährt man im Internet unter www.polomuseale.firenze.it.

 WAS KOSTET WIE VIEL?

3-GängeMenü
20 – 35 €

Einfache Mahlzeit
8 – 12 €

Espresso
ca. 2 €

1 l Benzin
ca. 1,30 €

Trinkgeld

In Hotels und Restaurants ist die Bedienung inbegriffen, jedoch werden meistens 5 – 10 % des Rechnungsbetrags als Trinkgeld erwartet. In Bars und Cafés ist die Bedienung häufig nicht eingeschlossen, in diesem Fall werden 10 – 15 % Trinkgeld gegeben. Bei Taxifahrten rundet man den zu zahlenden Betrag auf.

Reisezeit

Als beste Zeit für eine Reise nach Florenz empfehlen sich die Monate April bis Juni und September bis Oktober mit durchschnittlichen Temperaturen zwischen 15 und 20 °C. Allerdings sollte man nicht unbedingt an Ostern oder Pfingsten eine Reise in die Metropole am Arno unternehmen. Die Stadt ist über die Festtage von Touristen derart bevölkert, dass die Besichtigungstouren kaum noch ein Genuss sind. Am ungestörtesten wird man die grandiosen Sehenswürdigkeiten von Florenz in den Monaten von November bis März besichtigen können – manch ein Besucher nimmt dafür das um diese Jahreszeit unbeständigere Wetter gern in Kauf.

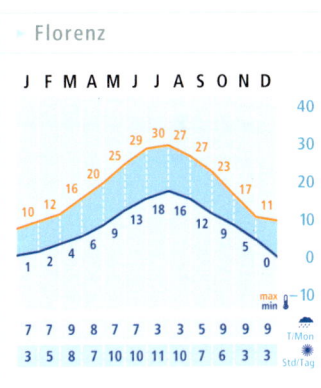

Shopping

Teure Einkaufsstadt

Florenz ist ein Mekka für **Mode** – alle großen Namen dieser Branche von Armani bis Valentino sind hier vertreten –, sind aber auch sehr teuer. Haupteinkaufsstraße ist die Via Calzaiuoli zwischen Dom und Piazza della Signoria. Das Herz der Modewelt schlägt in der Via Tornabuoni und in der letzten Zeit immer stärken in der Via della Vigna Nuova, wo viele großen Namen von Armani bis Dolce & Gabbana vertreten sind. **Schuhe** kauft man am besten im Borgo San Lorenzo oder in der Via Cerretani und **Schmuck** auf dem Ponte Vecchio. Zahlreiche kleine **Antiquitätengeschäfte** gibt es in Borgo Ognissanti, Via Maggio, Via dei Fossi und Borgo San Jacopo. Wer **Märkte** liebt, sollte auf den Ledermarkt Mercato San Lorenzo in der Via dell'Ariento oder in den Lebensmittelmarkt Mercato Centrale gehen.

▶ VERSCHIEDENE EINKAUFSADRESSEN

ANTIQUITÄTEN

▶ **Bartolazzi**
Via Maggio 18 r
Die beste Adresse für Antiquitäten;
vor allem Möbel und Bilderrah-
men aus dem 18. und 19. Jh.

▶ **Ugo Camiciotti**
Via di Santo Spirito 9
Ein Anziehungspunkt für Lieb-
haber wertvoller Antiquitäten.

BÜCHER UND FOTOS

▶ **BM Bookshop**
Borgo Ognissanti 4 r
Die Buchhandlung rühmt sich, das
umfangreichste Angebot an eng-
lischsprachigen Büchern zu haben.

▶ **Alinari**
Largo Alinari 15
Geschl. Sa.
Das Museo Nazionale Alinari della
Fotografia zeigt eine reiche
Sammlung (▶ S. 97). Im Laden
Alinari kann man schöne Fotos
von Florenz und Italien erstehen.

▶ **Feltrinelli**
Via Cavour 12 r
Die Filiale des Verlags ist die erste
Adresse für internationale Litera-
tur, darunter auch in Deutsch.

▶ **Salimbeni**
Via Palmieri 14 r
Für alle Liebhaber antiquarischer
Bücher zu empfehlen; auch
fremdsprachige Literatur.

DESIGN

▶ **Elio Ferraro**
Via Maroncelli 1
Eindrucksvolles Angebot an
Designerkreationen des 20. Jh.s:
Kleidung, Accessoirs, Einrichtung.

HAUSHALT

▶ **Dino Bartolini**
Via di Servi 30 r
Neben Geschirr gibt es jede Art
von Kochutensilien zu kaufen:
eine reiche Fundgrube für
Hobbyköche.

KAUFHAUS

▶ **Rinascente**
Piazza della Repubblica 1 r
Das Erste unter den italienischen
Kaufhäusern mit reichem Waren-
angebot; die Modeateilung sollte
man sich anschauen.

KERAMIK · PORZELLAN

▶ **Manetti & Mansini**
Borgo SS. Apostoli 45 r
Das Geschäft restauriert alte
Majoliken und stellt neue nach
alten Mustern her.

▶ **Poggi**
Via dei Calzaiuoli 103 r
und 116 r
Poggi bietet alles für eine fein
gedeckte Tafel: Porzellan, Keramik,
Silber und Kristall.

▶ **Richard-Ginori**
Via dei Rondinelli 17 r
Die bekannte Firma führt exklu-
sives Porzellan in traditioneller
Florentiner Art.

▶ **Sbigoli Terracotte**
Via Sant' Egidio 4 r.
Die Warenpalette des Geschäftes,
das die typisch toskanischen blau-
gelben Terrakotten anbietet, reicht
vom Eierbecher bis zu großen
Vasen.

KUNSTHANDWERK

▶ Baedeker Special Guide

LEDERWAREN

▶ **Il Bisonte**
Via del Parione 35
Ausgezeichnete elegante Koffer,
Taschen und Accessoires sind im
Angebot der Ladens.

▶ **Natalino Sarti**
Borgo de' Greci 16 r
Via Ricasoli 87 – 91 r
Handgearbeitete Schuhe, Taschen
und Koffer und das zu erschwing-
lichen Preisen.

▶ **Scuola del Cuoio**
▶Tipp S. 267

MÄRKTE

▶ **Mercato Centrale**
Piazza del Mercato Centrale
Mo. – Sa. 7.00 – 14.00 Uhr
Im Erdgeschoss der Markthalle –
eine der besten in Italien – werden
Fisch, Fleisch, Käse und zahlreiche
Delikatessen verkauft, im Oberge-
schoss erhält man Obst und
Gemüse; man kommt jedoch nicht
nur zum Einkaufen hierher, an
einigen Ständen werden dem Be-
sucher auch Imbisse und Getränke
serviert, außerdem gibt es das
Restaurant Nebrone.

▶ **Mercato San Ambrogio**
Piazza Ghiberti
Geöffnet: Mo. – Sa. 7. – 14.00 Uhr
Vor allem frische Lebensmittel aus
der Region, aber auch Kleidung
und Schuhe.

▶ **Mercato delle Pulci**
Piazza dei Compi
Öffnungszeiten: Mo. – Sa.
9.00 – 13.00, 15.00 – 18.00 Uhr
Wer gerne in alten Sachen stöbert,
der ist auf diesem Flohmarkt
richtig; Bilder, Porzellan,
Kleinmöbel, Bücher, Münzen und

Typisch florentinische farbenfrohe Keramik

Spielzeug warten auf Käufer; am
letzten Sonntag im Monat ist das
Angebot besonders groß.

▶ **Mercato delle Cascine**
Parco delle Cascine
Geöffnet: Di. 7.30 – 14.00 Uhr
Auf diesem größten Markt der
Stadt, der am Ponte delle Vittoria
beginnt und sich 2 km den Arno
entlangzieht, werden Kleidung,
Schuhe, Stoffe, Haushaltswaren,
aber auch Pflanzen und Lebens-
mittel verkauft.

▶ **Mercato Nuovo**
Loggia di Mercato Nuovo
Piazza del Porcellino
Geöffnet: tgl. 9.00 – 20.00 Uhr
Lederwaren und Souvenirs.

▶ **Mercato di San Lorenzo**
▶Tipp S. 253

MODE

▶ **Armani**
Piazza Strozzi 16 r
Elegante Kleidung des bekannten
italienischen Modeschöpfers.

▶ **BP Studio**
Via della Vigna Nuova 15 r
Die schöne stilvolle Mode dieser
Florentiner Firma kann sich neben
den internationalen Namen
behaupten.

▶ **Emilio Cavallini**
Via della Vigna Nuova 24 r
Seit 30 Jahren überrascht diese
Florentiner Modedesigner mit
ausgefallenen frechen und ele-
ganten Strumpfkreationen.

▶ **Luisa**
Via Roma 19 – 21 r
Via Silvio Pellico 9
Damen- und Herrenmode fast
aller bekannten internationalen
Modeschöpfer erwarten die Kun-
den in dem Geschäft.

▶ **Pucci**
Via de' Pucci 6
Via dei Tornabuoni 20/22r
Die Haute Couture des bekannten
Modeschöpfers residiert u. a.
standesgemäß im gleichnamigen
Palazzo.

▶ **Raspini**
Via Roma 25 – 29 r
Via Martelli 5/7 r
Via Por S. Maria 72 r
Via Calimaruzza 17 r
Die Modekette bietet neueste
Kreationen italienischer Designer
wie Prada und Armani: Mode,
Schuhe und Accessoirs.

▶ **Zegna**
Piazza Rucellai 4 – 7 r
Hochwertige Männerkleidung für
verschiedene Anlässe.

PAPIERWAREN

▶ **Il Papiro**
Piazza del Duomo 24 r
Via Cavour 49 r
Lungarno Accaiuoli 42 r
Hochwertiges handgearbeitetes
Papier und bedruckte Lederwaren.

Bei den Preisen auf der Ponte Vecchio muss man schon etwas genauer hinschauen.

► Pineider
Piazza della Signoria 13 r
Das Traditionsunternehmen mit
Sitz in einem ehemaligen Zunft-
haus bietet handgemachtes
Papier, auch marmoriert nach
toskanischer Art, und sehr schöne
Schreibutensilien an; auch Lord
Byron und Stendhal haben hier
schon eingekauft.

► Scriptorium
Via dei Servi 5 r
Sehr schöne, in Leder gebundene
Schreibutensilien.

SCHMUCK
Eine riesige Auswahl an wertvollen
Gold- und Silberwaren findet man
in den mehr als 30 Läden auf dem
Ponte Vecchio.

► Buccellati
Via della Vigna Nuova 71/73 r
Exklusive Kreationen der altein-
gesessenen Florentiner
Schmuckschmiede.

► Pampaloni
Via Porta Rossa 99 r
Silberschmuck in modernem
ausgefallenem Design.

SCHUHE
► Beltrami
Via Tornabuoni 48 r
Neben hochwertigen Schuhen
auch edle Taschen und Koffer.

► Stefano Bremer
►Baedeker Special Guide

► Ferragamo
Via dei Tornabuoni 16 r
Klassisch-elegante Damenschuhe
vom »König der Schuhmacher«,
der für Hollywoodstars ausgefallene Kreationen anfertigte; auch

Damen- und Herrenmode wird
entworfen; mit Schuhmuseum
(►Palazzo Spini-Ferroni).

► 46 Santospirito
Via Santo Spirito 46 r
Schicke ausgefallene Schuhe und
Accessoirs von jungen Designern
aus ganz Italien.

STICHE
► Nencioni
Via della Condotta 36 r.
Riesige Auswahl an Stichen aus
verschiedenen Epochen, auch mit
passendem Rahmen.

WÄSCHE · STOFFE
► Casa dei Tessuti
Via dei Pecori 20 – 24 r
Eine umfangreiche Auswahl an
sehr hochwertigen Stoffen, aus
denen auf Wunsch auch Kleidung
genäht wird.

► Loretta Caponi
►Baedeker Special Guide

► Ferrini
Via Calimala 5 r
Feine Bett- und Tischwäsche.

WEIN UND DELIKATESSEN
► Pegna
Via dello Studio 8
Traditionsreiches Paradies für
Feinschmecker mit großem Ange-
bot toskanischer Spezialitäten.

► Bonati
Via Gioberti 66
Spitzenweine aus Chianti, Trenti-
no und Friaul.

► Enoteca Murgia
Via dei Banchi 55/57 r
Großes Sortiment an Weinen und
Grappasorten sowie Olivenöl.

Sprache

Entwicklung der italienischen Sprache
Das Italienische ist die geradlinige Fortsetzung der lateinischen Sprache, der es von allen romanischen Sprachen am nächsten steht. Nicht zuletzt infolge der früheren politischen Zerrissenheit des Landes entstanden zahlreiche Mundarten, aus denen die großen Dichter des 13. und 14. Jh.s, besonders Dante, das Toskanische als noch heute gültige Schriftsprache heraushoben. Die Sprache der Florentiner gilt als das reinste Italienisch. In den größeren Hotels und Restaurants von Florenz kann man sich in der Regel in Englisch verständigen, ansonsten helfen mitunter schon einige Redewendungen weiter.

Kleiner Sprachführer Italienisch

Auf einen Blick

Sì / No	Ja / Nein
Per favore / Grazie	Bitte / Danke
Non c'è di che	Gern geschehen
Scusi! / Scusa!	Entschuldigen Sie!
Come dice?	Wie bitte?
Non La / ti capisco	Ich verstehe Sie / dich nicht
Parlo solo un po' di ...	Ich spreche nur wenig ...
Mi può aiutare, per favore?	Können Sie mir bitte helfen?
Vorrei ...	Ich möchte ...
(Non) mi piace	Das gefällt mir (nicht)
Ha ...?	Haben Sie ...?
Quanto costa?	Wie viel kostet?
Che ore sono? / Che ora è?	Wie viel Uhr ist es?
Come sta? / Come stai?	Wie geht es Ihnen / dir?
Bene, grazie. E Lei / tu?	Danke. Und Ihnen / dir?

Unterwegs

a sinistra	nach links
a destra	nach rechts
diritto	geradeaus
vicino / lontano	nah / fern
Quanti chilometri sono?	Wie weit (in Kilometern) ist das?
Vorrei noleggiare ...	Ich möchte ... mieten
... una macchina	... ein Auto
... una bicicletta	... ein Fahrrad
... una barca	... ein Boot
Scusi, dov'è ...?	Bitte, wo ist ...?
la stazione centrale	der Hauptbahnhof

la metro(politana)	die U-Bahn
l'aeroporto	der Flughafen
all'albergo	zum Hotel
Ho un guasto.	Ich habe eine Panne.
Mi potrebbe mandare ...	Würden Sie mir einen ...
... un carro-attrezzi?	... Abschleppwagen schicken?
Scusi, c'è un'officina qui?	Gibt es hier eine Werkstatt?
Dov'è la prossima stazione di servizio?	Wo ist die nächste Tankstelle?
benzina normale	Normalbenzin
super / gasolio	Super / Diesel
deviazione	Umleitung
senso unico	Einbahnstraße
sbarrato	gesperrt
rallentare	langsam fahren
tutti direzioni	alle Richtungen
tenere la destra	rechts fahren
zona di silenzio	Hupverbot
zona tutelata inizio	Beginn der Parkverbotszone
aiuto!	Hilfe!
attenzione!	Achtung!
Chiami subito ...	Rufen Sie schnell ...
... un'autoambulanza	... einen Krankenwagen
... la polizia	... die Polizei

Ausgehen

Scusi, mi potrebbe indicare ...?	Wo gibt es ...?
... un buon ristorante?	... ein gutes Restaurant?
... un locale tipico?	... ein typisches Restaurant?
C'è una gelateria qui vicino?	Gibt es hier eine Eisdiele?
Può riservarci per stasera	Kann ich für heute Abend
... un tavolo per quattro persone?	... einen Tisch für vier Personen reservieren?
Alla Sua salute!	Auf Ihr Wohl!
Il conto, per favore.	Bezahlen, bitte.
Andava bene?	Hat es geschmeckt?
Il mangiare era eccellente.	Das Essen war ausgezeichnet.
Ha un programma delle manifestazioni?	Haben Sie einen Veranstaltungskalender?

Einkaufen

Dov'è si può trovare ...?	Wo finde ich ...?
... una farmacia	... eine Apotheke
... un panificio	... eine Bäckerei
... un negozio di articoli fotografici	... ein Fotogeschäft

... un grande magazzino	... ein Kaufhaus
... un negozio di generi alimentari	... ein Lebensmittelgeschäft
... il mercato	... den Markt
... il supermercato	... den Supermarkt
... il tabaccaio	... den Tabakladen
... il giornalaio	... den Zeitungshändler

Übernachten

Scusi, potrebbe consigliarmi ...?	Können Sie mir bitte ... empfehlen?
... un albergo	... ein Hotel
... una pensione	... eine Pension
Ho prenotato una camera.	Ich habe ein Zimmer reserviert.
È libera ...?	Haben Sie noch ...?
... una singola	... ein Einzelzimmer
... una doppia	... ein Zweibettzimmer
... con doccia / bagno	... mit Dusche / Bad
... per una notte	... für eine Nacht
... per una settimana	... für eine Woche
Quanto costa la camera ...?	Was kostet das Zimmer ...?
... con la prima colazione?	... mit Frühstück?
... a mezza pensione?	... mit Halbpension?

Arzt und Apotheke

Mi può consigliare un buon medico?	Können Sie mir einen guten Arzt empfehle
Mi può dare una medicina per ...	Geben Sie mir bitte ein Medikament gegen
Soffro di diarrea.	Ich habe Durchfall.
Ho mal di pancia.	Ich habe Bauchschmerzen.
... mal di testa	... Kopfschmerzen
... mal di gola	... Halsschmerzen
... mal di denti	... Zahnschmerzen
... influenza	... Grippe
... tosse	... Husten
... la febbre	... Fieber.
... scottatura solare	... Sonnenbrand
... costipazione	... Verstopfung

Zahlen

zero	0	quattro	4
uno	1	cinque	5
due	2	sei	6
tre	3	sette	7

otto	8	trenta	30
nove	9	quaranta	40
dieci	10	cinquanta	50
undici	11	sessanta	60
dodici	12	settanta	70
tredici	13	ottanta	80
quattordici	14	novanta	90
quindici	15	cento	100
sedici	16	centouno	101
diciassette	17	mille	1000
diciotto	18	duemille	2000
diciannove	19	diecimila	10 000
venti	20	un quarto	1/4
ventuno	21	un mezzo	1/2

Speisekarte

prima colazione	Frühstück
caffè, espresso	kleiner Kaffee ohne Milch
caffè macchiato	kleiner Kaffee mit wenig Milch
caffè latte	Kaffee mit Milch
cappuccino	Kaffee mit aufgeschäumter Milch

Piazza Santo Spirito: lauschiger Platz fürs Abendessen

tè al latte / al limone	Tee mit Milch / Zitrone
cioccolata	Schokolade
frittata	Omelett/Pfannkuchen
pane / panino / pane tostato	Brot / Brötchen / Toast
burro	Butter
salame	Wurst
prosciutto	Schinken
miele	Honig
marmellata	Marmelade
iogurt	Joghurt

antipasti	Vorspeisen
affettato misto	gemischter Aufschnitt
anguilla affumicata	Räucheraal
melone e prosciutto	Melone mit Schinken
vitello tonnato	kalter Kalbsbraten mit Tunfischsauce

primi piatti	Nudel- und Reisgerichte, Suppen
pasta	Nudeln
fettuccine / tagliatelle	Bandnudeln
gnocchi	kleine Kartoffelklößchen
polenta (alla valdostana)	Maisbrei (mit Käse)
vermicelli	Fadennudeln
minestrone	dicke Gemüsesuppe
pastina in brodo	Fleischbrühe mit feinen Nudeln
zuppa di pesce	Fischsuppe

Carni e Pesce	Fleisch und Fisch
agnello	Lamm
ai ferri / alla griglia	vom Grill
aragosta	Languste
brasato	Braten
coniglio	Kaninchen
cozze / vongole	Miesmuscheln / Venusmuscheln
fegato	Leber
fritto di pesce	gebackene Fische
gambero, granchio	Garnelen
maiale	Schweinefleisch
manzo / bue	Rind- / Ochsenfleisch
pesce spada	Schwertfisch
platessa	Scholle
pollo	Huhn
rognoni	Nieren
salmone	Lachs
scampi fritti	gebackene Langustinen

sogliola	Seezunge
tonno	Tunfisch
trota	Forelle
vitello	Kalbfleisch

Verdura	Gemüse
asparagi	Spargel
carciofi	Artischocken
carote	Karotten
cavolfiore	Blumenkohl
cavolo	Kohl
cicoria belga	Chicorée
cipolle	Zwiebeln
fagioli	weiße Bohnen
fagiolini	grüne Bohnen
finocchi	Fenchel
funghi	Pilze
insalata mista / verde	gemischter / grüner Salat
lenticchie	Linsen
melanzane	Auberginen
patate	Kartoffeln
patatine fritte	Pommes frites
peperoni	Paprika
pomodori	Tomaten
spinaci	Spinat
zucca	Kürbis

Formaggi	Käse
parmigiano	Parmesan
pecorino	Schafskäse
ricotta	quarkähnlicher Frischkäse

Dolci e frutta	Nachspeisen und Obst
cassata	Eisschnitte mit kandierten Früchten
coppa assortita	gemischter Eisbecher
coppa con panna	Eisbecher mit Sahne
tirami su	Löffelbiskuit mit Mascarponecreme
zabaione	Eierschaumcreme
zuppa inglese	likörgetränktes Biskuit mit Vanillecreme

Bevande	Getränke
acqua minerale	Mineralwasser

aranciata	Orangeade
bibita	Erfrischungsgetränk
bicchiere	Glas
birra scura / chiara	dunkles / helles Bier
birra alla spina	Bier vom Fass
birra senza alcool	alkoholfreies Bier
bottiglia	Flasche
con ghiaccio	mit Eis
digestivo	Digestif
gassata/con gas	mit Kohlensäure
liscia/senza gas	ohne Kohlensäure
secco	trocken
spumante	Sekt
succo	Fruchtsaft
vino bianco / rosato / rosso	Weiß- / Rosé- / Rotwein
vino della casa	Hauswein

Stadtführungen · Sightseeing

Stadt-rundfahrten Zwei **Sightseeing-Buslinien** verkehren täglich in Florenz mit offenen Doppeldeckerbussen: die Linie A vom Hauptbahnhof aus bis auf den Piazzale Michelangelo und die Linie B von der linken Arnoseite beginnend hinauf nach Fiesole. An 16 bzw. 26 Haltestellen kann man immer wieder zu- und aussteigen. Audioguides auch auf Deutsch begleiten die Fahrt. Die Bustickets, die man im Bus, in Hotels und in den Touristenbüros bekommt, gelten 48 Stunden lang und auch für

▶ WICHTIGE ADRESSEN

FREMDENFÜHRER

▶ **Associazione Guide Turistiche (AGT)**
Via Pellicceria 1
Tel./Fax 0 55 2 65 47 53
www.florenceguidesbooking.com

STADTRUNDFAHRTEN

▶ **City-Sightseeing**
Piazza Stazione 1
Tel. 0 55 29 04 51
www.firenze.city-sightseeing.it

▶ **CAF Tours & Travel**
Via degli Alfani 151 r
Tel. 0 55 21 06 12
www.caftours.com

▶ **SITA**
Viale del Cadorna 105
Tel. 0 55 4 78 21
www.sitabus.it

Mit Bussen lassen sich die Attraktionen außerhalb der Fußgängerzone im historischen Zentrum erkunden.

die Busse der städtischen Verkehrsgesellschaft ATAF. Die Reiseagentur CAF veranstaltet Busausflüge zu toskanischen Sehenswürdigkeiten, die Busgesellschaft SITA unterhält regelmäßigen Linienverkehr zu den toskanischen Städten

Theater · Konzerte

Florenz ist nicht nur eine grandiose Kunststadt, sondern bietet seinen Gästen abends ein vielseitiges Kulturprogramm, das im Sommer auch im Freien stattfindet. Ein neues großes Konzert- und Opernhaus, das das alteingesessene Teatro Comunale voraussichtlich 2011 ablösen wird, ist im Parco Le Cascine im Bau. Bis dahin bleibt das **Teatro Comunale** Schauplatz des renommierten Konzertfestivals des Maggio Musicale Fiorentino (▶ Feiertage, Feste und Events). Das hochkarätige Orchester der Region Toskana (ORT) hat seinen Florentiner Sitz und Auftritt im Teatro Verdi (in dem auch Musikrevuen und Operetten aufgeführt werden), und im Sommer spielt es auf den Plätzen und in Kirchen. Im **Auditorium Flog** spielen italienische und internationale Popgruppen. Eine besondere Spielstätte ist das **Teatro**

▶ INFORMATIONEN UND ADRESSEN

TICKETS

▶ **Box Office**
Via Alamanni 39
Tel. 0 55 21 08 04
www.boxofficetoscana.it

▶ **Teatro del Maggio Musicale Fiorentino**
Box Office
Corso Italia 16
Tel. 0 55 2 77 93 50
Fax 0 55 28 72 22
www.maggiofiorentino.com

OPER · KONZERTE

▶ **Teatro Comunale**
Corso Italia 16
Tel. Reservierung 0 55 28 72 22
Tel. 0 55 2 77 93 50
Spielort des Maggio Fiorentino

THEATER

▶ **Teatro della Pergola**
Via della Pergola 18/32

Tel. 0 55 2 26 43 53
www.teatrodellapergola.com
Theater auf der ältesten bespielten Bühne (1656) Italiens; Sommerprogramm im Bargello-Museum.

KONZERTE

▶ **Auditorium Flog**
Via Mercati 24 b
Tel. 0 55 48 51 45
www.flog.it

▶ **Orchestra della Toscana (ORT)**
Via Ghibellina 101
Tel. 0 55 28 19 93
www.orchestradellatoscana.it
Karten beim Teatro Verdi (s. u)

REVUETHEATER

▶ **Teatro Verdi**
Via Ghibellina 91 r – 101 r
Tel. 0 55 21 23 20
www.teatroverdionline.it

Romano, das römische Amphitheater in Fiesole, wo im Rahmen des Estate Fiesolana Theateraufführungen und Konzerte stattfinden (▶ Tipp S. 113). Den Tageszeitungen La Nazione und La Repubblica ist das Kulturprogramm zu entnehmen. Auch das in Hotels ausliegende Monatsheft Florence Concierge Information informiert über Festivals, Ausstellungen und Messen, aber auch über Museen und Kirchen, ebenso das Online-Magazin www.vivifirenze.it.

Übernachten

Hotels Die Hotels sind in **fünf Kategorien** eingeteilt. Die Skala reicht vom Luxushotel (5 Sterne) bis zum Hotel bzw. bis zur Pension für bescheidene Ansprüche (1 Stern). Bei der Wahl der Hotels sollte man das Zentrum ins Auge fassen. Zum einen kann man so die historischen Gebäude unmittelbar erleben und andrerseits in der heißen Mittagszeit eine Ruhepause einlegen. Dann darf man allerdings nicht geräuschempfindlich sein, denn das Leben und Treiben in Florenz geht ununterbrochen weiter bis nach Mitternacht. Das Hotelverzeichnis Guida all' hospitalità erhält man bei den Fremdenverkehrsämtern (▶Auskunft) und übers Internet: www.firenzeturismo.it. Auf jeden Fall sollte man rechtzeitig die Zimmer reservieren. Die Hotelpreise variieren je nach Saison erheblich. Die meisten Hotels sind heute online buchbar, was den Preisen zusätzlich Spielraum gibt (z. B. über www.booking.com). Luxushotels können da zu bestimmten Zeiten selbst für normale Geldbörsen erschwinglich werden. Auch finden sich zahlreiche B & B-Zimmer in Florenz (Internet: www.bbitalia.it, www.bed-and-breakfast.it). Eine weitere Unterbringungsmöglichkeit sind **Residenzen**, d. h. möblierte Apartments, die jedoch nur wochenweise vermietet werden.

Preiskategorien

- Für ein Doppelzimmer:
  Luxus: über 350 €
  Komfortabel: 160 – 350 €
  Günstig: bis 160 €

▶ EMPFOHLENE UNTERKÜNFTE

▶ ① etc. ▶Karte S. 84/85

HOTELBUCHUNG

▶ **Consorzio Firenze Albergo**
Tel. 055 2 70 72 78
Fax 0 55 28 16 16
www.firenzealbergo.it

LUXUS

▶ ① **Gallery Hotel Art**
Vicolo dell' Oro 5
Tel. 0 55 2 72 63
Fax 0 55 26 85 57
www.lungarnohotels.com
71 Z.
Ungewöhnlich für Florenz ist das minimalistische Designhotel beim Ponte Vecchio, das überall in den Farbtönen dunkelbraun, beige, rot und weiß gehalten ist; die Zimmer 604 bis 606 verfügen über eine Dachterrasse; das Restaurant serviert japanisch-internationale Küche.

▶ ② **Grand Hotel**
Piazza Ognissanti 1
Tel. 0 55 2 71 61
Fax 0 55 21 74 00
www.starwoodhotels.com, 107 Z.
Ein alteingesessenes Luxushotel mit der Atmosphäre vergangener Zeiten.

▶ ③ **Helvetia & Bristol**
Via dei Pescioni 2
Tel. 0 55 2 66 51
Fax 0 55 28 83 53
www.Helvetiabristol.warwick hotels.com, 67 Z.
Gegenüber dem Palazzo Strozzi liegt die traumhafte Nobelherberge, Mitglied der Charming Hotels; sie wurde Ende des 19. Jh.s erbaut und avancierte schnell zu einer der ersten Adressen von Florenz, wo u. a. Pirandello, Strawinsky und de Chirico abstiegen; im florentinisch-englischen Stil gehaltene prachtvolle Zimmer; schöner Wintergarten.

▶ ⑲ **Lungarno**
Borgo San Jacopo 14
Tel. 0 55 2 72 61
Fax 0 55 26 84 37
www.lungarnohotels.com
73 Z.
Am südlichen Arno-Ufer und
beim Ponte Vecchio gelegenes
Hotel, ausgestattet mit moderner
Kunst; von einigen Zimmern Blick
auf den Fluss.

▶ ④ **Regency**
Piazza d' Azeglio 3
Tel. 0 55 24 52 47
Fax 0 55 2 34 67 35
www.regency-hotel.com, 35 Z.
Kleine elegantes, in englischem
Stil eingerichtete Villa mit
hübschem Garten.

▶ ⑥ **Villa Mangiacane**
San Casciano Val di Pesa
Via Faltignano 4
Tel. 0 55 8 29 01 23
Fax 0 55 8 29 03 58
www.villamangiacane.it
26 Z. und Suiten
Mit der Villa Mangiacane eröffnete
eine weitere Luxusherberge für
den Florenzurlauber mit hohen
Ansprüchen für eine britische
Klientel. Die komplett renovierte
Renaissancevilla thront auf einem
Hügel inmitten von Olivenhainen
und Weinbergen. Dass man nur
12 km von Florenz entfernt ist,
wird vor allem auf der traumhaf-
ten Loggia deutlich, von der man
einen unvergesslichen Blick auf die
Arnostadt genießt.

▶ ⑦ **Villa Medici**
Via il Prato 42
Tel. 0 55 2 38 13 31
Fax 0 55 2 38 13 36
www.villamedicihotel.it
107 Z.

Eleganter traditionsreicher Palazzo
aus dem 18. Jh. inmitten einer
grünen Oase; von den Zimmern
im oberen Stockwerk hat man
einen unvergleichlichen Blick über
die Stadt.

▶ ⑧ **Westin Excelsior**
Piazza Ognissanti 3
Tel. 0 55 2 71 01
Fax 0 55 21 02 78
www.starwoodhotels.com, 171 Z.
Direkt am Arno gelegenes
Luxushotel alten Stils in einem
prachtvollen Gebäude des 19. Jh.s;
vom Dach eröffnet sich ein herr-
licher Panoramablick.

KOMFORTABEL

▶ ⑩ **Aprile**
Via della Scala 6
Tel. 0 55 21 62 37
Fax 0 55 28 09 47
www.hotelaprile.it, 34 Z.
In Bahnhofsnähe liegt dieses
kleine Hotel in einem Palast
(1470); einige Räume weisen noch
Stuckdekor aus der Renaissance
auf; schattiger Garten.

▶ ⑪ **Beacci Tornabuoni**
Via dei Tornabuoni 3
Tel. 0 55 21 26 45
Fax 0 55 28 35 94
www.tornabuonihotels.com, 29 Z.
Zentral gelegenes gepflegtes Hotel
in einem Palast aus dem 15. Jh. in
der renommierten Einkaufsmeile;
Frühstück auf der Dachterrasse.

▶ ⑫ **Botticelli**
Via Taddea 8
Tel. 0 55 29 09 05
Fax 0 55 29 44 22
www.hotelbotticelli.it, 34 Z.
Hotel in einem Palast aus dem
16. Jh., zentral und trotzdem ruhig
gelegen.

► ⑬ **Brunelleschi**
Piazza S. Elisabetta 3
Tel. 0 55 2 73 74 87
Fax 0 55 2 73 74 81
www.hotelbrunelleschi.it, 96 Z.
Gepflegtes Hotel ganz in der Nähe
des Doms mit dem mittelalterli-
chen Torre Pagliazza, der erst beim
Bau des Hotels 1989 entdeckt
wurde und als Gefängnis gedient
hat; Dachterrasse mit herrlichem
Stadtpanorama.

► ⑭ **Classic**
Viale Machiavelli 25
Tel. 0 55 22 93 51
Fax 0 55 22 93 53
www.classichotel.it, 19 Z.
Hotel in einer Villa mit schönem
Garten südlich des Boboli-Gartens
mit Parkplatz; geschmackvoll ein-
gerichtete Zimmer.

► ⑮ **Il Guelfo Bianco**
Via Cavour 29
Tel. 0 55 28 83 30
Fax 0 55 29 52 03
www.ilguelfobianco.it, 40 Z.
Renoviertes Patrizierhaus aus dem
18. Jh. mit hübschen Gästezim-
mern im florentinischen Stil.

► ⑯ **J and J**
Via di Mezzo 20
Tel. 0 55 2 34 50 05
Fax 0 55 24 02 82
www.jandjhotel.net, 18 Z.
Kleines stilvolles Hotel in einem
Gebäude aus dem 16. Jh., das mit
Fresken geschmückt ist.

► ⑰ **Liana**
Via V. Alfieri 18
Tel. 0 55 24 53 03/4
Fax 0 55 2 34 45 96
www.hotelliana.com, 24 Z.
Ruhiges Hotel in einem Jugend-
stilgebäude, wo ehemals die britische Botschaft untergebracht war;
kleiner Garten und noble Zimmer.

► ⑱ **Loggiato dei Serviti**
Piazza SS. Annunziata 3
Tel. 0 55 28 95 92
Fax 0 55 28 95 95, 38 Z.
www.loggiatodeiservitihotel.it
Stimmungsvolles gepflegtes Hotel
an einem schönen Platz, das in
dem 1527 für den Servitenorden
errichteten Gebäude untergebracht ist.

► ⑳ **Monna Lisa**
Borgo Pinti 27
Tel. 0 55 2 47 97 51
Fax 0 55 2 47 97 55
www.monnalisa.it, 45 Z.
Alter Palast mit elegantem Ambi-
ente und vielen Antiquitäten;
schöner Garten.

► ㉑ **Pendini**
Via Strozzi 2
Tel. 0 55 21 11 70
Fax 0 55 28 18 07

Hotel Brunelleschi mit mittelalterlichem Turm

Im Hotel Torre di Bellosguardo liegt einem Florenz zu Füßen.

www.hotelpendini.it, 12 Z.
E-Mail: pendini@florenceitaly.net
Zentral gelegene, mehr als ein
Jahrhundert alte Pension mit
komfortablen, teilweise jedoch
lauten Zimmern.

▶ ㉒ **Principe**
Lungarno Vespucci 34
Tel. 0 55 28 48 48
Fax 0 55 28 34 58
www.hotelprincipe.com
20 Z.
Stilvolles Haus mit Zimmern, von
denen man den Blick auf den Fluss
oder den Garten hat.

▶ ⑤ **Torre di Bellosguardo**
Via Roti Michelozzi 2
Tel. 0 55 2 39 81 45
Fax 0 55 2 29 90 08
www.torrebellosguardo.com, 16 Z.
Wer ruhig und vornehm wohnen
möchte, sollte diese wunderschöne
Renaissancevilla auf einem südlich
des Zentrums gelegenen Hügel

mit herrlichem Blick auf die Stadt
wählen; im Park ist ein Pool.

▶ ㉓ **Villa Carlotta**
Via M. di Lando 3
Tel. 0 55 2 33 61 34
Fax 0 55 2 33 61 47
www.hotevillacarlotta.it, 32 Z.
Patriziervilla in der Nähe des
Palazzo Pitti mit schönem Garten;
Restaurant mit toskanischen
Spezialitäten.

GÜNSTIG

▶ ㉔ **Alessandra**
Borgo SS. Apostolo 17
Tel. 055 28 34 38
Fax 0 55 21 06 19
www.hotelalessandra.com, 25 Z.
Ausgesprochen angenehm ist das
ruhige Hotel in den oberen
Stockwerken eines mittelalterli-
chen Palastes, in einer stillen
Seitenstraße gelegen; die Zimmer,
von denen einige einen schönen
Blick auf den Arno bieten, sind

allesamt hell und nett eingerichtet, einige besitzen allerdings kein eigenes Bad.

► ⑨ **Annalena**
Via Romana 34
Tel. 0 55 22 96 00
Fax 0 55 22 24 03
www.hotelannalena.it
20 Z.
Wer etwas Grün um sich herum haben möchte, der ist in dem romantischen Hotel in einem ehemaligen Kloster aus dem 16. Jh. richtig, denn es liegt am Boboli-Garten; die Zimmer – einige mit Gartenblick – sind unterschiedlich mit Stilmöbeln eingerichtet.

► ㉕ **Casci**
Via Cavour 13
Tel. 0 55 21 16 86
Fax 0 55 39 64 31
www.hotelcasci.com, 25 Z.
Einfaches Hotel – einst Palast von Gioacchino Rossini – in zentraler Lage mit modernen Zimmern; der Speisesaal ist mit Deckenmalereien geschmückt.

► ㉖ **Crocini**
Corso Italia 28
Tel. 0 55 21 29 05
Fax 0 55 21 01 71
www.hotelcrocini.com, 20 Z.
Günstiges Hotel in der Nähe des Teatro Comunale mit hübschem Garten; einfach ausgestattete, aber ruhige Zimmer; Frühstücksraum zum bepflanzten Innenhof hin.

► ㉗ **Firenze**
Piazza dei Donati 4
Tel. 0 55 21 42 03
Fax 0 55 21 23 70
www.hotelfirenze-fi.it, 57 Z.
Für Florentiner Verhältnisse aus-

gesprochen günstiges Hotel; Zimmer mit Bad; vor allem junge Gäste.

► ㉘ **La Scaletta**
Via Guiciardini 13
Tel./Fax 0 55 28 30 28
www.hotellascaletta.it, 11 Z.
Hotel in einem geschmackvollen historischen Gebäude; von der idyllischen Dachterrasse schöner Blick auf die Stadt.

RESIDENZEN

► ㉙ **Palazzo Ricasoli**
Via delle Mantellate 2
Tel. 0 55 35 21 51
Fax 0 55 49 50 01
www.residencericasoliflorence. com, 100 Z./Apts.

► ㉚ **Porta al Prato**
Via del Ponte alle Mosse 6
Tel. 0 55 35 49 51
Fax 0 55 35 49 56, 47 Z./Apts.

JUGENDUNTERKÜNFTE

► ㉛ **Ostello Archi Rossi**
Via Faenza 94 r
Tel. 0 55 29 08 04
Fax 0 55 2 30 26 01
www.hostelarchirossi.com, 30 Z.
Die gut ausgestattete Jugendherberge liegt in der Nähe des Hauptbahnhofs; günstige Mahlzeiten; große Terrasse.

► ㉜ **Ostello Santa Monaca**
Via Santa Monaca 6
Tel. 0 55 26 83 38
Fax 0 55 28 01 85
www.ostello.it, 14 Z.
Im Santo-Spirito-Viertel gelegene, spartanische Jugendherberge in einem ehemaligen Kloster.

► ㉝ **Florence Youth Hostel**
Via della Condotta 4

Tel. 0 55 21 44 84, 14 Z.
fwww.lorence-youth-hostel.com
Preiswerte und freundliche
Jugendherberge mit 3- und 4-Bett-
Zimmern nahe der Piazza della
Signoria.

CAMPING

▶ **Auskunft**
www.camping.it
Die Internetseiten verfügt über
eine umfangreiche Liste von
Campingplätzen.

Confederazione Italiana
Campeggiatori
Via Vittorio Emanuele 11
I-50041 Calenzano
Tel. 0 55 88 23 91
Fax 0 55 8 82 59 18
www.federcampeggio.it

▶ **Camping Michelangelo**
Viale Michelangelo 80
Tel. 0 55 6 81 19 77
Fax 0 55 68 93 48
240 Standplätze

Urlaub aktiv

Auch wenn man mit Florenz sicher nicht gleich Sport verbindet, ist
es vor allem an einem Sommerabend eine Abwechslung, sich auch
einmal eine Sportveranstaltung anzusehen. Eine Schwimmrunde in
einem Freibad ist bei heißem Wetter eine gute Erfrischung.

 **WICHTIGE ADRESSEN**

STADIEN

▶ **Stadio Comunale Artemio
Franchi**
Via Manfredo Fanti 4
Tel. 0 55 5 03 01 90
it.violachannel.tv
Spielstätte des Fußballvereins
AC Florenz.

GOLF

▶ **Circolo del Golf dell'Ugolino**
Impruneta
Strada Chiantigiana 3
Tel. 0 55 2 30 10 09
www.golfugolino.it
Der 18-Loch-Golfplatz liegt 20 km
von Florenz entfernt und ist der
älteste und schönste von Italien.
Er wurde 1889 gegründet.

PFERDESPORT

▶ **Ippodromo delle Muline**
Cascine-Park, Via del Pegaso 1
Tel. 0 55 6 22 60 76
Trab- und Galopprennbahn; im
Juni gibt es ein Poloturnier.

SCHWIMMBÄDER

▶ **Piscina Comunale Bellariva**
Lungarno Aldo Moro 6

▶ **Piscina Costoli**
Viale Pasquale Paoli
Tel. 0 55 6 23 60 27

TENNIS

▶ **Circolo Tennis alle Cascine**
Cascine-Park, Viale Visarno 1
www.ctfirenze.org

Verkehr

Öffentlicher
Verkehr

Als öffentliche Verkehrsmittel verkehren in Florenz nur Busse der öffentlichen Verkehrsbetriebe (ATAF). Es gibt **Fahrkarten** für 90 Min., 24 Std. und Mehrtageskarten. Zudem ist die Carta Agile erhältlich, eine Magnetkarte mit 10 Fahrten zu reduziertem Preis. Die Fahrkarten werden in behördlich autorisierten Verkaufsstellen, an Automaten, in mit einem »T« markierten Tabakgeschäften sowie in Zeitungskiosken und Bars mit dem Hinweis »biglietti e abonamenti ATAF« vertrieben. Man entwertet die Fahrscheine im Bus. Verkehrslinienpläne und Fahrpläne bekommt man am Infokiosk der ATAF am Hauptbahnhof Santa Maria Novella.

Das Fußgängerzentrum um Domplatz und Ponte Vecchio umfahren eine Reihe neuer kleiner **Elektrobusse**, die ihre Runden in 10-Minuten-Abständen durch den Stadtkern ziehen.

◄ Verkehrsmittel in
die Umgebung

Fahrten in die Umgebung von Florenz kann man mit den Bussen der Gesellschaft SITA (►Stadtführungen/Sightseeing) unternehmen. Sie bietet ihren Kunden am Busbahnhof (Via S. Caterina da Siena 15, nahe Hauptbahnhof) per Computer einen viersprachigen Informationsdienst über Abfahrts- und Ankunftszeiten.

Autobahn-
gebühren

Fast alle Autobahnen(autostrada) in Italien sind gebührenpflichtig (pedaggio). Die Autobahngebühr kann entweder bar, mit Kreditkarte oder mit der so genannten Viacard bezahlt werden. Man erhält sie in Italien bei den ACI-Büros an den Grenzübergängen, bei Autobahneinfahrten, in Tabakwarengeschäften sowie an Tankstellen.

Tankstellen

Die Einfuhr und der Transport von Benzin in Kanistern sind verboten. Es gibt bleifreies Benzin (95 Oktan, benzina senza piombo oder benzina verde), Superbenzin (97 Oktan) und Dieselkraftstoff (gasolio). Die Tankstellen sind in der Regel von 7.00 bis 12.00 und 14.00 bis 20.00 Uhr geöffnet. An den Autobahnen gibt es meist einen 24-Stunden-Service. Bei vielen Tankstellen kann an Wochenenden, vermehrt auch über die Mittagspause und nachts nur an automatischen Tanksäulen getankt werden.

Innenstadt
gesperrt!

Das Zentrum von Florenz ist für den privaten Autoverkehr zum großen Teil gesperrt.

Verkehrs-
vorschriften

Die Promillegrenze liegt bei 0,5. Außerdem muss man außerhalb von Ortschaften tagsüber mit dem Abblendlicht fahren, und bei Regen, Schnee und Nebel sind auf der Autobahn maximal 110 km/h erlaubt! Ansonsten gelten folgende **Tempolimits**: Pkws, Motorräder und Wohnmobile bis 3,5 t: innerorts 50 km/h, außerorts 90 km/h und auf Schnellstraßen (2 Fahrstreifen in jeder Richtung) 110 km/h, auf Autobahnen (Autostrada) 130 km/h; Wohnmobile über 3,5 t: außerorts und auf Schnellstraßen 80 km/h und auf Autobahnen 100 km/h. Wer

Florenz Buslinienplan

▶ WICHTIGE ADRESSEN

ÖFFENTLICHER NAHVERKEHR

▶ **ATAF**
Piazza Stazione
Tel. 8 00 42 45 00, www.ataf.net

MIETWAGEN

▶ **Reservierung in Deutschland**
Avis
Tel. (018 05) 55 77 55
www.avis.de

Budget
Tel. (0 18 05) 24 43 88
www.budget.de

Europcar
Tel. (01 80) 5 80 00
www.europcar.de

Hertz
Tel. (018 05) 33 35 35
www.hertz.de

Sixt
Tel. (01 80) 525 25 25
www.e-sixt.de

AUTOMOBILKLUBS

▶ **Automobile Club d'Italia (ACI)**
Tel. 80 31 16
www.aci.it

VERKEHRSMELDUNGEN

▶ **ISO Radio**
103.30
Der Radiosender liefert Verkehrs-
hinweise zum Autobahnnetz auch
auf Englisch.

TAXI

▶ **Funktaxis**
Tel. 0 55 42 42

zu schnell fährt und erwischt wird, muss mit hohen Geldstrafen rechnen.

Wichtig: **Pannenwesten** sind in Italien Pflicht! Privates **Abschleppen** auf Autobahnen ist verboten. Im Fall einer Panne werden ausländische Auto- oder Motorradreisende vom Pannendienst des italienischen Automobilclubs zur nächsten Werkstatt abgeschleppt. Auf Motorrädern über 50 ccm besteht Helmpflicht. Bei Totalschaden ist der Zoll zu verständigen, da sonst u. U. für das Schadensfahrzeug Einfuhrzoll bezahlt werden muss.

Auch in Italien ist das **Telefonieren** im Auto nur mit Freisprechanlage erlaubt.

Taxi Bei Taxifahrten wird ein Mindesttarif, unabhängig von der Zahl der Fahrgäste, verlangt. In der Nacht zwischen 22.00 und 6.00 Uhr sowie an Sonn- und Feiertagen ist mit einem Preisaufschlag zu rechnen. Man kann Taxis anhalten, allerdings nicht in der Nähe eines Taxistandes. Wer einen Beleg für die Fahrt braucht, bittet den Fahrer um eine »ricevuta«.

Wein

Aus der Toskana kommt der vielleicht bekannteste Wein der Welt, der **Chianti**. Er wird aus der dunklen Sangiovese-Traube zusammen mit Canaiolo- und etwas weißen Trebbiano- und Malvasia-Trauben gewonnen. In unmittelbarer Nähe von Florenz wird der Chianti Colli fiorentini erzeugt, ein frischer Wein, der sich gut als Tischwein eignet. Aus der Landschaft zwischen Florenz und Siena stammt der Chianti Classico, den man am schwarzen Hahn auf dem Flaschenetikett erkennt. Dieser weiche, leicht bittere Wein ist meist nach zwei bis fünf Jahren reif, gute Jahrgänge können über ein Jahrzehnt halten. Der mit einem Engelchen gekennzeichnete Chianti Putto steht ihm an Qualität kaum nach. Es gibt jedoch erhebliche Unterschiede. Der **Morellino di Scansano**, ein roter Tafelwein aus der Maremma, hat in den letzten Jahren viele Freunde gewonnen. Und weltweit berühmt und sehr teuer sind die so genannten **Supertuscans** wie Sassicaia, Ornellaia, Solaia und Brunello di Montalcino. Ein hervorragender Rotwein, der allerdings auch seinen Preis hat, ist der **Brunello di Montalcino**. Ausgezeichnet ist daneben der trockene **Vino Nobile di Montepulciano**, der ein leichtes Veilchenbukett hat. Der **Vin Santo**, der braungold schimmernde Dessertwein aus getrockneten Trebbianotrauben, rundet jede toskanische Mahlzeit ab

Rotweine

Eine wachsende Nachfrage hat zum Wiederaufleben der toskanischen Weißweine geführt. Unter der Bezeichnung »Chianti« darf zwar eigentlich nur Rotwein verkauft werden, doch erzeugt dieses Anbaugebiet zunehmend **weißen Chianti** aus Trebbiano- und Malvasia-Trauben, der im Allgemeinen trocken und leicht ist. Überdurchschnittlich gut ist der trockene, frische und fruchtige Galestro, der einen maximalen Alkoholgehalt von 10,5 % aufweist. Ähnliche Merkmale hat der **Bianco della Lega**. Östlich von Lucca gedeiht der **Montecarlo**, einer der besten toskanischen Weißweine. Er wird aus verschiedenen Traubensorten gekeltert, weshalb er je nach Erzeuger unterschiedlichen Charakter hat. Im Allgemeinen wird er jung getrunken. Ein Weißwein mit Tradition ist der **Vernaccia di San Gimignano**. Je nachdem, ob er als klarer Most oder mit der Schale vergoren wird, ist er hell, frisch und blumig oder kräftig und dunkler in der Farbe. Auch er wird nur selten längere Zeit gelagert.

Weißweine

Zeit

In Italien gilt die Mitteleuropäische Zeit (MEZ). Für die Sommermonate (April bis Oktober) ist die Mitteleuropäische Sommerzeit (MEZ + 1 Std.) eingeführt.

Touren

SIE WISSEN NICHT, WO ES
LANGGEHEN SOLL?
DIESE TOURENVORSCHLÄGE,
DIE ALLE HIGHLIGHTS DER
STADT BERÜHREN, HELFEN
IHNEN BEI DER PLANUNG DES
BESUCHSPROGRAMMES.

TOUREN DURCH FLORENZ

Vier Spaziergänge – wer gut zu Fuß ist, schafft sie in den Mindestzeiten. Aber lassen Sie sich lieber Zeit, vor allem für die großen Museen wie die Uffizien.

TOUR 1 **Absolute Highlighttour**
Der Spaziergang berührt die wichtigsten Sehenswürdigkeiten. ▶ **Seite 130**

TOUR 2 **Auf den Spuren Michelangelos**
Dem Bildhauer begegnet man in der Sagrestia Nuova von San Lorenz und der Galleria dell' Accademia. ▶ **Seite 131**

TOUR 3 **Auf den »Kreuzberg«**
Der Aufstieg auf den Monte alle Croce wird mit einer fantastischen Aussicht auf die Stadt belohnt. ▶ **Seite 132**

TOUR 4 **Volkstümliches Florenz**
Die etwas andere Seite der Arnostadt ist hier zu entdecken. ▶ **Seite 133**

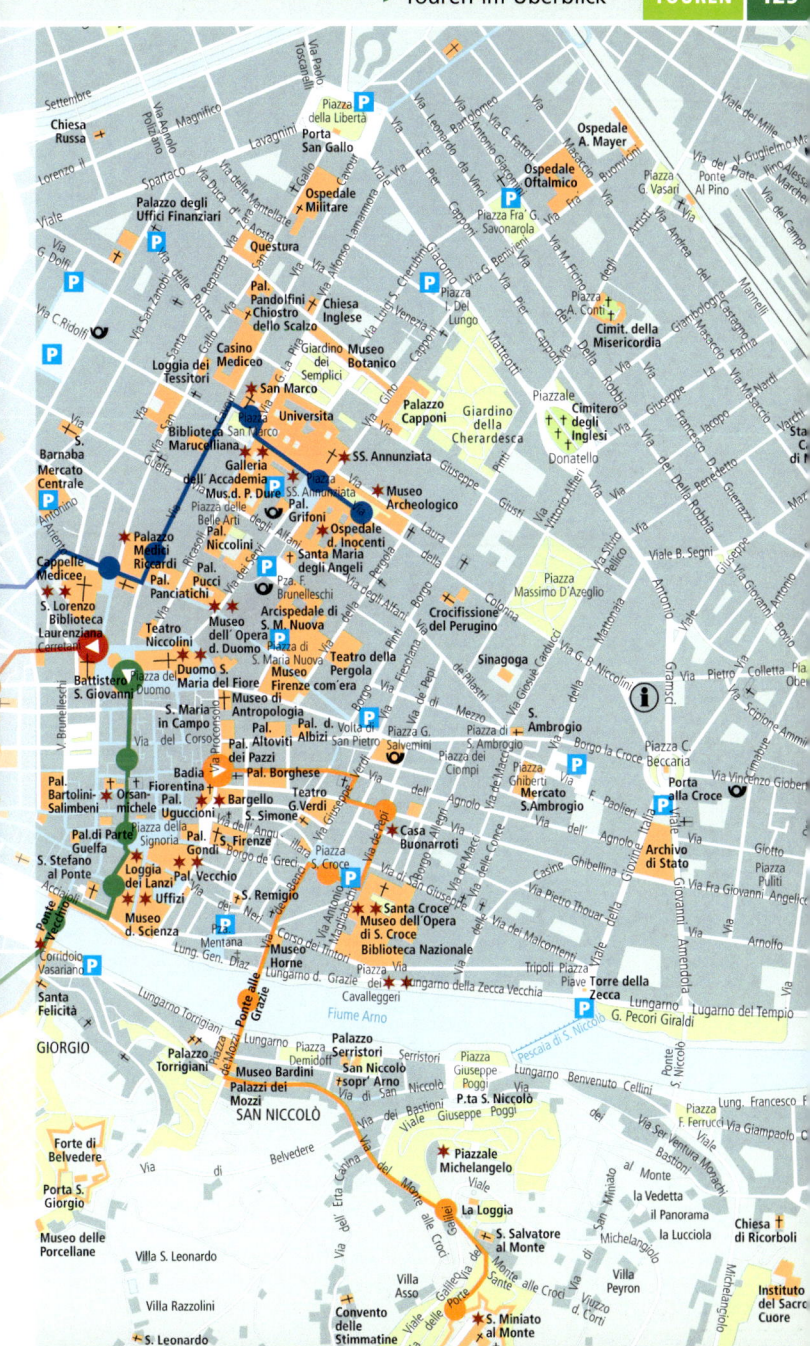

Unterwegs in Florenz

Überwältigende Fülle an Kunstwerken

Man kann natürlich auch nur einige Stunden Florenz besuchen, aber so ein kurzer Trip kann nur einen ersten Eindruck von der überwältigenden Kunststadt vermitteln. Besser ist es, sich einige Tage Zeit zu nehmen. Sehr zu empfehlen ist eine Woche, dann hat man Gelegenheit, die unermessliche Fülle an Kunstwerken zu entdecken. Allein die Uffizien, eine der bedeutendsten Gemäldegalerien der Welt, erfordern einige Stunden oder bei großem Interesse auch einen Tag.

Stadt der kurzen Wege

Es ist nicht empfehlenswert, mit dem Auto Florenz zu besuchen. Zum einen ist die Innenstadt Fußgängerzone und Parkplätze sind auch im weiteren Umfeld Mangelware. Zudem liegen die bedeutendsten Sehenwürdigkeiten sehr nah beieinander, so dass man sowieso kein Fahrzeug benötigt. Und die etwas weiter weg liegenden Hightlights sind gut mit dem Bus zu erreichen. Zu Fuß kann man in Ruhe durch die Gassen schlendern, wo an jeder Ecke ein Café oder eine Eisdiele zum Verweilen einladen.

Tour 1 Absolute Highlighttour

Start und Ziel: Vom Dom zum Giardino di Boboli   **Dauer:** 2 Tage

Tour 1 umfasst die Piazza del Duomo und die Piazza della Signoria, zwei nahe beieinander liegende zentrale Plätze von Florenz, wo auf kleinem Raum weltbedeutende Kunstschätze versammelt sind. Die Tour ist ein Muss in jedem Besichtigungsprogramm. Da man für die Uffizien, eine der bedeutensten Gemäldesammlungen der Welt, und auch für die hervorragende Kunstkollektion im Palazzo Pitti jeweils mehrere Stunden einplanen sollte, muss man für den Rundgang zwei Tage vorsehen.

Ausgangspunkt des Rundgangs ist die ❶**Piazza del Duomo**, die von dem beeindruckenden ✳✳ **Duomo Santa Maria del Fiore** mit seiner majestätischen Kuppel und dem freistehenden harmonischen Campanile eingenommen wird. Der ✳✳ **Battistero San Giovanni** daneben fasziniert vor allem durch sein wunderschönes Paradiesportal, das hier in Kopie zu sehen ist. Da das Original im ✳✳ **Museo del Opera del Duomo** ausgestellt ist, sollte man den Besuch dieses Museums mit einplanen. Außerdem wird hier neben weiteren bedeutenden Ausstattungsstücken des Doms die berühmte ergreifende Pietà, ein Meisterwerk von Michelangelo, gezeigt. Man geht nun die Via Calzaiuoli, eine bedeutende Einkaufsstraße von Florenz, in südlicher Richtung und trifft auf die Kirche ❷✳ **Orsanmichele** mit ihren bedeutenden bildhauerischen Werken. Der Via Calzaiuoli weiter folgend, wird bald die geschichtsträchtige ❸ ✳ **Piazza della Signoria** erreicht, neben dem Domplatz das touristische Herz von Florenz. Eine wichtige Rolle in der Stadtgeschichte spielt der ✳✳ **Palazzo Vecchio**.

Die schöne gotische ✳ **Loggia dei Lanzi** enthält bedeutende Werke der Bildhauerkunst. Bevor man sich der ❹ ✳✳ **Galleria degli Uffizi**, eine der berühmtesten Gemäldegalerien der Welt, widmet, für deren Besichtigung man mindestens einige Stunden veranschlagen sollte, kann man im Café Rivoire eine Pause einlegen und die berühmte Schokolade probieren. Das nächste Ziel ist der nahe gelegene malerische ❺ ✳ **Ponte Vecchio**, wo sich ausschließlich Goldschmiede niedergelassen haben.

Nach Überqueren der Brücke mit ihren Schmuckläden erreicht man vorbei an der Kirche Santa Felicità, der wohl ältesten Kirche der Stadt, nach kurzer Zeit den ❻ ✳✳ **Palazzo Pitti**, dessen Gemäldegalerie ebenfalls zu den bedeutendsten der Welt gehört. Nach der Besichtigung der zahllosen Kunstschätze kann man im schönen ❼ ✳ **Giardino di Boboli** eine Pause von der Kunst einlegen und sich im Kaffeehaus mit schönem Blick über die Stadt stärken.

Tour 2 Auf den Spuren Michelangelos

Start und Ziel: Von Santa Maria Novella zum Museo Archeologíco   **Dauer:** 1 – 2 Tage

Höhepunkte der Tour, die in den nördlichen Teil des Zentrums führt, sind Meisterwerke des genialen Bildhauers Michelangelos: die neue Sakristei von San Lorenzo mit hervorragenden Statuen und die berühmte David-Skulptur, der man auch sonst im Stadtbild begegnet, in der Galleria dell' Accademia.

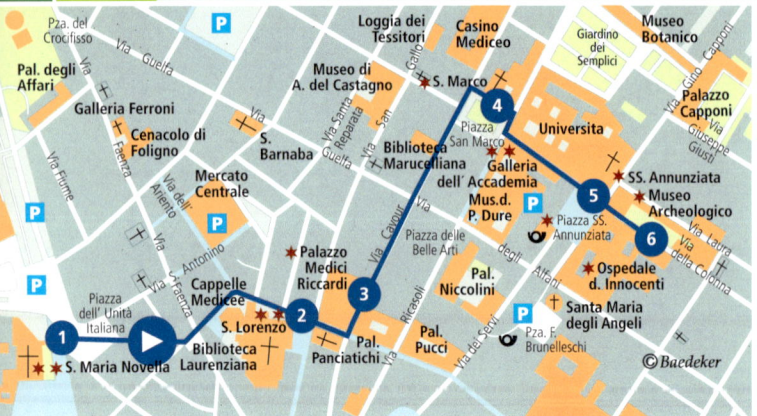

Tour 2 beginnt bei ❶ ✶ ✶ **Santa Maria Novella**, eine der wichtigsten Kirchen von Florenz. Von noch größerer kunstgeschichtlicher Bedeutung ist die weiter östlich gelegene Kirche ❷ ✶ ✶ **San Lorenzo**, wo vor allem die weltberühmte, von Michelangelo gestaltete Sagrestia Nuova mit ihren einzigartigen Statuen fasziniert. Der ❸ ✶ **Palazzo Medici Riccardi** schräg gegenüber demonstriert die Macht der einst die Stadt beherrschenden Familie Medici.

Man folgt nun der Via Cavour in nördlicher Richtung und kommt zum Kloster ❹ ✶ **San Marco**, wo besonders die wunderschönen Fresken von Fra Angelico hervorzuheben sind. Scharen von Besuchern zieht die nur wenige Schritte entfernt gelegene ✶ ✶ **Galleria dell' Accademia** an wegen der weltberühmten Statue des David von Michelangelo.

Geht man in südöstlicher Richtung weiter, kommt man bald zur ❺ ✶ **Piazza della Santissima Annunziata**, ein einmaliges architektonisches Ensemble. Besondere Sehenswürdigkeiten hier sind die Kirche ✶ **Santissima Annunziata**, ein architektonisches Meisterwerk, und der ✶ **Ospedale degli Innocenti** mit seiner schönen Loggia. Archäologisch Interessierte sollten noch das Archäologische Museum mit seinen umfangreichen Beständen besuchen.

Tour 3 Auf den »Kreuzberg«

Start und Ziel: Vom Museo Bargello zu San Miniato al Monte   **Dauer:** 1 Tag

Vom Museo Bargello, wo Meisterwerke der Bildhauerei präsentiert werden, bis hinauf auf den Hügel mit der Kirche San Miniato al Monte, wo man einen herrliches Stadtpanorama genießen kann, spannt sich der Bogen dieser außergewöhnlichen Tour.

Ausgangspunkt des Rundgangs ist das ❶ ✶✶ **Museo Nazionale del Bargello**, in dem hervorragende Skulpturen des 14. bis 16. Jahrhunderts zu sehen sind. Geht man anschließend die Via Ghibellina entlang in östlicher Richtung, kommt man zur ❷ ✶ **Casa Buonarroti**, deren Hauptattraktion zwei Originalwerke von Michelangelo sind. Die weite ❸ **Piazza Santa Croce** etwas weiter südlich wird von der Kirche ✶✶ **Santa Croce** beherrscht. Die Kirche gehört mit ihren Grabmälern und bedeutenden Kunstwerken zu den eindrucksvollsten Sakralbauten Italiens. Nach der Besichtigung der Kirche empfiehlt sich ein Spaziergang hinauf zum Piazzale Michelangelo. Wem das zu Fuß zu anstrengend ist, der kann den Bus nehmen. Wer sich für den Spaziergang entschieden hat, überquert zunächst den ❹ **Ponte alle Grazie**. Vorbei am Museo Bardini biegt man in die Via San Niccolò ein und kommt zur Kirche San Niccolo sopr'Arno (12. Jh.). Von hier führt die Via San Miniato durch das gleichnamige Stadttor

von 1258 und dann die Via del Monte alla Croci zum ❺ ✶ **Piazzale Michelangelo**, wo sich ein herrlicher Ausblick auf die Stadt mit ihren imposanten Bauwerken bietet. Von dem Platz geht es noch etwas höher zur beeindruckend gelegenen Kirche ❻ ✶ **San Miniato al Monte**, die auch kunsthistorisch wichtig ist. Hier kann man nochmals einen wunderbaren Ausblick auf das vollendete Stadtbild genießen.

Tour 4 Volkstümliches Florenz

Start und Ziel: Dom   **Dauer:** 1 Tag

Der Schwerpunkt des Spazierganges liegt auf dem Stadtteil Santo Spirito auf der gegenüber liegenden Arnoseite und zeigt das andere Gesicht der Kunststadt. Hier gibt es noch Kunsthandwerker und kleinere Restaurants, in denen regionale Gerichte gekocht werden.

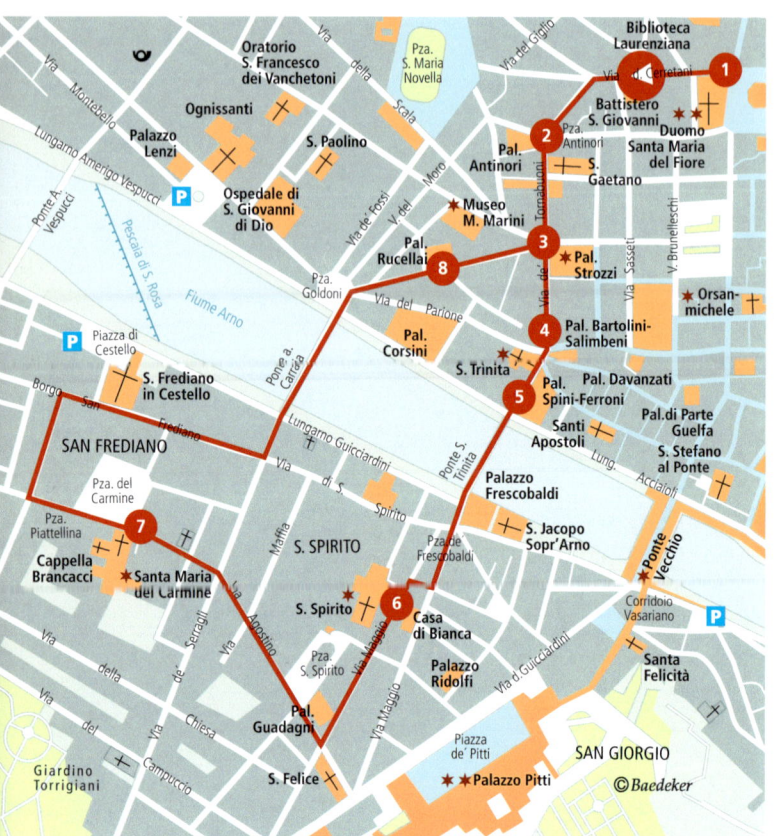

Ausgangspunkt der Tour ist auch der zentral gelegene ❶ ✳✳ **Dom**
(► Tour 1). Geht man durch die Via de Cerretani westlich, kommt
man an Santa Maria Maggiore, einer der ältesten Kirchen der Stadt,
vorbei. Bei der nahegelegenen ❷**Palazzo Antinori**, wo in der gleichnamigen Cantinetta toskanische Gerichte und Weine serviert werden,
beginnt die Via de' Tornabouni. In der eleganten Einkaufsstraße wird
teure Mode internationalen Modeschöpfern und wertvoller Schmuck
angeboten. Vorbei an der Kirche San Gaetano mit der schönen Fassade (17. Jh.) wird der ❸ ✳ **Palazzo Strozzi**, der als der schönste Florentiner Renaissance-Palast gilt, erreicht. Es folgt ❹ ✳ **Santa Trínita**
am gleichnamigen Platz, die erste gotische Kirche von Florenz. Im
nahe gelegenen ❺ ✳ **Palazzo Spini-Ferroni** am Ende der Tornabuo-
ni-Straße ist das Schuhmuseum des berühmten Schuhmachers Ferragamo untergebracht. Nach Überqueren der Brücke Santa Trinità

Wegweisend: die mächtige Kuppel des Doms

kommt man in der Via Maggio an verschiedenen Palästen und der Casa di Bianca Cappello (Nr. 26) vorbei und erreicht kurz darauf in westlicher Richtung die Kirche ❻✳ **Santo Spirito**. Die Kirche liegt im Herzen des gleichnamigen Viertels, wo kleine Läden, Trattorien und vor allem Handwerksbetriebe das Bild prägen. Nach Besuch der von dem berühmten Baumeister entworfenen Renaissancekirche kann man sich an der idyllischen baumbestandenen Piazza eine Essenspause gönnen.

Die Via Sant' Agostino führt nordwestlich zu einer weiteren wichtigen Kirche, der ❼✳ **Santa Maria del Carmine** mit der kunsthistorisch bedeutenden Brancacci-Kapelle. Der Weg zurück passiert die barock gestaltete Kirche San Frediano in Cestello und den Ponte alla Caraia. An der Via della Vigna Nuova steht der ❽✳ **Palazzo Rucellai**, ein schönes Beispiel für einen Renaissance-Stadtpalast. Wer sich für moderne Kunst interessiert, sollte noch einen Abstecher in das Museo Marino Marini, dem einzigen Museum für moderne Kunst von Florenz, einplanen. Man kann die Tour an der unweit östlich gelegenen belebten Piazza della Republicca in einem der vielen Cafés ausklingen lassen.

Sehenswertes
von A bis Z

DIE »SCHÖNE AM ARNO«
IST DURCH UND DURCH
EINE STADT DER KUNST,
IN DER GENIALE
KÜNSTLER WERKE VON
UNSCHÄTZBAREM WERT
GESCHAFFEN HABEN.

✳✳ Battistero San Giovanni

H 6/b III

Lage: Piazza S. Giovanni   **Buslinien:** C 1, C 2, C 14, C 23

Das Baptisterium verdankt seinen Ruhm den drei monumentalen Bronzeportalen, unübertroffener Höhepunkt der Bildhauerkunst der Gotik und Renaissance in Italien.

🕐
Öffnungszeiten:
Mo.–Sa.
12.00–19.00
1. Sa. im Monat
8.30–14.00
So. 8.30–14.00

www.opera
duomo.firenze.it ▶

Die »Taufkirche des heiligen Johannes« wurde nach 70-jähriger Bauzeit um 1128 vollendet. Verschiedene Bauherren gaben dem Baptisterium – ab 1128 in dieser Funktion – seine wohlproportionierte, durch mehrere Farben (weißer und grüner Marmor), Formen und Figuren gegliederte Gestalt. Durch diese Architektur war es ein Meisterwerk und Vorbild italienischer Baukunst. Im 14. und 15. Jh. wurden dann die drei kunstgeschichtlich herausragenden Bronzeportale hinzugefügt.

✳
Südportal

Die älteste Tür im Süden wurde von Andrea Pisano entworfen und von **Leonardo d'Avanzano** in den Jahren 1330 bis 1336 gegossen. Sie ist in 28 Quadrate mit Vierpassfeldern eingeteilt. 20 Relieftafeln in goldschmiedartiger Ausführung zeigen Szenen aus dem Leben Johannes des Täufers, des Patrons der Kirche; in den acht anderen Feldern finden sich allegorische Darstellungen der christlichen und weltlichen Tugenden. Die Figuren, jede für sich in der Modellierung des Gesichts, des Faltenwurfes der Gewänder und der ausdrucksvollen Haltung beispielhaft, treten deutlich unterscheidbar hervor. Die Dekoration der Rahmungen stammt von Vittorio Ghiberti, dem Sohn des Lorenzo; ihre Blätter, Tiere und Früchte weisen schon auf den Formenreichtum der Renaissance hin.

✳
Nordportal

Für das Nordportal wurde 1401 ein Wettbewerb ausgeschrieben, den **Lorenzo Ghiberti** gegen sechs Konkurrenten, darunter Brunelleschi, gewann. Von 1403 bis 1424 führte Ghiberti mit Gehilfen (u. a. Donatello) die Bronzetüren aus. Er hielt sich dabei in der Aufteilung eng an das Vorbild des Südportals von Andrea Pisano: 28 Quadrate mit 28 Vierpassfeldern, davon zwanzig Szenen aus dem Neuen Testament und acht Figuren (vier Evangelisten, vier lateinische Kirchenväter). Seine Arbeit geht jedoch in der Eleganz der Figuren, in der Lebhaftigkeit des Ausdrucks weit über das Werk Pisanos hinaus.
Der neue Stil des Künstlers wird besonders anschaulich in den Szenen der »Auferstehung« (rechter Türflügel, 1. Reihe von oben, links), der »Taufe« und der »Versuchung Jesu« (linker Türflügel, 4. Reihe von oben, links und rechts), der »Geburt Jesu« (linker Türflügel, 5. Reihe von oben, rechts) und des »Streit mit den Schriftgelehrten« (rechter Türflügel, 5. Reihe von oben, rechts). In anderen Teilen blieb Ghiberti noch den traditionellen Formen verpflichtet. An allen Schnittpunkten der Rahmenleisten ragen kleine Köpfe hervor.

← *Palazzo Vecchio und Loggia dei Lanzi*

Gänzlich neue Wege ging **Ghiberti** jedoch bei der Schaffung des Ostportals, seines Hauptwerkes. Michelangelo befand es für würdig, die Pforten des Paradieses zu schmücken – deshalb auch sein Name »Porta del Paradiso« (»Paradiesportal«) –, und Ghiberti selbst rühm-

★ ★
**Ostportal
(Porta del
Paradiso)**

te es neben seiner Signatur auf dem rechten Flügel als »mira arte fabricatum« (»mit bewundernswerter Kunst geschaffen«). Das Paradiesportal am Baptisterium wurde 1990 durch eine Kopie ersetzt, die Originalplatten sind heute im Museo dell' Opera del Duomo zu bewundern. Bis zu Rodin hat sich die bildende Kunst im Bronzerelief nicht so vollkommen ausgedrückt wie in dem von 1425 bis 1452 geschaffenen Tor.

In den zehn Platten, die von Propheten, Sibyllen und anderen biblischen und heidnischen Gestalten umrahmt werden, sind jeweils mehrere Szenen meisterlich zusammengefasst. Die Schönheit und Perfektion der Perspektive, die feine Linienführung, die verschiedenen Tiefen der Darstellungsebenen, die Wirklichkeitsnähe der handelnden Personen, die szenische Komposition der Gruppen: All dies führt zu dem **vollkommenen Gesamteindruck** dieses herausragenden Werkes.

Wirklich »paradiesisch« sind die Reliefs an der Porta del Paradiso am Battistero von Ghiberti.

Die Tafeln zeigen von links oben nach rechts unten: Adam und Eva: Erschaffung, Sündenfall, Vertreibung aus dem Paradies; Kain und Abel: die Opfer von Kain und Abel, der Mord an Abel, die Bestrafung Kains; Noah: sein Opfer, Auszug aus der Arche, Trunkenheit; Abraham und Isaak: Engel vor Abraham, Opfer des Isaak; Jakob und Esau: Geburt des Esau und des Jakob, Verkauf des Erstgeburtsrechts, Esaus Jagd, Rebekka, Betrug von Isaak; Joseph: Verkauf des Joseph, Benjamin, Joseph und seine Brüder; Moses: Moses empfängt auf dem Berg Sinai die Gesetzestafeln; Josua: die Juden vor Jericho, Zeltlager, Trompetenwunder; Saul und David: Schlacht gegen die Philister, Tötung des Goliath; Salomon und die Königin von Saba.

Das Innere des Baptisteriums, das gegenüber der klaren Gliederung des Äußeren durch feierlich-mystisches Dunkel überrascht, wird von

Innenraum

Battistero San Giovanni *Orientierung*

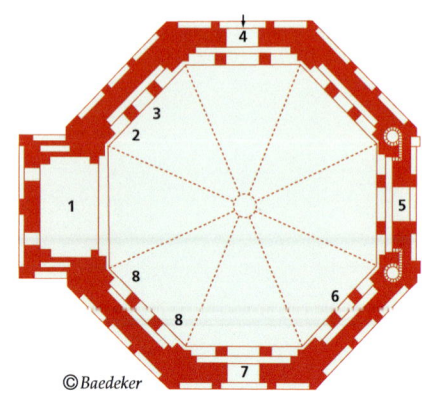

1 Tribuna mit Mosaiken des Jacopo
2 Steinsarg des Bischofs Ranieri
3 Grabmal des Johannes XXIII.
4 Nordportal (Eingang)
5 Ostportal (Porta del Paradiso)
6 Marmorner Taufstein
7 Südportal
8 Römische Sarkophage

© Baedeker

Mosaik ►

der achteckigen, doppelschaligen Kuppel (Durchmesser 26 m) beherrscht, die ganz von einem Mosaik aus dem 13. Jh. bedeckt ist. Es ist eine der bedeutenden Schöpfungen unter byzantinischem Einfluss, die durch ihre thematischen Darstellungen ebenso hervorragt wie durch reiche Ornamentik. Über der Chorkapelle hält Christus als Weltrichter das »Jüngste Gericht«; die Gestalt des Heilandes misst allein 8 m. Um ihn gruppieren sich in den verschiedenen Zonen die Auferstandenen und Verdammten, Engel, Apostel, Propheten und Heilige mit Maria und Johannes dem Täufer, denen das Reich des menschenverschlingenden Teufels gegenübersteht. Weitere Bildstreifen zeigen in bewegten, ausdruckskräftigen Darstellungen die »Erschaffung der Welt«, Szenen aus dem Leben Josephs, dem Leben Jesu Christi, Mariens und Johannes des Täufers.

Weiterhin interessant sind das **Grabmal des Gegenpapstes Johannes XXIII.** (vom Konstanzer Konzil 1415 abgesetzt), ein Meisterwerk von Donatello, sowie der Marmorfußboden mit eingelegten farbigen Steinen (Tierkreiszeichen und Ornamente), das marmorne Taufbecken, der Sarkophag des Bischofs Rainer und der Hauptaltar mit einem Leuchterengel.

Umgebung des Battistero San Giovanni

Santa Maria Maggiore

Nicht weit vom Baptisterium, in der Via de' Cerretani, steht eine der ältesten Kirchen von Florenz, die sicher schon vor dem 11. Jh. errichtet und in der zweiten Hälfte des 13. Jh.s erneuert wurde. Der alte Glockenturm zeigt noch das tiefere Niveau der romanischen Kirche; in ihm ist hoch oben die »Berta«, eine spätromanische Frauenbüste, eingemauert. Über dem Kirchenportal sieht man die Kopie einer »Madonna mit Kind« der Pisanischen Schule aus dem 14. Jahrhun-

Großartige Mosaiken in der mächtigen Kuppel des Battistero

dert. Im Innern der dreischiffigen gotischen Halle mit quadratischen Pfeilern verdienen von der Ausstattung schöne Gemälde und Statuen, die Skulptur »Thronende Madonna mit Kind« und ein farbiges, vergoldetes Holzrelief die meiste Beachtung. Die »Thronende Madonna mit Kind« (1261) wird Coppo di Marcovaldo zugeschrieben. Bei dem Relief entfaltete der Künstler – vielleicht ebenfalls di Marcovaldo – seine Fähigkeit als Bildschnitzer wie als Maler.

★ Casa Buonarroti

J 6/c III

Lage: Via Ghibellina 70   **Bus:** C 1, C 2, C 3, 14

Michelangelo Buonarroti erwarb das Haus für seinen Neffen Leonardo di Buonarroti; selbst hat der Künstler darin nie gewohnt.

Michelangelo, der gleichnamige Sohn von Leonardo, schmückte es aus und richtete eine Erinnerungsstätte für den großen Künstler ein. Nachdem es sich lange Zeit in schlechtem Zustand befunden hatte,

🕐
Öffnungszeiten:
Mo., Mi. – So.
9.30 – 14.00

Michelangelo: genialer Bildhauer

wurde es 1964 gänzlich restauriert. Zwei **Original-Werke Michelangelos** verdienen besondere Aufmerksamkeit: die »Kentaurenschlacht«, ein Marmorrelief, das Michelangelo mit 17 Jahren schuf und in dem schon manches Meisterliche späterer Jahre, so Bewegung und Körperlichkeit der Figuren, vorweggenommen ist, und das Relief »Madonna mit Kind« – auch »Madonna della Scala« genannt –, das früheste Werk des jungen Künstlers, das er im Alter von 16 Jahren beendete.

Das Genie drückt sich schon klar aus, in der räumlichen Gestaltung, der Bewegung und Gegenbewegung auf der Treppe links – daher der Name »Madonna an der Treppe«–, dem reichen Ausdruck des Profils, dem Wehen des Gewandes. Beachtung verdient auch das Holzkruzifix für Santo Spirito aus dem Jahr 1494, die früheste Arbeit Michelangelos für eine Kirche. Christus wird hier nicht als Schmerzensmann, sondern als sanfter schöner Jüngling wiedergegeben. Andere ausgestellte Gegenstände sind Modelle oder Kopien der Werke Michelangelos oder erinnern an das Leben des Künstlers. Hinzu kommen Skulpturen und Gemälde anderer Meister. In der Casa Buonarroti finden außerdem vielbeachtete Wechselausstellungen statt.

Umgebung der Casa Buonarroti

Loggia del Pesce

Ebenso wie die Loggia di Mercato Nuovo wurde die Loggia del Pesce (nordöstlich der Casa Buonarroti) nicht als Bestandteil eines Bauwerkes, sondern als eigenständiges Gebäude errichtet. Die Pläne für die Loggia stammen von Vasari (1567). Ursprünglich war die Fischhalle Bestandteil des Alten Marktes auf der heutigen Piazza della Repubblica, erst Ende des 19. Jh.s erhielt sie ihren neuen Standort an der Piazza dei Ciompi.

Cascine

D 4– G 6

Lage: Am nördlichen Arno-Ufer   **Bus:** 1, 9, 26, 27, 80

Mehr als drei Kilometer entlang des Arno erstrecken sich im Westen der Stadt die erholsamen Parkanlagen der Cascine.

Beliebter Picknickplatz

Hier befanden sich früher die landwirtschaftlichen Güter der Medici und später der Familie Lorena. In der zweiten Hälfte des 18. Jh.s wurden die Anlagen durch die Großherzöge von Habsburg-Lothringen der Öffentlichkeit zugänglich gemacht. Das ausgedehnte Wald- und Wiesenareal ist für viele Florentiner an Wochenenden beliebtes Picknickziel, zudem ist die große **Pferderennbahn** einer der Hauptanziehungspunkte des Parkes.

Casino Mediceo

Lage: Via Cavour 57   **Bus:** C 1, 1, 6, 14, 17, 23

Das Casino Mediceo wurde von Bernardo Buontalenti von 1568 bis 1574 für den Großherzog Francesco I. de'Medici als Laboratorium für wissenschaftliche Experimente errichtet.

Das Gebäude wird als Casino (»kleines Haus«) bezeichnet, weil es damals in ländlichem Gebiet auf dem ehemaligen Gelände der Mediceischen Gärten lag. Hier unterhielt der Großherzog zudem **Künstlerstudios**, in denen junge Künstler arbeiteten. Heute ist das Casino Mediceo Sitz des Appellationsgerichts (Corte d'Appello). Der hübsche Innenhof ist mit einer Statue der Göttin Diana aus der Schule von Giambologna geschmückt.

Stätte der Wissenschaft und Kunst

Umgebung des Casino Mediceo

Den benachbarten Chiostro dello Scalzo (»Kreuzgang des Barfüßigen«), einen eleganten Kreuzgang mit schlanken Säulen, malte **Andrea del Sarto** von 1514 bis 1526 für die »Bruderschaft des heiligen Johannes des Täufers« aus, deren Kreuzträger in den Prozessionen barfüßig gingen. Die berühmten Fresken, die Szenen aus dem Leben des Täufers darstellen, wurden mehrfach restauriert. Die wichtigsten Fresken – alle übrigens einfarbig – sind: die Geburt Johannes des Täufers (1526), die Predigt des hl. Johannes (1515) und der Tanz der Salome (1522). Öffnungszeiten: Mo., Do., Sa. 8.15–13.50 Uhr.

Chiostro dello Scalzo

🕐

Bei der sich an den Kreuzgang anschließenden Kirche San Giovannino dei Cavalieri (der Johannier-Ritter) wechselten die Namen so häufig wie die Baumeister: Zuerst »Oratorium der Maria Magdalena« bei einem Heim für »gefallene« Mädchen (1326), dann »San Pier Celestino«, »San Niccolò« (1553), schließlich »San Giovanni dei Cavalieri«, der Patron der Nonnen aus Jerusalem war, die bei der Kirche ein Kloster mit einem schönen Kreuzgang hatten. Bemerkenswert im Kircheninnern sind eine »Geburt Christi« (1435) von Bicci di Lorenzo und eine »Marienkrönung« (um 1450) von Neri di Bicci.

San Giovannino dei Cavalieri

Der berühmte Maler **Raffael** zeichnete für den Bischof von Troia, Giannozzo Pandolfini, den Entwurf eines Palastes, den Giovanni Francesco und Aristotile da Sangalloum 1520 verwirklichten. Der Palast (Via San Gallo 74) unweit nördlich des Casinos besticht durch seine Eleganz und Harmonie, in der Elemente der Renaissance auf vollendete Weise zum Ausdruck kommen. Wahrscheinlich sollte der Palast auch rechts hochgeführt werden, so dass dadurch das vorbildlich in den Baukörper eingefügte Portal in die Mitte gekommen wäre. Unter Papst Klemens VII., einem Medici – sein Name ist neben

Palazzo Pandolfini

dem Leos X. an der rechten Seitenfassade zu lesen –, entschloss man sich jedoch dazu, den halbfertigen Bau in dem jetzt sichtbaren Stadium abzuschließen.

Sant' Apollonia

Das ehemalige Benedikterinnenkloster Sant' Apollonia, das heute als Museum eingerichtet ist, lohnt einen Besuch wegen seiner sehenswerten Kirche und des schönen Kreuzgangs mit eleganten Säulen aus dem 15. Jh., aber vor allem wegen der Abendmahlsdarstellung von Andrea del Castagno. Das Kloster wurde 1808 profanisiert, diente dann als Militärmagazin und beherbergt heute Universitätsinstitute.

★

»Letztes Abendmahl« ▶

Das **Museo Andrea del Castagno** zeigt im Refektorium das »Letzte Abendmahl« (um 1457) von del Castagno. Dieses Fresko nimmt einen wichtigen Platz in der Renaissance-Malerei ein: Die genaue perspektivische Darstellung und die realistische »körperliche« Zeichnung der Personen – v. a. bei Jesus und dem allein sitzenden Judas – geben dem Bild eine intensive Dramatik. Ebenso beachtenswert sind (darüber) »Kreuzigung«, »Grablegung« und »Auferstehung« sowie zwei Lünetten »Pietà« und »Gekreuzigter mit der Jungfrau, dem hl. Johannes und Heiliger«, ebenfalls von Castagno. Öffnungszeiten: tgl. 8.00 – 13.50 Uhr, 2., 4. Mo., 1., 2., 3. So. im Monat geschlossen.

Cenacolo di Foligno

H 6

Lage: Via Faenza 42   **Bus:** 4, 12, 25, 31, 32, 33

Im Refektorium des ehemaligen Klosters der Franziskanerinnen aus Foligno wird das Gemälde »Abendmahl« von Perugino verwahrt.

Öffnungszeiten:
Mo., Do., Sa.
9.00 – 12.00

Während der Überschwemmungen 1966 erlitt es erhebliche Beschädigungen. Perugino erwies sich mit diesem Werk den Darstellungen des Andrea del Castagno und des Ghirlandaio in Florenz vollkommen ebenbürtig.

Cenacolo di San Salvi

L 6

Lage: Via di S. Salvi 16   **Bus:** 3, 6, 20, 34

Unter den vielen Darstellungen des »Letzten Abendmahls« verdient auch das Meisterwerk von Andrea del Sarto im »Refektorium Sankt Salvi« Aufmerksamkeit.

Öffnungszeiten:
Do. – So.
8.15 – 13.50

Es ist eines der schönsten Fresken in Florenz vom Anfang des 16. Jh.s. Das ehemalige Vallombrosaner-Kloster San Salvi, das im Jahr 1048 gegründet wurde, wurde in das **Museo del Cenacolo di Andrea**

del Sarto a San Salvi – so der offizielle Name – umgewandelt. In den Klosterräumen werden weitere Gemälde Florentiner Maler und vor allem von Andrea del Sarto und seiner Werkstatt gezeigt. Hauptattraktion ist das Fresko »Abendmahl« del Sartos, das sich vor allem durch die natürlichen Bewegungen und die harmonische Farbgebung auszeichnet. Beachtenswert ist auch die Klosterküche mit dem großen Kamin.

Certaldo

Lage: 40 km südwestlich
Höhe: 130 m ü. d. M.

Provinz: Firenze (FI)
Einwohnerzahl: 16 000

Im Hügelland, zwischen Weizenfeldern und Olivenhainen, breitet sich das Städtchen Certaldo aus. Interessant ist die kleine, aber sehr charmante Oberstadt, Certaldo Alto, wo der Dichter Boccaccio seine letzten Lebensjahre verbrachte.

Sehenswertes in Certaldo

Ihre Lage hoch oben auf dem Berg, der geschlossene, weitgehend intakte Mauerring und der rote Ziegelstein, aus dem alle Häuser erbaut sind, verleihen der Oberstadt von Certaldo einen beeindruckend einheitlichen, aber auch geradezu festungsartigen Charakter. Der kleine Ort ist schnell besichtigt. Eine kopfsteingepflasterte Hauptstraße,

★
Certaldo Alto

 CERTALDO ERLEBEN

AUSKUNFT

Pro Loco
Via Boccaccio 16
Tel. 05 71 65 27 30
www.prolococertaldo.it

ESSEN

▶ **Fein & teuer**
Osteria Vicario
Certaldo Alto
Via Rivellino 3
Tel./Fax 05 71 66 82 28
www.osteriadelvicario.it
Mo., So.abend geschl.
Sehr stilvolles Restaurant in einem ehemaligen Kloster. Besonders be-

zaubernd: die kleine, überdachte Terrasse mit weitem Blick auf die Hügellandschaft; mindestens so hübsch: die Gästezimmer; abends unbedingt reservieren!

ÜBERNACHTEN

▶ **Günstig**
La Rocca
Tavarnelle (17 km östlich)
Tel./Fax 05 58 05 01 06
www.laroccachianti.it
So.abend,, Mo. geschl.
Kleine, gemütliche Frühstückspension; man wohnt ruhig, und dennoch ist Florenz schnell zu

nach dem berühmtesten Sohn der Stadt Via Boccaccio genannt, führt geradewegs hinauf zum höchsten Punkt des Ortes, auf dem der Palazzo Pretorio thront. Das schmale Sträßchen hinauf nach Certaldo Alto ist für den Verkehr gesperrt. Als Alternative zum steilen Treppenweg gibt es aber eine **Drahtseilbahn**, die im 15-Minuten-Takt hinauffährt. Abfahrt an der zentralen Piazza der Unterstadt.

Casa del Boccaccio, Museo del Arte Sacra

Noch unterhalb des Palazzo Pretorio, in der Casa del Boccaccio (Haus Nr. 18), soll der große Dichter einige Jahre gelebt haben. Ein Museum mit angeschlossener Bibliothek informiert über Boccaccio, der in der benachbarten ehemaligen Klosterkirche dei Santi Jacopo e Filippo beigesetzt ist. Öffnungszeiten: tgl. 10.00 – 16.30, im Sommer bis 19.00 Uhr.

Ein paar Schritte weiter oberhalb, im Konvent des einstigen Klosters, wurde das Museo del Arte Sacra eingerichtet, eine Sammlung von Altartafeln, Skulpturen und Kirchengerät aus den Kirchen in und um Certaldo. Öffnungszeiten: Apr. – Sept. 10.00 – 19.00, Okt. – März 10.30 – 16.30 Uhr).

★ Palazzo Pretorio

Der wuchtige, mittelalterliche Palast mit seinem reichen Wappenschmuck an der Fassade setzt der Via Boccaccio einen eindrucksvollen Schlusspunkt. In dem Ende des 12. Jh.s errichteten Bau residierten die Grafen Alberti, später die Florentiner Verwaltungsbeamten.

Palazzo Pretorio: Hier wurden einst Verbrecher verurteilt.

Von der vorderen Loggia wurden seit 1530 Gerichtsurteile und neue Gesetze verkündet. In den ehemaligen Amtsräumen, die heute für Ausstellungen genutzt werden, sind mehrere Fresken zu bewundern, darunter eine Pietà (1484), die Pier Francesco Fiorentino zugeschrieben wird, sowie das Fresko »Der ungläubige Thomas« (1490), das vermutlich von Benozzo Gozzoli stammt. An den Wänden der St.-

> **Baedeker** TIPP
>
> **Mercantia**
> »Mercantia« heißt das wichtigste Ereignis von Certaldo, eine Mischung aus Theater- und Musikfestival sowie Mittelaltermarkt. Die alten Gemäuer von Certaldo bilden eine wunderbare Kulisse für das jährliche Spektakel (3. Juliwoche). Internet: www.mercantiacertaldo.it

Thomas-Kapelle aus dem 13. Jh. erzählen Freskenfragmente von den 24 Florentiner Podestà. Vom Turm sollte man den Rundblick auf die zauberhafte Hügellandschaft nicht versäumen. Öffnungszeiten: Apr. bis Sept. tgl. 9.30 – 19.00; Okt. – März 9.30 – 16.30 Uhr.

★ Certosa del Galluzzo

Lage: 5 km südlich des Zentrums   **Bus:** 37

Das ehemalige Kartäuserkloster von Galluzzo ist architektonisch interessant und wegen seiner Kunstwerke berühmt.

Man erreicht die Certosa (»Kartause«) über die von Florenz nach Siena führende Straße, am Ortsausgang von Galluzzo zweigt rechts ein beschilderter Zufahrtsweg ab. Die letzten Kartäusermönche verließen im Jahr 1956 das Kloster, dann ging es an die Zisterzienser über. Der Florentiner Niccolò Acciaiuoli, ein bedeutender Florentiner Staatsmann, Freund Petrarcas und Boccaccios, ließ für die Kartäuser, einen vom hl. Bruno von Köln im ausgehenden 11. Jh. gegründeten Orden, die Klosteranlage bauen (1341).

Öffnungszeiten:
Di. – So.
9.00 – 12.00,
15.00 – 18.00
Winter bis 17.00

Die Anlage umfasste die Zellenhäuschen für die Mönche und gemeinsame Stätten des Gebetes und des Gottesdienstes. In späteren Jahrhunderten wurde der Komplex mehrfach erweitert und umgebaut. Geprägt ist die klösterliche Hügelstadt bis heute durch die Lebensweise der Kartäuser, die auf einen Ausgleich zwischen mönchischer Gemeinschaft und Eremitentum bedacht waren. Das Kloster besaß früher reiche Kunstschätze, jedoch raubte **Napoleon** dem Orden etwa 500 Werke, von denen nur wenige zurückgegeben wurden.

Über einen weiten Platz geht man zur sehenswerten Kirche San Lorenzo: In der Cappella di San Tobia (links vom Hauptaltar) sind das Grabmal des Stifters Niccolò Acciaiuoli (gest. 1365) zu besichtigen sowie drei weitere Grabsteine – u. a. der von Lorenzo di Niccolò – der Familie Acciaiuoli. In der Cappella di Sant' Andrea befindet sich

San Lorenzo

Kirche San Lorenzo im ehemaligen Kartäuserkloster von Galluzo

das berühmte Grabmal des Kardinals Agnolo II. Acciaiuoli, das Francesco da Sangallo zugeschrieben wird. Auch die anderen Kapellen bergen wertvolle Ausstattungsstücke.

Klostergebäude Der Rundgang führt weiter durch die Klostergebäude, die einen Sprechsaal, einen »Mittleren Kreuzgang«, den Kapitelsaal, den eindrucksvollen **»Großen Kreuzgang«** (1498–1516), das Refektorium und den »Kleinen Kreuzgang« umfassen. Die Klostergebäude waren nicht Wohnstätte, sondern nur Orte der Zusammenkunft. Die Mönche wohnten statt dessen in zu dem Komplex gehörenden **Zellenhäusern**. Eines dieser Häuschen, bestehend aus drei Räumen, einer Loggia und einem kleinen Garten, kann besichtigt werden. Im Palazzo degli Studi, den Acciaiuoli von Jacopo Passavanti und Jacopo Talenti errichtet ließ, der aber erst im 16. Jh. vollendet wurde, ist die **Pinakothek** untergebracht. Diese zeigt Beispiele des einst immensen Kunstschatzes, darunter Lünettenfresken (1523–1525) von Pontormo mit Darstellungen der Passion Christi (nach Zeichnungen von Dürer) und eine »Madonna mit Kind« von Lucas Cranach.
In dem dem Kloster angeschlossenen **Laden** kann man den von den Mönchen hergestellten Kräuterlikör probieren.

✳ Chianti

Provinzen: Florenz/Firenze (FI), Siena (SI)

Wer in Florenz Stadtluft und pralles Kunstprogramm genossen hat und sich nach ländlichen Impressionen sehnt, sollte ins Chianti fahren, das seine Besucher mit einer sanft gewellten Hügellandschaft mit Olivengärten, Wäldern und Weinbergen empfängt.

 ## CHIANTI ERLEBEN

AUSKUNFT

Castellina in Chianti
Via Ferruccio 40
Tel. 05 77 74 13 92
Fax 05 77 74 13 93

ESSEN

► Fein & teuer

Albergaccio
Castellina in Chianti
Via Fiorentina 63
Tel. 05 77 74 10 42
www.albergacciocast.com
Geschl. So., Mi.-, Do.-Mittag
Sonia Visman und Francesco Cacciatori schwören auf eine kreative und exzellente Landesküche.

► Preiswert

Bottega
Volpaia
Piazza della Torre
Tel. 05 77 73 80 01
www.labottegadivolpaia.it
Geschl. Di.
Einladendes Ausflugslokal mit Gartenterrasse und schmackhafter toskanischer Küche.

Oltre il Giardino
Greve in Chianti – Panzano
Piazza Bucciarelli 42
Tel./Fax 05 58 28 28
www.ristoranteoltreilgiardino.it
Geschl. Do.
Besonders gut schmecken die hausgemachte Pasta oder die ausgewählten Käsesorten. Im Sommer sitzt man schön auf der Aussichtsterrasse.

ÜBERNACHTEN

► Luxus

Fattoria Vignale
Radda in Chianti
Via Pianigiani 9
Tel. 05 77 73 83 00
Fax 05 77 73 85 92, 40 Z.
www.vignale.it
Eine der besten Adressen im Chianti – natürlich in historischem Gemäuer. Das Hotel ist auch Sitz des Weinkonsortiums Chianti Classico; Gourmets sollten das Restaurant testen.

► Komfortabel

Belvedere di San Leonino
Castellina in Chianti
Loc. San Leonino
Tel. 05 77 74 08 87
Fax 05 77 74 09 24
www.hotelsanleonino.com, 29 Z.
In den Hügeln, aber dennoch an der Route nach Siena gelegenes Hotel im toskanischen Landhausstil mit stilvoll eingerichteten Zimmern und gepflegtem Garten mit Pool.

Mitten durch das **berühmte Weinanbaugebiet**, vorbei an Weingütern, Gutshöfen und majestätischen Burgen, durch hübsche kleine Städtchen und mittelalterliche Dörfer führt die **Via Chiantigiana**, die rund 70 km lange Weinstraße. Auf vielen Weingütern wird der Chianti Classico direkt zum Kauf angeboten (»Vendita diretta«), einschließlich Weinprobe und Fattoria-Besichtigung. Natürlich feiert jeder Ort im Chianti im September oder Oktober sein Weinfest – das Fest in Greve dauert immerhin eine Woche (Mitte September).

Via Chiantigiana

Impruneta

Die südöstliche Ausfallstraße von Florenz (stadtseitiges Arnoufer) in Richtung Pontassieve führt geradewegs zum Autobahnzubringer Bologna/Roma. Kurz vor der Auffahrt zur Autobahn (A 1) biegt man nach Grassina ab, dem ersten Ort an der Chiantigiana (SS 222). Man folgt der SS 222 knapp 10 km bis Pitigliolo, wo es nach Impruneta abgeht (5 km).

Das Städtchen, das vor allem durch seine Lage in den Weinbergen bezaubert, ist ein **Mekka der Töpferkunst**. Hier hat das traditionsreiche Terrakotta-Handwerk noch Konjunktur. Auch die Dachziegel für die florentinische Domkuppel wurden in den Terrakotta-Öfen von Impruneta gebrannt.

Kastelle

Eingerahmt von Zypressen thront auf einem aussichtsreichen Hügel knapp 4 km vor Greve das **Castello Vicchiomaggio**, dessen älteste Teile – Turm und Einfriedungsmauer – noch aus dem 13. Jh. stammen. Im benachbarten **Castello di Verrazzano** hat die Chiantiproduktion eine sehr lange, bis ins 12. Jh. zurückreichende Geschichte. Nicht nur die Weinkeller, auch das Schloss und der Garten von Verrazzano können von Besuchern besichtigt werden (Anmeldung unter Tel. 055 85 42 43 oder im Internet: www.verrazzano.com).

Greve in Chianti

Greve ist das kleinstädtische Weinzentrum des Chianti mit der wunderschönen dreieckigen Piazza Matteotti mit dem Standbild von **Giovanni Verrazzano**, dessen Stammsitz nicht weit entfernt ist

---

! *Baedeker* TIPP

Würste!

Ausschließlich Würste gibt es in der Macelleria Falorni am Marktplatz von Greve. Schon der Geruch, der einen beim Eintreten in dieses Wurstparadies empfängt, macht Appetit! Natürlich gibt es auch Wildschweinsalami, eine toskanische Spezialität, aber auch Fenchelsalami und Schinken (Piazza G. Matteotti 71).

Montefioralle: ein toskanisches Bilderbuchdorf

(s. o.). Blumengeschmückte Laubenhäuser mit gemütlichen Trattorien, Cafés und eines der besten Wurstgeschäfte der gesamten Toskana (▶ Tipp) säumen den Platz, der sich beim einwöchigen Weinfest (Rassegna del Chianti Classico) Mitte September in eine Enoteca unter freiem Himmel verwandelt.

Unbedingt zu empfehlen ist der Ausflug in das 2 km oberhalb von Greve liegende Kastell-Dorf Montefioralle wegen des **herrlichen Panoramablicks**. Das Auto kann man auf dem Parkplatz hinter dem Ort abstellen (ausgeschildert), denn in Montefioralle selbst haben nur die Bewohner Fahrerlaubnis. Dass Montefioralle mittlerweile kein Geheimtipp mehr ist, zeigt sich nicht zuletzt in der Anwesenheit der Hobbymaler in den steilen, mit Blumen geschmückten Gassen. Wer die Aussicht eine Weile genießen möchte, hat die Wahl zwischen der Terrasse des Restaurants am Ort oder dem schattigen Platz unterhalb der Chiesa Santo Stefano, wo man auf Parkbänken mit den Bewohnern ins Gespräch kommen kann.

✳ **Montefioralle**

Je mehr man sich Castellina nähert, umso bergiger und waldreicher wird die Umgebung. Die Hauptstraße des mittelalterlichen Ortskerns, Via Ferruccio, mit einigen stolzen Palazzi und ihren vielen kleinen Delikatessen- und Weingeschäften, lädt zu einer Entdeckung ein. Auf dem höchsten Punkt des Städtchens thront eine kleine **Burg**

✳ **Castellina in Chianti**

Hier lagern die kostbaren Tropfen.

mit einer Ausstellung zu den Etruskern und einer Aussichtsplattform, von der sich ein wunderbarer Ausblick auf die Chianti-Landschaft bietet. Die **Via delle Volte** an der Ostseite der Stadtmauer ist vollständig von Häusern überbaut. Fast jeder Besucher schlendert mittlerweile einmal durch diese alte Gasse, denn sie wurde liebevoll renoviert und es haben sich hier schicke Galerien und Geschäfte niedergelassen.

Von Castellina führt eine Landstraße über Radda (13 km) an die Südhänge der Chianti-Berge. In den Sonnentälern der Monti del Chianti reifen die edelsten **DOCG-Weine** der Gegend. Das viel besuchte mittelalterliche Städtchen Radda in Chianti thront aussichtsreich auf

Radda in Chianti

einer Hügelspitze. Geparkt wird entlang der alten Stadtmauer, die zugleich eine Art Aussichtsbalkon bildet. Im Zentrum, an der Via Roma, erhebt sich der wappengeschmückte Palazzo del Podestà (15. Jh.), heute Sitz der Touristeninformation. Das Franziskanerkloster S. Maria al Prato (11./17. Jh.) wird als Kulturzentrum mit Kunst- und Weinmuseum eingerichtet.

Volpaia

Volpaia (5 km nördlich von Radda) zählt zu den **hübschesten Dörfern im südlichen Chianti**. Das Kastell des Weilers findet bereits 1172 eine erste schriftliche Erwähnung. Alljährlich im September verwandelt sich die Burg in eine Kunstgalerie mit Ausstellungen zum Thema Wein und Kunst.

Gaiole in Chianti

Auch der 13 km entfernte Ort Gaiole in Chianti ist umgeben von Weingütern, die für ihre ausgezeichneten Tropfen berühmt sind und ihre Produkte meist auch im Direktverkauf anbieten. Gaiole liegt nicht auf der Höhe, sondern im Tal. Auch am Marktplatz mit renovierten Häusern verströmt Gaiole keinen besonderen Charme.

Badia a Coltibuono

Eine wunderbare Aussicht bietet sich von der knapp 5 km nördlich gelegenen (ausgeschildert), 1049 geweihten Abtei von Coltibuono. Die Klostergebäude wurden 1402 von Benediktinermönchen aus Vallombrosa übernommen, die den Kreuzgang sowie die Wohn- und Wirtschaftsgebäude erneuerten. Heute kann man die romanische Klosterkirche besichtigen und anschließend mit herrlichem Blick über das Arnotal speisen.

Hinter Gaiole kann man wählen zwischen zwei Streckenvarianten der Via Chiantigiana, die im Hinblick auf die landschaftliche Schönheit beide zu empfehlen sind. An der westlichen Route (Straße 408) lohnt der kleine Abstecher zum Chianti-Skulpturenpark bei Pievasciata, eine der jüngsten Attraktionen an der Chiantigiana. Der Reiz des Parks liegt vor allem in der Symbiose zwischen der Landschaft und den Skulpturen von **zeitgenössischen Künstlern aus aller Welt**. Öffnungszeiten: April – Okt. Di. – So. 10.00 Uhr bis Sonnenuntergang; www.chiantisculpturepark.it.

Chianti-Skulpturenpark

Die östliche Route der Chiantigiana trägt den Namen **»Strada dei Castelli dei Chianti«**, »Straße der Chianti-Burgen«. Dem ersten Beispiel begegnet man etwa 4 km südlich von Gaiole in Meleto. Runde Ecktürme (11. Jh.) bekrönen das Kastell von Meleto, das während des 13. Jh.s zu einem der stärksten Festungswerke der Chianti-Liga ausgebaut wurde und bis 1498 allen Belagerungen widerstand.

Castello di Meleto

Nach weiteren 8 km in südöstlicher Richtung erblickt man auf einem 530 m hohen Bergrücken das imposante Castello di Brolio. Die Geschichte der Bastion ist eng mit der Familie Ricasoli verbunden, die seit dem 13. Jh. die Region beherrschte. Nach wiederholten Zerstörungen, zuletzt 1529 durch die Sienesen, kam es im 16. Jh. zu umfangreichen Neubauten. **Bettino Ricasoli**, der 1841 durch seinen Rebenverschnitt das klassische Konzept des körperreichen Chianti entwickelte, ließ die Burg um 1860 zu einem neogotischen Schloss umbauen. Die Innenräume kann man nicht besichtigen, wohl aber Garten, Bastionen, Laufgänge und die Kapelle sowie den grandiosen **Weinkeller** des Barons. Öffnungszeiten: Apr. – Okt. Mo. – Fr. 9.00 bis 19.30, Sa., So. 11.00 – 18.30, Nov. – März 9.00 – 13.00, 14.00 – 17.30 Uhr; www.ricasoli.it. In der Osteria (Tel. 05 77 74 72 77) im Park kann man zu den guten Weinen essen.

★
Castello di Brolio

★ Duomo Santa Maria del Fiore

H/J 6/b III

Lage: Piazza del Duomo   **Bus:** C 1, C 2, 14, 23

Der Kathedrale von Florenz ist mehr als das Wahrzeichen der Stadt. Sie ist zusammen mit dem Campanile und dem Baptisterium eines der großartigsten sakralen Ensembles Europas.

Ohne den Blick auf die Kuppel der Kathedrale können die Florentiner nicht leben; Michelangelo wollte anscheinend das Meisterwerk des Brunelleschi aus seiner Heimatstadt Florenz nach Rom verpflanzen, als er die Kuppel der Peterskirche schuf. Die Bürger von Florenz waren Ende des 13. Jh.s im Bewusstsein der wachsenden Bedeutung ihrer Stadt bestrebt, an der Stelle der Kirche Santa Reparata einen

Unvergleichliches Bauensemble

Öffnungszeiten:
Mo. – Mi., Fr.
10.00 – 17.00
Do., 1. Sa. im Monat
10.00 – 15.30
Sa. 10.00 – 16.45
So. 13.30 – 16.45

www.operaduomo
firenze.it ▸

großen Neubau zu errichten, der die anderen Kirchen der Stadt an Schönheit und Ausmaß übertreffen sollte. Berühmte Baumeister, zuerst **Arnolfo di Cambio** (ab 1296), dann **Giotto, Andrea Pisano, Francesco Talenti und Giovanni Ghini**, führten die Bauten trotz zahlreicher Unterbrechungen so weit, dass **Filippo Brunelleschi** sie von 1420 bis 1434 mit dem aufsehenerregenden architektonischen Bravourstück, der Kuppel, krönen konnte. Im Jahr 1436 wurde der Dom, die Bischofskirche der Stadt, der heiligen Jungfrau und Gottesmutter Maria geweiht und erhielt nach der Florentiner Wappenblume, der Lilie, den Beinamen »del Fiore«. Die heutige Fassade, überreich geschmückt, entstand erst von 1875 bis 1887 nach Entwürfen Emilio de Fabris'. Die unvollendete Fassade war 1587 abgerissen worden. Die Maße der Kathedrale sind eindrucksvoll: Länge 161 m, Breite 43 m im Langhaus, 91 m im Querhaus, Fassadenhöhe 50 m, Höhe der Kuppel 107 m, Durchmesser der Kuppel 46 m. In der Kirche finden ca. 25 000 Menschen Platz. Nach der Peterskirche in Rom und dem Dom zu Mailand ist Santa Maria del Fiore die **drittgrößte Kirche Italiens**.

Außenansicht

Das Äußere der Kathedrale wird bestimmt durch die reiche Gliederung mit **verschiedenem Marmor**: weißem aus Carrara, grünem aus Prato und rotem aus den Maremmen. Marmor findet sich überall: an der dem gotischen Stil nachgebildeten Fassade, den Flanken der Seitenschiffe bis hinauf zur Langhaushalle, den durch die Konstruktion bedingten Stützen, den kleineren Halbkuppeln und der machtvollen Hauptkuppel. Der Wechsel der Farben zeigt Strenge und Schönheit, die beiden Grundprinzipien der Florentiner Kunst.

Bei einem Rundgang um den Dom sollte man v. a. den vier Portalen Beachtung schenken. Auf der rechten Seite beim Campanile befindet sich die **Porta del Campanile** mit einem »Segnenden Christus« im Giebel und einer »Madonna mit Kind« in der Lünette, alles Werke aus der Schule Andrea Pisanos. Es folgt die **Porta dei Canonici**, über der »Maria mit Kind« von Lorenzo di Giovanni d'Ambrogio zu sehen ist. Nicht weit davon trifft man auf die Denkmäler der beiden Architekten Arnolfo di Cambio und Brunelleschi sowie auf einen Stein mit der Inschrift »Sasso di Dante« an dem Platz, von wo der Dichter die Bauarbeiten am Dom beobachtet haben soll.

Auf der linken Seite: **Porta della Balla** (14. Jh.), das eine vielfarbige Madonna mit Kind und zwei Engeln trägt, an den Seiten stützen Löwen die gedrehten Säulen; die **Porta della Mandorla**, das schönste Portal der Kirche, wurde von Giovanni d' Ambrogio und Nanni di Banco geschaffen und von verschiedenen Künstlern, Donatello, Niccolò di Pietro Lamberti und Ghirlandaio, vollendet. Über diesem Portal befindet sich in der Mandorla die von Engeln getragene Madonna (1421) von Nanni di Banco.

★ ★
Kuppel ▸

Brunelleschi wagte mit dem Bau der Kuppel **ein statisches Meisterwerk** – in weiser Bescheidenheit empfahl er den Kuppelbau dem Schutz Mariens –, das mächtig und kunstvoll zugleich wirkt. Die bis

Ungewöhnliche Perspektive eines grandiosen Bauwerkes

in die Laterne gezogenen weißen Rippen geben der roten Kuppeldeckung klare Konturen. Aus den Straßen hinter der Apsis bietet sich ein eindrucksvolles Bild auf das Marmorgebirge des Doms mit der Kuppel des Brunelleschi. Der Tambour der Kuppel ist an dieser Stelle mit einer Galerie versehen, die zur Zeit Michelangelos gebaut, jedoch von ihm heftig kritisiert wurde. Im Pflaster vor der Apsis ist eine Marmorplatte eingelassen; hier fiel am 17. Januar 1600, vom Blitz getroffen, die vergoldete Kugel der Kuppel zur Erde und zersprang. Man ersetzte sie durch eine größere, unter dem Kreuz. Die **Laterne** war im übrigen häufig Ziel von Blitzen, sie wurde jedoch unermüdlich repariert. Heute schützt sie ein moderner Blitzableiter. Man kann die Kuppel besteigen, Aufgang ist an der Porta dei Canonici. Wer vor den 463 Stufen nicht zurückschreckt, dem bietet sich von der Laterne ein herrlicher Rundblick. Öffnungszeiten: Mo. – Fr. 8.30 bis 19.00, Sa. 8.30 – 17.40 Uhr.

Innenraum

Strenge und Schönheit prägen auch den Innenraum des Doms, der durch seine gotischen Formen, durch die hoch aufstrebenden Bögen und Pfeiler beeindruckt, ohne dass auffälliger Schmuck die Weite der Räume beeinträchtigt. Allerdings wurden bei Restaurierungen spätere Zutaten wieder entfernt. Der Eindruck der Kargheit wird durch den erdigen Farbton der Steine verstärkt. Der Grundriss des Doms zeigt ein lateinisches Kreuz mit Langhaus und zwei Seitenschiffen; die kurzen Querschiffarme und die Apsis werden in der Mitte durch die gewaltige Kuppel gebündelt. Trotz des insgesamt sparsamen Schmucks umfasst die Ausstattung einige Kostbarkeiten.

◄ weiter auf S. 158

DUOMO SANTA MARIA DEL FIORE

✷ ✷ **Der Dom ist ein Juwel gotischer Baukunst mit reichem Portalschmuck und weitläufigem Innern. Die doppelschalige Kuppelkonstruktion von Brunelleschi, die erste der Neuzeit, erhebt das Bauwerk in den Rang eines weltweit einmaligen Meisterwerkes.**

🕐 Öffnungszeiten:
Mo. – Mi., Fr. 10.00 – 17.00
Do., 1. Sa. im Monat 10.00 – 15.30,
Sa. 10.00 – 16.45, So. 13.30 – 16.45

① Fassade
Reich ist der Figurenschmuck der Fassade: am obersten Zwickel Gottvater; in den darunter liegenden Feldern Brustbilder berühmter Florentiner Künstler; unter einer mächtigen Rosette »Maria mit dem Kind« und Apostelstatuen; darunter in den vier Pfeilernischen Bischöfe von Florenz und Papst Eugen IV., der die Kirche 1436 weihte. Die Bronzeportale zeigen Reliefdarstellungen Mariens.

② Kuppel
An der Überkuppelung des riesigen Vierungsraumes scheiterten fast alle Baumeister. Weder ein Holzgerüst schien zur Konstruktion brauchbar noch der Vorschlag, einen gewaltigen Erdhügel aufzuschütten, um darüber die Kuppel zu wölben. Brunelleschi baute sie schließlich zwischen 1420 und 1430 als doppelschalige, parabelförmige Konstruktion – eine Ingenieursleistung, die bis zum Barock wegweisend war.

③ Innere Eingangswand
Über dem Haupteingang sieht man ein schönes Mosaik der Marienkrönung (um 1300) von Gaddo

Gaddi sowie die berühmte Uhr, in deren Ecken Paolo Uccello 1443 Prophetenköpfe malte und deren Zeiger entgegengesetzt dem Uhrzeigersinn gehen.

④ Neue Sakristei
Herausragende Kunstwerke sind die »Auferstehung Christi«, eine Terrakottaarbeit von Luca della Robbia, und das Bronzetor desselben Künstlers. In diese Sakristei flüchtete sich Lorenzo der Prächtige, als 1478 bei einem Gottesdienst im Dom Verschwörer, die von der Familie Pazzi angestiftet worden waren, ihn und seinen Bruder angriffen. Er rettete sich, während sein Bruder Giuliano ermordet wurde.

⑤ Krypta
Hier sind die Überreste der Vorgängerkirche aus dem 4./5. Jh. und das Grab von Brunelleschi zu sehen.

⑥ Campanile
Baumeister des 82 m hohen, architektonisch hervorragenden Campanile war Giotto, und nach dessen Tod führte Andrea Pisano die Arbeiten nach den ursprünglichen Entwürfen weiter. Wer die 414 Stufen auf den Turm nicht scheut, wird mit einem herrlichen Stadtpanorama belohnt.

Besondere Blicke auf die mächtige Domkuppel vom Campanile aus

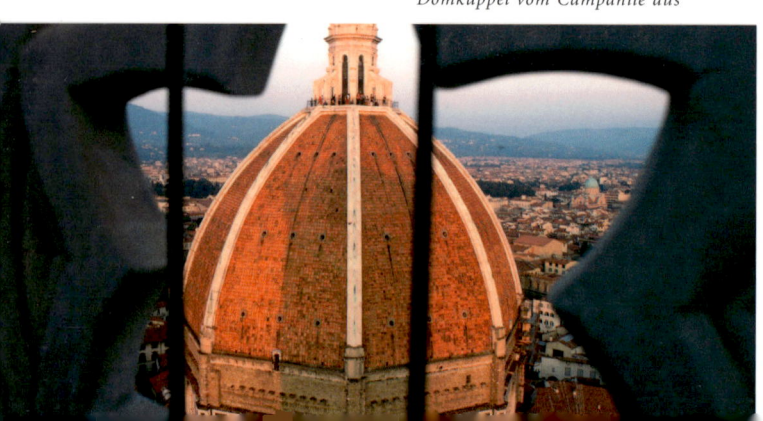

Duomo Santa Maria del Fiore Orientierung

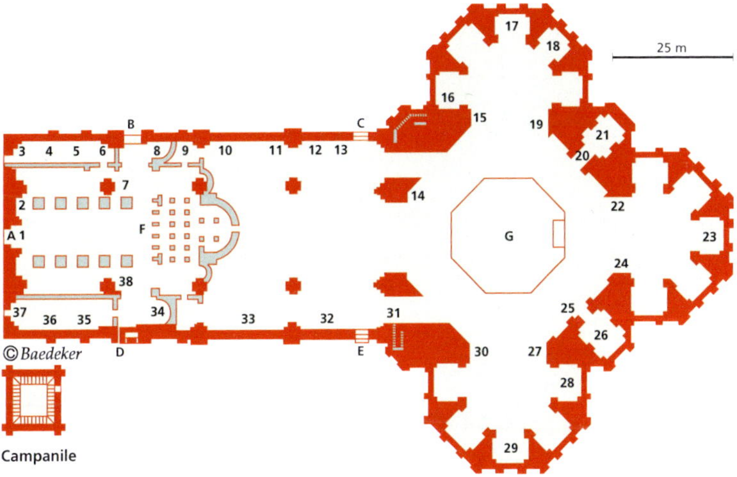

Portale Maggiore mit Relief »Maria in Gloria« von A. Passaglia
Porta dei Cornacchini
Porta della Mandorla von d'Ambrogio und di Banco
Über dem Portal die von Engeln getragene Madonna von di Banco
Porta del Campanile mit Verkündigungsgruppe
Porta dei Canonici, darüber »Madonna mit dem Kind« von d'Ambrogio
Krypta Santa Reparata
Kuppel des Brunelleschi mit Fresko des Jüngsten Gerichts von Vasari und wertvollen Glasmalereien
Fenster nach Entwurf von Ghiberti, Mosaik von Gaddi
Grab des Antonio d'Orso
Fenster nach Ghiberti
Büste des Emilio De Fabis von Consani
Statue des Josua (Kopf von Donatello angefertigt)
Büste des Arnolfo di Cambio von Cambi
Nische mit hl. Zanobius von G. del Biondo
Büste des Organisten Squarcialupi von Benedetto da Maiano (1490)

9 Gemaltes Reiterstandbild des Niccolò da Tolentino von del Castagno (1456)
10 Gemaltes Reiterstandbild des Giovanni Acuto (John Hawkwood) von P. Ucello
11 Fenster von 1395. Darunter in der Marmornische eine Statue König Davids von Ciuffagni
12 »Hll. Cosmas und Damian« von Bicci di Lorenzo (15. Jh.)
13 Fenster aus dem 14. Jh., darunter »Dante und die Göttliche Komödie« von di Michelino
14 Statue »S. Giacomo Maggiore« von Sansovino
15 Statue »S. Tomasso« von De' Rossi
16 Gemälde»S. Giuseppe« von di Credi
17 Marmoraltar (Buggiano)
18 »Madonna mit Heiligen«, Altarbekleidung aus der Schule von Bonaguida
19 Statue »S. Andrea« von A. Ferrucci
20 In der Türlünette Terrakotta »Auferstehung«, von Luca della Robbia Bronzetor ebenfalls von della Robbia unter Mitarbeit von Michelozzo und Maso di Bartolomeo
21 Neue Sakristei
22 Statue »S. Pietro« von Bandinelli
23 Oberhalb des Altars zwei kerzentragende Engel (von L. della Robbia). Unter dem Altar Reliquienschrein des hl. Zenobius von Ghiberti
24 Statue »S. Giovanni« von da Rovezzano
25 In der Lünette Christi Himmelfahrt aus emaillierter Terrakotta von L. della Robbia
26 Alte Sakristei
27 Statue »S. Giacomo Minore« von Bandini
28 Fragment des Freskos »Madonna del Popolo« aus der Schule des Giotto
29 Altar des Michelozzo
30 Statue »S. Filippo« von Bandini
31 Zugang zur Kuppel
32 Büste des Marsilio Ficino von A. Ferrucci
33 In der Marmornische ein Standbild des Isaia, von Ciuffagni
34 »Hl. Bartolomeo« von di Jacopo Franchi
35 Rundbild von da Maiano, Giotto bei der Arbeit darstellend
36 Büste des Brunelleschi von A. Cavalcanti
37 Fenster »S. Lorenzo e Angeli« nach Ghiberti
38 Treppe zur Krypta Santa Reparata

men von Baccio und Giovanni Bandinelli. Bemerkenswert sind auch der Hochaltar von Baccio Bandinelli und das Kruzifix von Benedetto da Maiano (1495 – 1497).

Neue Sakristei ▶ Besondere Beachtung verdienen auch die Sakristeien. Über der Tür der Neuen Sakristei, in der Lünette, fällt eine glasierte Terrakotta-Arbeit von Luca della Robbia ins Auge: **»Auferstehung Christi«** (1444). Auch das **Bronzetor** ist ein Meisterwerk della Robbias (zusammen mit Michelozzo): In zehn Feldern sind Maria mit dem Kind, Johannes der Täufer, Evangelisten und Kirchenväter dargestellt. Ein Wandbrunnen und Holzschränke schmücken den Raum.

Apsis ▶ In der östlichen Apsis befindet sich in der Cappella di San Zenobio (»Kapelle des hl. Zenobius«) eine schöne **Bronzeurne**, ein Werk Lorenzo Ghibertis, in der Reliquien des Heiligen aufbewahrt werden.

Sagrestia Vecchia ▶ In der Sagrestia Vecchia (»Alten Sakristei«) oder dei Canonici (»der Kanoniker«) sieht man außen über der Tür ein **Terrakottarelief »Christi Himmelfahrt«** von Luca della Robbia, im Innern stehen ein **Wandbrunnen** von Buggiano, der »Erzengel Michael« von Lorenzo di Credi und zwei Leuchterengel aus Terrakotta, ebenfalls von della Robbia.

Rechtes Querschiff ▶ Auch das rechte kurze Querschiff ist in fünf Kapellen gegliedert. In der ersten Kapelle nach der Sagrestia Vecchia ist ein **Fresko des Giotto** sehenswert »Madonna del Popolo«.

Rechtes Seitenschiff ▶ Im rechten Seitenschiff sieht man eine **Büste des Marsilio Ficino** (1521), des großen Renaissancephilosophen (unter dem Glasfenster), sowie ein **Medaillon mit dem Bild Giottos**, das Benedetto da Maiano schuf (1490; gegenüber dem letzten Pfeiler). Daneben befinden sich in einer Holznische die **Statue des Propheten Jesaia** von Nanni di Banco (1408) und ein **Medaillon mit dem Porträt Brunelleschis**. Es stammt von Andrea Cavalcanti, genannt Buggiano, der Lieblingsschüler und Erbe Brunelleschis war.

Krypta Santa Reparata ▶ Gleich nach dem Eingang des Doms führt eine Treppe hinab zum **Grab von Brunelleschi**, das erst 1972 entdeckt worden ist, und zu den Überresten der Vorgängerkirche Santa Reparata, die aus dem 4./ 5. Jh. stammt und im 8. und 11. Jh. erweitert wurde. Zunächst war der Dom um die ältere Kirche herumgebaut worden, endgültig abgetragen wurde diese erst 1375. Teilweise erhalten blieb jedoch die Krypta von Santa Reparata, die freigelegt wurde und heute als Museum zugänglich ist. Öffnungszeiten: Mo. – Mi., Fr., So. 10.00 bis 16.45, Do., 1. Sa. im Monat 10.00 – 15.30 Uhr.

★★
Campanile
Öffnungszeiten:
tgl. 8.30 – 19.30

Das Stadtbild von Florenz wird entscheidend mitgeprägt durch den Campanile von **Giotto**, den 82 m hohen Glockenturm des Doms. Nach dem Entwurf von Giotto wurde der Bau 1334 begonnen. Nach Giottos Tod (1337) führte **Andrea Pisano** ihn nach den ursprünglichen Entwürfen weiter. Sein Nachfolger **Francesco Talenti** entfernte sich von den Plänen Giottos. Der Turm wurde 1387 vollendet. Das Bauwerk beeindruckt durch die Harmonie seiner Abmessungen, die Festigkeit der achteckigen Pfeiler, die feine Gliederung der dazwi-

Der Campanile ist mit seiner meisterlichen Gestaltung dem Dom ebenbürtig.

schenliegenden Mauern und den kunstvollen Wechsel in den Farben des Marmors. Seinen Schmuck bilden im unteren Teil Kassettenfelder. Die sechseckigen **Kassetten** stammen zum größten Teil von Andrea Pisano, der sie nach Entwürfen von Giotto anfertigte, und von Luca della Robbia. Sie zeigen die Arbeits- und Bildungswelt des Menschen. Die darüber liegenden rautenförmigen Kassettenfelder stellen Allegorien von Planeten, Tugenden, freien Künsten und Sakramente dar. In den Nischen über diesen Kassetten standen früher Statuen von Heiligen, Propheten und Sibyllen, die zwischen 1300 und 1400 von florentinischen Bildhauern, darunter Donatello, geschaffen wurden. Heute sind diese im Museo dell'Opera del Duomo zu sehen; in die Nischen wurden teilweise Kopien gestellt. Es lohnt sich, die 414 Stufen des Campanile hinaufzusteigen, denn von oben bietet sich ein **herrlicher Panoramablick** über die Stadt.

Umgebung des Doms

Im Schatten des Doms liegt San Michele (Via de' Servi), die als Kirche der Familie Vicedomini – daher der Name San Michele Visdomini – dem Dombau hatte weichen müssen und wenige Meter entfernt im 14. Jh. wiederaufgebaut und im 17. Jh. erneuert wurde. Im Innern befinden sich Altarbilder unter den Altarbildern des 16./17. Jh.s eine »Sacra Conservatione« (1518) von Pontormo.

San Michele Visdomini

✱ Fiesole

Provinz: Florenz/Firenze (FI)
Einwohnerzahl: 15 000

Höhe: 295 m ü. d. M.

Wenn es im Sommer in Florenz heiß und stickig wird, flüchten die Florentiner gern nach Fiesole, wo sich die Wohlhabenden ihre herrschaftlichen Villen bauen ließen. Das schöne Städtchen liegt nämlich gerade mal 8 km entfernt, eingebettet zwischen zwei Hügeln 295 m oberhalb der Arnometropole. Einen Ausflug nach Fiesole sollte man nicht nur wegen des grandiosen Rundblickes über Florenz unternehmen, sondern auch wegen der Sehenswürdigkeiten.

▶ FIESOLE ERLEBEN

AUSKUNFT

Via Portigiani 3 – 5
Tel. 055 5 96 13 23, Fax 055 5 96 13 12
www.fiesolelifeart.it

ESSEN

▶ **Erschwinglich**

La Panacea
Olmo – Via Bosconi 58/a
Tel. 055 54 89 72, www.la-panacea.it
Geschl. Mo., Di.-, Do. , Fr.-Mittag
Toskanische Hausmannskost und
Fischspezialitäten; bei gutem Wetter
wird auf der Terrasse serviert.

▶ **Preiswert**

Vinandro
Piazza Mino da Fiesole 33
Tel. 055 5 91 21
www.vinandrofiesole.com

Geschl. Mo.
Gemütliche kleine Weinstube mit
leckeren Speisen an der Hauptpiazza.

ÜBERNACHTEN

▶ **Komfortabel**

Bencista
Via Benedetto da Maiano 4
Tel./Fax 05 559 1 63
www.bencista.com, 42 Z.
Schön gelegenes Landgasthaus inmit-
ten von Olivenhainen.

▶ **Günstig**

Le Canelle
Via Gramsci 52
Tel. 05 55 97 83 36, Fax 05 55 97 82 92
www.lecannelle.com, 5 Z.
Charmantes Gästehaus nahe der zen-
tralen Piazza.

»Mutter von Florenz« | Fiesole ist eine **etruskische Gründung** des 7. vorchristliche Jahrhunderts mit Namen Faesulae. Der Beiname »Mutter von Florenz« kommt daher, dass die Etrusker schon Handel trieben, bevor Florenz überhaupt gegründet wurde. Gegen Ende des 1. Jh.s v. Chr. entstand die römische Stadt Faesulae neu mit Kapitol, Forum, Tempel, Theater und Thermen, die jedoch in der Zeit der Völkerwanderung niederging und später von dem nahen Florenz gänzlich überflügelt wurde. Seit 492 ist Fiesole Bischofssitz.

Sehenswertes in Fiesole

Piazza Mino da Fiesole | Zentrum des sympathischen Ortes ist die weite Piazza Mino da Fiesole, benannt nach dem Bildhauer Mino da Fiesole (um 1430 bis 1484), die den Platz des antiken Forums einnimmt. Das im Jahr 1906 auf der Piazza enthüllte Denkmal heißt »Incontro di Teano«. Seine beiden bronzenen Reiterstandbilder verkörpern König Viktor Emanuel II. und Garibaldi. In den vielen Straßencafés hier gilt das Motto »Sehen und gesehen werden«.

Duomo San Romolo ▸ | An der Nordseite des Platzes erhebt sich der 1024 begonnene, im 13. und 14. Jh. erweiterte sowie im 19. Jh. veränderte Dom San Romolo. Schon von weitem sieht man den 1213 fertig gestellten und gut 42 m hohen, zinnenbewehrten **Glockenturm**, der die ganze Stadt überragt.

Fiesole Orientierung

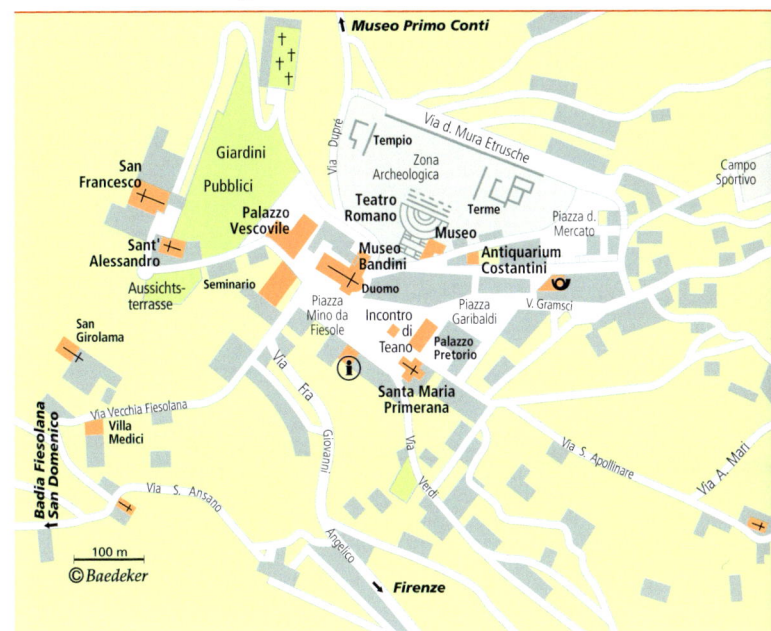

Im Innern des dreischiffigen Gotteshauses finden sich ein paar beachtenswerte Fresken und Bildwerke. Das Grabmal des Bischofs Leonardo Salutati in der Cappella Salutati wurde von Mino da Fiesole um 1465 geschaffen. Die **Terrakottastatue des Kirchenpatrons San Romolo** ist ein Werk von Giovanni della Robbia.

Nördlich an den Dom schließt das Museo Bandini an. Zusammengetragen wurden die sakralen Kunstwerke dieser Sammlung im ausgehenden 18. Jh. von dem Kanoniker Angiolo Maria Bandini, Wissenschaftler und Bibliothekar an der Biblioteca Medicea Laurenziana in Florenz. Nach seinem Tod ging die Sammlung in den Besitz des Domkapitels von Fiesole über. Ausgestellt sind u. a. Altartafeln, Majolikaarbeiten und Möbel. Öffnungszeiten: März – Okt. tgl. 10.00 bis 19.00, Jan., Feb., Nov., Dez. Mo., Mi. – So. 10.00 – 14.00 Uhr.

◀ Museo Bandini

🕐

Die nordwestliche Schmalseite der Piazza Mino da Fiesole nehmen das 1697 entstandene stattliche Gebäude des **Seminario** sowie der ursprünglich aus dem 11. Jh. stammende **Palazzo Vescovile** (»Bischofspalast«) ein. An der Südwestseite des Platzes stehen der wappengeschmückte **Palazzo Pretorio** aus dem 14. Jh. – Portikus und Loggia wurden im 15. Jh. angefügt – und daneben das mittelalterliche **Oratorium Santa Maria Primerana** mit einem Portikus aus dem 16. Jahrhundert.

◀ Weitere Gebäude

Römisches Theater: Stimmungsvolle Spielstätte für Theater und Konzerte

Zona Archeologica

Nordöstlich hinter dem Dom liegt das Ausgrabungsgelände Zona Archeologica, beherrscht von einem zu Beginn des 19. Jh.s wiederentdeckten **römischen Theater**, das schon in der Kaiserzeit (1. Jh. v. Chr.) angelegt und unter den Kaisern Claudius sowie Septimius Severus ausgebaut worden war. Das Halbrund hat einen Durchmesser von 34 m und bietet auf 24 Reihen rund 3000 Zuschauern Platz.

Thermenanlage ▶

Unweit vom Theater liegen die Ruinen einer römischen Thermenanlage, die ebenfalls zu Beginn der Kaiserzeit erbaut und unter Kaiser Hadrian erweitert worden ist. Obwohl die von mächtigen Pfeilern getragenen Bögen stets sichtbar waren, erkannte man erst Ende des 19. Jh.s, dass es sich hierbei um eine Badeanlage handelte, und legte den Komplex frei.

Im Ostteil wurde das Wasser mit Hilfe von Heizöfen und Hypokausten aufbereitet, die drei zentralen Räume waren für Kaltbad (Frigidarium), lauwarmes Bad (Tepidarium) und für das Warmbad (Caldarium) gedacht, die größeren Becken im Westteil dienten als Schwimm- und Speicherbecken. In der Nordwestecke des Grabungsfeldes befinden sich die Reste eines römischen und eines etruskischen Tempels (1. bzw. 3. Jh. v. Chr.). Nach Norden wird das Grabungsgelände von einem Stück der einst mächtigen etruskischen Stadtmauer aus dem 3. Jahrhundert v. Chr. begrenzt. Öffnungszeiten: Apr.–Sept. Mo., Mi.–So. tgl. 10.00–17.00 Uhr.

In dem kleinen **archäologischen Museum** südlich oberhalb des römischen Theaters sind Funde aus etruskischer und römischer Zeit ausgestellt. Darunter befinden sich Überreste eines Marmorfrieses für die Bühnendekoration des römischen Theaters, eine Grabstele (470 – 460 v. Chr.) mit der Darstellung von Totenmahl, Tanz und Kampf von Tieren, eine Nachbildung des Kopfes von Kaiser Claudius (41 – 54) und eine Dionysos-Statue, die römische Kopie eines griechischen Originals. Öffnungszeiten wie Zona Archeologica.

> ## ! Baedeker TIPP
>
> ### Eine ganz besondere Spielstätte
>
> Eine ganz besondere Spielstätte ist das römische Theater in Fiesole. Ein unvergessliches Erlebnis ist hier eine Theater-, Musik- oder Ballettaufführung, die während des sommerlichen Kulturprogramms Estate Fiesolana stattfinden. In den beiden ersten Juliwochen treten hier zudem im Rahmen des Fiesole Internationale Jazzgrößen aus aller Welt wie Chick Corae und Stefano Bollani auf. Informationen sind erhältlich unter Tel. 0 55 5 96 12 93 und im Internet unter der Adresse www.estatefiesolana.it.

Antiquarium Costantini

Unweit östlich des Zugangs zur Zona Archeologica liegt das Antiquarium Costantini. Die Eintrittskarte für das Ausgrabungsgelände berechtigt auch zum Besuch dieser Sammlung von griechischen, etruskischen und italienischen Keramiken.

Museo Primo Conti

Nordwestlich des Ausgrabungsgeländes befinden sich in der Via Dupré 18 die Stiftung und ein kleines Museum für den toskanischen Maler Primo Conti (1900 – 1988). Conti hatte sich zunächst dem Futurismus und Kubismus verschrieben, entwickelte nach dem Zweiten Weltkrieg aber einen eigenen Stil mit wilder Farbigkeit. Ausgestellt sind neben Werken Contis auch Dokumente zum italienischen Futurismus. Öffnungszeiten: Mo.. – Fr. 9.00 – 13.00 Uhr.

✱ Aussichtsterrasse

Zwischen Bischofspalast und Seminargebäude führt ein Weg steil aufwärts zu zwei kleinen Kirchen und einer schattigen Aussichtsterrasse, von der sich eine vortreffliche Sicht auf Florenz eröffnet. Innerhalb der kleinen Parkanlage erinnert ein Denkmal an die im Ersten Weltkrieg gefallenen Soldaten, ein anderes an drei Carabinieri, die 1944 von den Nationalsozialisten getöten wurden.

Sant' Alessandro

Oberhalb der Aussichtsterrasse steht die vermutlich schon im 3. Jh. gegründete Kirche, die dem Fiesolaner Bischof Alexander geweiht ist. Sie erhebt sich über einem alten etruskischen Tempel, der später durch einen römischen Bacchustempel ersetzt worden ist. Im 6. Jh. soll Theoderich d. Gr. den Bau in eine christliche Kirche umgewandelt haben, die im Lauf der Zeit mehrfach umgestaltet wurde.

San Francesco

Schräg gegenüber von Sant' Alessandro ragt die Klosterkirche San Francesco auf, ein Bau des 14. Jh.s, der 1407 auf die Franziskaner überging. Die Kirche wurde im Jahr 1905 weitgehend erneuert. Beachtenswert sind im Kircheninnern eine »Verkündigung« (um 1500) von Raffaelino del Garbo und die »Anbetung der Hl. drei Könige« von Cosimo Rosselli. Einen Blick sollte man in das **Museo Missionario Francescano**, in dem die franziskanische Missionierung dargestellt wird, werfen. Idyllisch ist der kleine **Klosterkreuzgang**. Öffnungszeiten: Di. – Fr. 9.00 – 12.00, 15.00 – 17.00, Sa./So. 15.00 bis 17.00 Uhr.

Vom Vorplatz des Klosters San Francesco führt ein Weg in den **Stadtpark**, auf dem man wieder hinab zum Zentrum von Fiesole gelangt.

Umgebung von Fiesole

San Domenico

Nur gut 1 km südwestlich von Fiesole und unmittelbar an der Stadtgrenze von Florenz liegt der Ort San Domenico di Fiesole. Beachtung verdient hier die von 1406 bis 1435 für Barnaba degli Agli erbaute und im 17. Jh. erweiterte Kirche San Domenico mit reich geschmücktem Innern. Am Altar in der ersten Kapelle links beachte man das schöne **Triptychon** (um 1430) von **Fra Angelico**, der auch die »Kreuzigung« und eine Mariendarstellung für den Kapitelsaal im Konvent schuf. Der Sohn eines wohlhabenden Landwirts aus dem Mugello-Tal trat mit zwanzig Jahren in das Dominikanerkloster ein. Sein Ruf als vorzüglicher Maler verbreitete sich rasch, und als in Florenz 1436 das Dominikanerkloster San Marco neu gestaltet wurde, erhielt Fra Angelico den Auftrag, die Klosterzellen mit Themen aus der Passion Christi auszugestalten. Der Realismus von Fra Angelico hatte eine außergewöhnliche Wirkung: Es heißt, seine Mitbrüder seien beim Anblick der Kreuzigungsdarstellungen wegen des vielen Blutes in Ohnmacht gefallen.

Badia Fiesolana

Nordwestlich unterhalb von San Domenico steht auf Höhe die Badia Fiesolana. Bis 1028 befand sich hier die Kathedralkirche von Fiesole, bevor der Dom diese Funktion übernahm. Nachdem zunächst Kamaldulensermönche die Kirche samt einem Kloster (Badia = Abtei) neu aufgebaut hatten, kam die Anlage an den Orden der Benediktiner. In der Zeit der Renaissance gestaltete man Kloster und Kirche wiederum neu; an der Kirchenfassade sind romanische Teile aus dem 12. Jh. erhalten. 1778 wurden Kirche und Ordenshaus aufgelöst. Seit 1976 beherbergt die Badia Fiesolana das internationale **Hochschulinstitut »Università Europea«**.

Villa Medici

Auf der Via Vecchia Fiesolana, die von Fiesole südwestlich abwärts führt, erreicht man die Villa Medici, die der Architekt Michelozzo von 1458 bis 1461 für **Cosimo den Älteren** erbaute. Die Pazzi-Verschwörer planten zunächst hier die Ermordung der Brüder Lorenzo und Giuliano de'Medici, bis sie den Duomo Santa Maria del Fiore für günstiger befanden (1478). Besichtigt werden kann die Villa nur nach Voranmeldung, im Rahmen von organisierten Führungen. Auskünfte erteilt die Touristeninformation.

Fortezza da Basso

H 5

Lage: Viale Filippo

Bus: 4, 7, 10, 12, 13, 14, 23, 28, 31, 32, 33

Die ausgedehnte ehemalige Festung neben dem Hauptbahnhof wird heute als Ausstellungs- und Kongressgelände genutzt.

Herzog Alessandro de'Medici ließ die Festung 1534 von Antonio Sangallo dem Jüngeren entwerfen und den Bau unter Leitung von Pier Francesco da Viterbo und Alessandro Vitelli in den Jahren 1534 und 1535 ausführen. Kaiser Karl V. machte den Bau dieser Bastion zur Bedingung für die Heirat des Bastardes Alessandro mit seiner Tochter Margarete von Österreich-Parma. Der Herzog wollte mit dieser Fortezza seine Macht demonstrieren und festigen.

»Mächtige« Festung

✱ Galleria dell'Accademia

J 6/b II

Lage: Via Ricasoli 60

Bus: C 1, 7, 10, 25, 31, 32, 33

Die besondere Rolle unter den Museen von Florenz nimmt die Galleria dell'Accademia durch die herausragende Sammlung von Werken Michelangelos ein, darunter vor allem die weltberümte Skulptur des David.

In den weiten Räumen des Spitals von San Matteo ist die Akademie untergebracht, die 1784 von Großherzog Pietro Leopoldo I. als Künstlerschule gegründet wurde. Sie beherbergt heute in Ergänzung zu den anderen berühmten Gemäldesammlungen von Florenz, den Uffizien und dem Palazzo Pitti, wichtige Werke der florentinischen Schule vom 13. bis 16. Jahrhundert. Die Sammlung von Werken Michelangelos gelangte erst Ende des 19. und in den ersten Jahrzehnten des 20. Jh.s in den Besitz der Akademie.

◀ Eintrittskarten reservieren!
▶ Museen

🕐 Öffnungszeiten: Di. – So. 8.15 – 18.50

Im Salone del Colosso finden sich Werke der florentinischen Kunst des frühen 16. Jh.s, u. a. von **Perugino, Filippino Lippi und Fra Bartolomeo della Porta**. Zudem steht hier ein Originalgipsabguss des »Raub der Sabinerin« von Giambologna.

Salone del Colosso

Nirgendwo sonst als in der Accademia kommt man dem Schaffensprozess des **Bildhauers Michelangelo** so nahe. In der Galleria del David stehen vier unvollendete Figuren der so genannten Sklaven, die Michelangelo für das Grab des Papstes Julius II. in Rom anzufertigen plante. Er schuf sie vermutlich um 1519. Nach dem Tod des Künstlers schenkte sie sein Neffe Leonardo dem Großherzog Cosimo I.,

Galleria del David

✱

◀ »Sklaven«

Galleria dell' Accademia *Orientierung*

ERDGESCHOSS

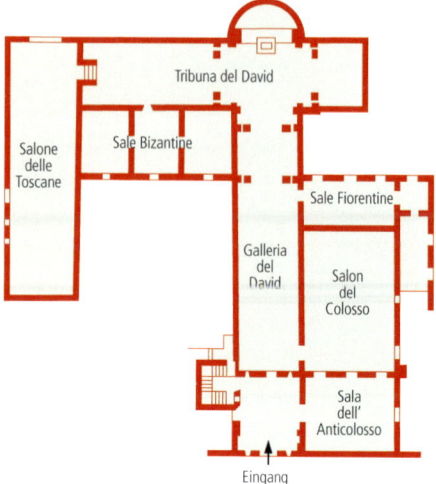

der sie im Boboli-Garten aufstellen ließ. Vier dieser Figuren gingen 1909 in den Besitz der Akademie über: der »Erwachende«, der »Bärtige«, der »Junge« und der »Atlas« genannte Sklaven. Die Statuen sind in der Ausführung unterschiedlich weit fortgeschritten. Michelangelo arbeitete dabei auf der Vorderseite und trug Schicht um Schicht ab. Die Sklaven versuchen, sich aus der Materie zu lösen, nach der platonischen Idee, dass der Körper das Gefängnis für die Seele sei. Zwei Gefangene versuchen, sich konkret von ihren Fesseln zu befreien. Sie streben also Befreiung an, was ihnen allerdings nicht gelingt. Ebenfalls unvollendet blieb die Figur des Apostels **Matthäus**, den Michelangelo in den Jahren 1505 und 1506 meißelte.

Er sollte ebenso wie elf weitere nie geschaffene Apostelstatuen im Dom von Florenz aufgestellt werden. Der Block, aus dem die Figur herausgehauen wurde, ist deutlich flacher als die der Gefangenen: die Statue war für die Betrachtung in Frontalansicht konzipiert. Ob die in diesem Saal aufgestellte **Pietà von Palestrina** tatsächlich von Michelangelo stammt, wurde in letzter Zeit wegen einiger Unausgewogenheiten bezweifelt; möglicherweise wurde sie von einem der Nachfolger Michelangelos unter dessen Anleitung geschaffen.

Tribuna del David
★ ★
David ▶

Den **ersten Platz unter allen Skulpturen Michelangelos** nimmt der weltberühmte »David« (▶ Baedeker Special S. 170/171) ein. Die Florentiner entfernten ihn 1873 von seinem ursprünglichen Platz auf der Piazza della Signoria wegen der Unbilden der Witterung, ersetzten ihn dort durch eine Kopie und stellten das Original hier auf.

Viel bewundert und oft kopiert: der schöne David von Michelangelo

1991 zerstörte ein Besucher eine Zehe des David, die originalgetreu rekonstruiert wurde. Im Jahr 2004 wurde die fünfeinhalb Tonnen schwere und fast 5 m hohe Figur einer umfassenden und unter Fachleuten umstrittenen Reinigung unterzogen. Dazu wurde die Skulptur mit feuchten Papierschnitzeln beklebt, die den Schmutz aufsogen. Nun erstrahlt der David wieder in seiner vollen Schönheit.

Rechts vom David bewahrt ein von Daniele da Volterra geschaffenes Bronzeporträt die Züge Michelangelos. Ebenso wie die Wände der Galleria waren die der Tribuna del David früher mit kostbaren Gobelins des 16. Jh.s geschmückt. Wegen ihres schlechten Erhaltungszustands wurden sie jedoch bei der umfassenden, in den 1980er-Jahren erfolgten Museumsneuordnung entfernt und durch **florentinische Gemälde des 16. Jh.s** ersetzt, u. a. von Alessandro Allori, Stefano Pieri und Santi di Tito.

In den drei Sale Fiorentine (»Florentinische Säle«) hängen Bilder des 15. Jh.s. Ein Prunkstück ist die **Adimari-Truhe**, eine Hochzeitstruhe (1420) von Giovanni Masaccio, mit der Darstellung einer Hochzeitsgesellschaft.

Sale Fiorentine

In den Sale Bizantine (»Byzantinische Säle«) werden die ältesten Gemälde der Akademie-Sammlungen aufbewahrt, sie stammen aus der 2. Hälfte des 13. Jh.s und aus dem 14. Jahrhundert. Im ersten Saal

Sale Bizantine

◀ weiter auf S. 172

GLAUBENSKÄMPFER UND AKTFIGUR

Als Verkörperung idealer Männlichkeit fasziniert Michelangelos überlebensgroßer David seit einem halben Jahrtausend die zahllosen Besucher der Stadt. Das Original befindet sich seit 1873 in der Galleria' Acdemia. Kopien stehen vor dem Palazzo Vecchio und auf dem Piazzale Michelangelo.

Der mittlerweile auf den Eros reduzierte Werbeträger von Florenz war ursprünglich als gerechter Glaubenskämpfer und Symbolfigur der Florentiner Republik zu Ruhm gekommen. Im 15. Jh. hatte der Stadtstaat Florenz alle Mühe, seine Selbstständigkeit gegen machthungrige Fürsten aus Mailand und Neapel zu verteidigen. Erst als der größte Widersacher, der Herzog von Mailand, 1402 vor den Toren der Stadt plötzlich starb, konnten die Florentiner aufatmen und fassten neuen Mut, indem sie sich mit einem Bibelhelden zu identifizieren begannen, der aus einer Position der Schwäche heraus Stärke bewiesen hatte, mit dem Hirtenjungen David nämlich, der den übermächtigen Riesen Goliath tötete und schließlich gar zum König avancierte. Der Kampf für die gerechte Sache ließ sich auf diese Weise religiös und politisch gut verbrämen. Für den 26-jährigen **Michelangelo** war der Auftrag der Dombauhütte für den David kein einfaches Unterfangen, denn bereits 1464 hatte Agostino di Duccio, ein Schüler Donatellos, den vorgesehenen 5,5 m

hohen Marmorblock zur Ausarbeitung einer Statue für einen Strebepfeiler des Doms erhalten, ohne mit der Arbeit weit vorangekommen zu sein, lediglich der Durchbruch zwischen den Beinen war gemeißelt worden. Durch die geringe Tiefe des Blockes war Michelangelo außerdem gezwungen, eine vornehmlich auf Vorderansicht hin angelegte Figur zu gestalten. Die monumentale, zwischen 1501 und 1504 geschaffene Statue war also nicht als freistehende Figur konzipiert worden, sondern für eine Nischenaufstellung in großer Höhe. Michelangelos Lösung ist auf diesem Hintergund denn auch mehr als außergewöhnlich. Es ist zunächst einmal das Verdienst des Bidlhauers, die **erste überlebensgroße Aktfigur der Neuzeit** geschaffen zu haben in starker Anlehnung an die antike Kunst. Kennzeichnend für den Marmor-David ist der Kontrapost (= Gegensatz), der bei der Figurengestaltung dazu führt, dass ein gegenüber dem Standbein vorgestelltes Spielbein zur Asymmetrie, zur leichten Verschiebung der Körperachsen führt. Entsprechend

Auf der Piazza della Signoria steht der David seit 500 Jahren und schaut heutzutage über die zahllosen, ihn bewundernden Touristen hinweg.

bilden eine gesenkte und zurückgenommene sowie eine gehobene und vorgeschobene Schulter einen harmonischen Ausgleich zwischen Ruhe und Bewegung, zwischen Gelöstheit und Anspannung. Die angespannte Körpermuskulatur ist dabei deutlich herausgearbeitet, was auf gute anatomische Kenntnisse des Bildhauers schließen lässt. Die Gesichtszüge des David zeigen dagegen wenig Individualität, wenngleich die Augen unter der gekräuselten Stirn den Gegner zu fixieren scheinen. Denn im Vergleich zu Donatello und Verrocchio, die den David nach der Tat in Siegerpose darstellten, gestaltete Michelangelo seinen David in jenem Konzentrationszustand zwischen Ruhe und Bewegung unmittelbar bevor er den in seiner Schleuder gehaltenen Stein als tödliches Geschoss auf den Riesen Goliath loslässt. Michelangelos David spiegelt in Haltung und Bewegung des Körpers die innere Befindlichkeit des biblischen Helden wider bei dieser übermenschlichen Tat, der die Angst verdrängt und im Vertrauen auf Gott sein Werk vollendet.

Vorbild für ritterliche Tugend

Seit dem Mittelalter sah man in Davids siegreichem Kampf gegen Goliath ein alttestamentliches Vorbild zum Sieg Christi über den Satan. Ganz allgemein war David aber auch als jugendlicher Held ein Leitbild und Vorbild für ritterliche Tugend. Sein Kampf für Recht und Freiheit ließ sich nochmals zu Beginn des 16. Jh.s programmatisch gut zur **Selbstdarstellung der Republik Florenz** als Kämpferin für städtische Autonomie gegen die unumschränkte Fürstenherrschaft verwerten. Nach der Vertreibung der Medici 1494 kehrten 1502 mit einer neuen Verfassung republikanische Zustände zurück unter Piero Soderini als Gonfaloniere della Giustizia auf Lebenszeit. Er stützte sich im Wesentlichen auf die mittleren und unteren Volksschichten, machte sich dadurch aber das Patriziat zu Feinden, das schließlich die von Soderini geleitete Republik 1512 stürzte. In seine Regierungszeit fiel die Entscheidung zur Aufstellung des ursprünglich für die Außenfassade des Doms geschaffenen David vor dem Palazzo Vecchio.

Es ist die Ironie der Geschichte, dass während der Unruhen bei der erneuten Vertreibung der Medici 1527 der linke Arm der Davidstatue zerbrach. Der junge Künstler Giorgio Vasari sammelte die Bruchstücke auf, die 1543 ohne große Verluste an die Figur angefügt wurden. Trotz leichter Blessuren verkörpert der David als grandioses Bildhauerwerk eine zeitlose, bis heute bewunderte kraftvoll-erotische Männlickeit.

✳
»Baum des
Lebens« ▶

findet man hier eines der bedeutendsten Werke des Museums, den »Baum des Lebens« von Pacino di Bonaguida (um 1310). Dargestellt ist die Kreuzigung Christi an einem Baum mit zwölf Ästen, darunter die Genesis von der Schaffung des Menschen bis zur Vertreibung aus dem Paradies und im oberen Feld des Werks die himmlischen Heerscharen, Heilige, Christus und die Jungfrau Maria. Im zweiten Byzantinischen Saal hängen u. a. Werke von Taddeo Gaddi, einem der bedeutendsten gotischen Maler des 14. Jh.s.

Salone delle
Toscane

Im »Toskanischen Saal« sind **Arbeiten von Mitgliedern der Accademia delle Belle Arti** des 19. Jh.s ausgestellt sowie Gipsmodelle der Bildhauer Lorenzo Bartolini und Luigi Pampaloni. Nach diesen Modellen wurden später die Marmorversionen geschaffen.

Obergeschoss

In den Räumen des Obergeschosses wird in Ergänzung der Byzantinischen und Florentinischen Säle **florentinische Malerei vom 14. bis zum 16. Jh.** gezeigt, darunter Werke von Lorenzo Monaco, Niccolo di Pietro Ferini, Spinello Aretino und Bicci di Lorenzo. Außerdem sind russische Ikonen vom 16. bis 18. Jh. ausgestellt.

Umgebung der Galleria dell' Accademia

Opificio e Museo
delle Pietre Dure

Hinter der Accademia befindet sich das Opificio e Museo delle Pietre Dure, »Werkstätte und Museum für Einlegearbeiten in Stein« (Via degli Alfani 78). Das so genannte **Florentiner Mosaik**, Einlegearbeiten von kostbaren Steinen in Stein, hat eine lange und einzigartige Traditon. Diese Florentiner Spezialität wird heute hauptsächlich noch zu Restaurationszwecken betrieben. Angeschlossen ist der Werkstätte ein interessantes **Museum** mit Beispielen dieses ungewöhnlichen Kunsthandwerkes. Ausgestellt sind daneben Werkzeuge und kostbares Steinmaterial sowie einige besonders wertvolle Steine. Öffnungszeiten: Mo. – Sa. 8.15 – 14.00, 1., 3. Di. im Monat bis 19.00 Uhr.

✶✶ Galleria degli Uffizi

H/J 7/b IV

Lage: Piazzale degli Uffizi   **Bus:** C 1, C 2, 23

Die Uffizien beherbergen eine der bedeutendsten und berühmtesten Gemäldesammlungen der Welt. Sie enthalten nicht nur florentinische und italienische Meisterwerke, sondern auch eine Vielzahl ausländischer Gemälde und wertvolle antike Skulpturen. Die Uffizien sollten in jedem Besuchsprogramm für Florenz enthalten sein.

Palazzo degli
Uffizi

Cosimo I. de' Medici, Herzog von Florenz, seit 1569 Großherzog (Granduca) der Toskana, zog um 1540 aus dem Familienpalast, dem Palazzo Medici-Riccardi, in den Palazzo Vecchio, der dadurch zum

Nur abends geht es in den Uffizien ruhiger zu.

Palazzo Ducale (»Herzoglicher Palast«) wurde. Den räumlichen Bedürfnissen der herzoglichen Familie mussten die Florentiner Magistraturen und Gerichtsämter langsam weichen. Für ihre Büros, die Uffizi, wurde ein eigener Bau vorgesehen, der sich an den Palazzo Ducale anschließen sollte. Die Grundsteinlegung erfolgte 1560; 1565 zog man in aller Eile – in weniger als einem halben Jahr – einen Korridor, der den Palazzo Vecchio über den Palazzo degli Uffizi und den Ponte Vecchio mit dem Palazzo Pitti verband. Im Jahr 1580 waren die Arbeiten vorläufig abgeschlossen, die von Vasari, Buontalenti und Parigi geleitet worden waren.

Der Palazzo degli Uffizi nahm das alte Zollgebäude, die Zecca, in der die berühmten Münzen, die »Florentiner«, geprägt wurden, und die romanische Kirche San Piero Scheraggio auf. Zugleich wurden Künstlerateliers und Werkstätten sowie Räume für naturwissenschaftliche und alchimistische Studien eingerichtet. Selbst für ein Theater fand man 1585/1586 Platz, in dem **die ersten Opern in der Musikgeschichte** aufgeführt wurden. Heute ist der Palast Sitz der Galleria degli Uffizi und des Staatsarchivs. Im Jahr 1993 fielen einem Bombenanschlag hinter den Uffizien fünf Menschen zum Opfer, und mehr als 200 Gemälde und Skulpturen wurden beschädigt oder zerstört. Nach jahrelangen Renovierungen eröffnete man 1998 neue Säle und einen neuen Eingangsbereich. Eine weitere Vergrößerung der Ausstellungsfläche ist vorgesehen, was zur vorübergehenden Schließung einiger Bereiche bzw. Umhängung einiger Werke führen kann.

Gestaltung ▶ Der Palazzo degli Uffizi, der sich U-förmig um den langgestreckten Piazzale degli Uffizi vom Palazzo Vecchio hinunter zum Arno und wieder zurück zur Loggia dei Lanzi legt, ist architektonisch durch seine verschiedenen Bestimmungen charakterisiert: Im Erdgeschoss öffnen sich Kolonnaden mit Säulen und Pfeilern im Wechselspiel, die Verkaufsständen Platz bieten und seit alters her vom Treiben der Florentiner und der Besucher der Stadt belebt werden. In den oberen Geschossen befinden sich die Räume für Büros und für die Kunstwerke. Die einheitlich streng gegliederten Fassaden verbergen ein unregelmäßiges Inneres, das durch das Zusammenwachsen von Bauteilen des 14. und 16./17. Jh.s entstanden ist. Zum ersten Mal in Europa wurden hier übrigens bei einem Bau Zement und Verstrebungen aus Eisen verwandt.

Sammlungen

Öffnungszeiten:
Di. – So.
8.15 – 18.50

Eintrittskarten reservieren!
Tel. 0 55 2 65 43 21
www.firenze
musei.it ▶

Die Sammlungen gingen aus einer Privatgalerie der Medici-Fürsten hervor, die von der letzten Erbin des Hauses, der 1743 verstorbenen Kurfürstin Anna Maria Ludovica von der Pfalz, der Stadt Florenz hinterlassen wurde. Doch werden die Uffizien von den Besuchern nicht nur ihrer Gemälde wegen geschätzt, sondern auch wegen ihrer reizvollen Innenausstattung. Die Korridore sind mit Groteskenmalereien, antiken Skulpturen und wertvollen Gobelins geschmückt. Der größte Schatz ist aber wohl die **einzigartige Sammlung florentinischer Renaissancemalerei**, die zu den großen Leistungen der europäischen Kunst zählt, die diese Stadt hervorgebracht hat.

Da die in Florenz zwischen ca. 1300 und 1500 geschaffenen Gemälde richtungsweisend für die gesamte abendländische Malerei waren, sollen sie in einer repräsentativen Auswahl im Folgenden vorgestellt und interpretiert werden. Die Erklärungen folgen der Hängung der Bilder in der Galerie nach chronologischen Gesichtspunkten entsprechend den Entstehungsdaten der Werke, so dass sich der Besucher, beginnend mit dem Saal 2 im 2. Stock der Uffizien, relativ leicht an der fortlaufenden Führungslinie im Museum orientieren kann. Von der so genannten Tribuna (Saal 18) an, einem achteckigen Galerieraum, ändert sich jedoch die chronologische Hängung zugunsten einer Ordnung nach Schulen, Regionen und Ländern – z. B. Deutsche, Niederländer, Oberitalien etc. – von etwa 1500 bis 1700.

Saal 2
Toskanische
Malerei um 1300
★
Madonnenbilder ▶

Im Raum 2 der Galerie sind drei großformatige Madonnenbilder aus der Zeit um 1300 vereint, die den Beginn der toskanischen Malerei und einen ihrer ersten Höhepunkte veranschaulichen. Die »Thronende Madonna mit Engeln« von **Cimabue** (um 1275) steht noch ganz in der Tradition byzantinischer Madonnenmalerei. Die Madonna erscheint statuenhaft und der Wirklichkeit entrückt. Umgeben ist sie von symmetrisch angeordneten Engeln. In einem kryptaähnlichen Raum darunter befinden sich vier Propheten. Die Geste der Madonna, die mit der Rechten auf das Jesuskind hindeutet, ist genauso traditionell gestaltet wie dessen Segensgebärde. Es ist noch keinerlei Austausch von zärtlichen Gefühlen zwischen Mutter und Sohn zu bemerken. Das Jesuskind ist bei Cimabue wie ein Feldherr in altrömische Gewänder gekleidet und die Madonna in einen nach byzantinischer Art in zahlreiche dünne Fältchen gelegten Mantel gehüllt. Am ehesten in eine menschliche Dimension übersetzt wurde das Thema von **Giotto**. In seiner »Maestà« (um 1310) ist der Thron schon fast greifbar nahe, die Figuren sind körperlich gestaltet und haben Blickkontakt untereinander und mit dem Betrachter.

Außerdem stehen alle Figuren auf dem Boden, also in einem wirklichkeitsnahen Raum. Zum ersten Mal wird bei Giotto die Madonna nicht als wesenlose Himmelskönigin dargestellt, sondern als körperlich erfahrbare menschliche Frauengestalt. Auch die Nebenfiguren wirken lebhaft und zeigen einen unterschiedlichen Gesichtsausdruck. Giotto belebt die ganze Darstellung durch neue Farbigkeit, indem er nicht mehr nur die einfachen Erdfarben der Byzantinisten verwendet, sondern auch Farben von stärkerer, differenzierter Leuchtkraft. Traditionell bleibt allerdings der Hintergrund als einfacher Goldgrund, der die Feierlichkeit der Szene betonen soll. Die eigentliche epochemachende Leistung Giottos liegt im Bildaufbau begründet.

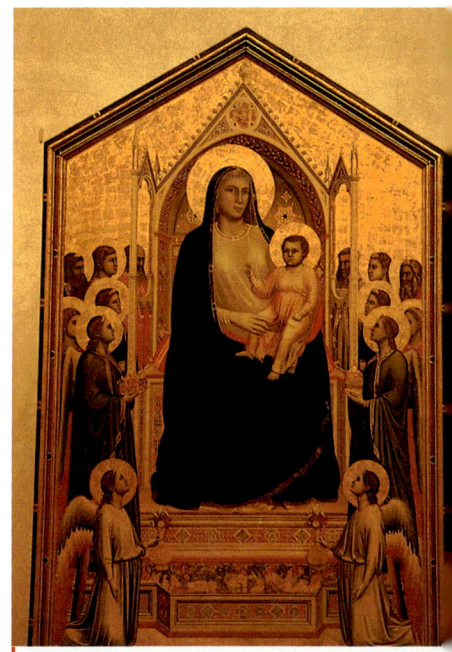

Als erster Maler konzipierte er einen fest umrissenen **wirklichkeitsgetreuen Bildraum** unter Berücksichtigung des Betrachterstandpunkts. Die weißen Gewänder der Engel bilden zusammen mit dem weißen Obergewand der Madonna die farblichen und geometrischen Eckpunkte einer ausgeklügelten Dreieckskomposition, die noch durch den Dreiecksgiebel des Thrones überhöht wird. Mit dieser Dreieckskomposition schafft Giotto ein für Jahrhunderte gültiges Bildschema. Die persönlichere, individuellere und vor allem realistische Seh- und Malweise Giottos führt im Vergleich zur byzantinischen Kunstauffassung zu einer wahren Renaissance der Malerei.

»Maestà« von Giotto: mit wegweisender Komposition und neuartigem Realismus

✓ NICHT VERSÄUMEN

- Saal 2: Madonnentafeln von Cimabue und Giotto
- Saal 7: Bildnisse des Herzogpaars von Urbino von Piero della Francesca
- Saal 10: Geburt der Venus von Botticelli
- Saal 25: Heilige Familie von Michelangelo
- Saal 26: Papst Leo X. mit zwei Kardinälen von Raffael
- Saal 28: Venus von Urbino von Tizian

Doch es gibt zwischenzeitlich auch immer wieder konservative Maler wie zum Beispiel den Sienesen **Simone Martini**, dessen Verkündigungsbild um 1333 sich sehr am gotischen Stil orientiert. Schon der vergoldete Rahmen nimmt mit seinen Türmchen (Fialen), seinen Giebelchen und deren Dekoration Motive aus der gotischen Baukunst auf. Die »Verkündigung« ist von großer Feinheit und Eleganz, vom flatternden Gewand des Engels bis zu der scheu zurückweichenden Jungfrau. Die Bewegungen sind von einer lyrischen Zartheit und Empfindsamkeit; die Plastizität der Körper wird einer flächigen Zeichnung untergeordnet, d. h. die Linien werden betont und akzentuieren damit die Schlankheit und Feingliedrigkeit der Figuren. Genau wie in der Architektur, wo man (im Norden) hoch, eng und kompliziert-dekorativ baute, fand das Schönheitsideal der Gotik in der Malerei in den schlanken, zierlichen, fast körperlosen Frauengestalten seinen Ausdruck.

Weitere Arbeiten der sienesischen Schule des 14. Jh.s im Saal 3 sind die »Madonna in der Glorie« (1340) und die Tafeln mit Szenen aus dem Leben der hl. Humilitas (1341) von **Pietro Lorenzetti**, der in der Nachfolge Giottos steht. Sein Bruder **Ambrogio Lorenzetti** ist mit Szenen aus dem Leben des hl. Nikolaus vertreten, der erzählerische Kraft mit sensiblem Form- und Farbgefühl und perspektivischen Darstellungsversuchen verbindet.

Saal 4
Florentinische
Malerei, 14. Jh.

Unter den florentinischen Nachfolgern Giottos treten vor allem **Bernardo Daddi** (gest. 1348) und **Taddeo Gaddi** (gest. 1366) hervor, deren Altartafeln von zarter Farbgebung und weicher, anmutiger Linienführung sind unter Beachtung realistischer Personen- und Raumdarstellung.

Säle 5/6
Hochgotik 15. Jh.

In der Folgezeit bleibt der gotische Stil in der Malerei vorherrschend, und noch zu Beginn des 15. Jh.s zeigen die Werke von **Lorenzo Monaco**, »Die Anbetung der Könige« (1420) und »Die Krönung Mariens« (1413), den Formen- und Farbenkanon des internationalen Stils der Gotik. Auch bei **Gentile da Fabrianos** »Anbetung der Könige« (1423) fällt das gotische Schönheitsideal des Künstlers ins Auge. Dieses Bild entstand in einer Zeit des Übergangs von der Gotik zur Renaissance. In seiner verschwenderischen Kostbarkeit der Details zeugt es von den hohen Ansprüchen des Auftraggebers, des reichen Palla Strozzi. Doch ist hier noch nichts von einem radikalen Bruch mit der Tradition zu spüren: statt sich renaissancebewusst für das Charakteristische, Individuelle zu interessieren, schwelgt Gentile ganz in märchenhaft schönen Vorstellungen.

Ganz anders dagegen arbeitet sein Zeitgenosse **Masaccio** (Saal 7). Die »Anna Selbdritt« (um 1420) von diesem Künstler in Zusammenarbeit mit Masolino ist eines seiner Frühwerke, mit dem er die Perspektive, die Abbildung des dreidimensionalen Raums auf der Fläche, in die Malerei einführte. Zusammen mit dem Architekten Brunelleschi und dem Bildhauer Donatello leitet er die Epoche der Renaissance ein.

Auf der Grundlage genauer Naturbeobachtung sollte das Bild zu einem neuen Erlebnis der Wirklichkeit führen. Die Altartafel Masaccios gibt sich in ihrer energischen Zeichnung und reliefartigen Modellierung der hoheitsvoll-herben, realistischen Naturschönheit der Gesichter und Körper durchaus als ein jenes großen Kunsterneuerers würdiges Werk zu erkennen.

In der Nähe hängt das Bild eines Zeitgenossen Masaccios, die »Krönung Mariä« (um 1430 bis 1435) von **Fra Angelico**, der mit seiner tief religiösen, mystisch-traditionellen Kunstauffassung den Gegenpol zu Masaccio bildet. Der malende Dominikanermönch wird je-

»Anna Selbdritt«: Masaccio führt hier zum ersten Mal die Perspektive ein.

doch zu Unrecht als konservativ oder altertümlich charakterisiert. Zwar dominiert bei ihm die Goldgrundmalerei und auch die Figuren erscheinen eher unkörperlich und vom Gewand bestimmt, doch benutzt Fra Angelico eine reichhaltige Farbpalette und gelangt mit Hilfe der kreis- und halbkreisförmigen Figurenanordnung zu einer eindrucksvollen, die Bildfläche und den Bildraum vereinigenden Komposition.

Allerdings erscheint Fra Angelicos Malweise im Vergleich mit einem passionierten Perspektiviker wie **Paolo Uccello** sicherlich traditionell. Die »Schlacht von San Romano« wurde um 1456 von Uccello in Erinnerung an ein Kriegsereignis von 1432 gemalt, als die Florentiner gegen die verbündeten Truppen Sienas und Mailands siegten. Die ursprüngliche hohe Hängung des Bilds in der Wandtäfelung eines Raumes im Medicipalast erklärt die ausgeprägte Untersicht. Aber auch sonst malt Uccello kein blutrünstiges Schlachtengemälde, sondern eher ein zirzensisches Turnier, bei dem die Akteure fast wie Mario-

Galleria degli Uffizi Orientierung

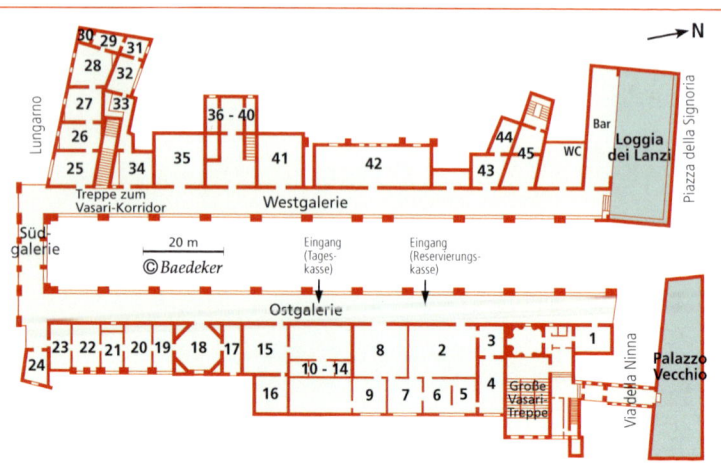

netten auftreten. Die extremen perspektivischen Verkürzungen, etwa der zerbrochenen Lanzen, der hingestürzten Reiter und Pferde, sowie die auf reines Volumen reduzierten Formen der puppenhaften Kämpfer spiegeln das starke Interesse Uccellos an perspektivischen Problemen wider. Insgesamt ist seine Malweise aber eher antinaturalistisch, abstrakt und mutet sogar fast modern an, wenn man die roten und blauen Pferde betrachtet.

Eine sichere Handhabung perspektivischer Konstruktion verrät die »Thronende Madonna mit Heiligen« (um 1445) von **Domenico Veneziano**. Anstelle traditioneller Einzeltafeln für die Heiligen wie bei einem Polyptychon malt er ein großformatiges Altarbild, in dessen einheitlichem Architekturraum halbkreisförmig je zwei Heilige rechts und links vom Thron der Madonna in Arkadenzonen eingebunden sind. Der aus Venedig stammende Veneziano ist ein Meister der

Lichtmalerei, die in einer Fülle feiner Nuancen und zarter Farbabstufungen eine Neuerung darstellt im Gegensatz zum kräftigen Lokalkolorit der Florentiner Zeitgenossen. Die Verwendung von Öl als zusätzlichem Bindemittel bei den Temperafarben ermöglicht es, feinste Lasuren zu erzielen. Vor allem Licht und Schatten mit malerischen Mitteln realistisch wiederzugeben ist das große Verdienst Domenicos. Von rechts oben fällt diagonal eine Lichtbahn ein und erhellt einen Teil des Bildraums. Zum ersten Mal wird auf diesem Gemälde das Sonnenlicht natürlich wiedergegeben anstelle des traditionellen Goldgrundes.

Einen anderen Schwerpunkt in der Malerei der Frührenaissance bildet das **Porträt**. Es wird aus der Anschauung der antiken Medaillenkunst heraus entwickelt und findet besonders als Profilgestaltung großen Anklang.

Die Bildnisse des Herzogspaares aus Urbino von **Piero della Francesca**, um 1465 gemalt, liefern dafür ein gutes Beispiel. Die Köpfe von Federico da Montefeltro und seiner Ehefrau Battista Sforza sind in strenger Profilstellung wiedergegeben. Der Herzog ist mit dem Gesicht nach links gewandt, da er schon in jungen Jahren das rechte Auge bei einem Turnierspiel verloren hatte. Abgesehen von diesem Zugeständnis hat Piero bei keinem seiner Porträts auch nur den geringsten unregelmäßigen Nebenzug, der für die jeweilige Physiognomie der Person charakteristisch war, dem Betrachter vorenthalten. Mit gewissenhafter Sorgfalt hat er die Adlernase des Herzogs, jedes einzelne Runzelfältchen, die dünnen Lippen, den harten Blick und den gedrungenen untersetzten Oberkörper des von ihm hochverehrten Herrschers abgebildet. Auch das abgezehrte wachsbleiche Gesicht seiner Gemahlin ist dem Künstler nicht entgangen.

Neben dieser realistisch-strengen Charakterisierung des Herrscherpaars ist die Hintergrundlandschaft von Interesse, ein seltenes Beispiel für die Landschaftsgestaltung der Frührenaissance. Sie dient der Aufwertung des Herrscherpaares. Sein Machtanspruch auf ein Territorium, auf das Herzogtum Urbino mit seinen Berg- und Hafenstädten, wird damit dokumentiert. Piero della Francesca aus Arezzo hat sich bei der Gestaltung des Landschaftsraums mit seinen feinen Hell-Dunkel-Abstufungen offenbar von der brauntonigen umbrischen Hügellandschaft inspirieren lassen.

Ein weiteres Beispiel florentinischer Porträtmalerei ist die **»Madonna mit Kind und zwei Engeln«** (um 1465) von Filippo Lippi. Weitgehend losgelöst von der religiösen Thematik entstand hier als Spätwerk Lippis das Bildnis einer schönen, mädchenhaft-jungen Frau in vornehmer Kleidung. Ihr Halbprofil zeigt eine hohe glatte Stirn, die dem Zeitgeschmack entsprechend rasiert ist. Im goldgelben Haar ist kunstvoll ein Schleier eingewoben. Sie sitzt auf einem reichverzierten Sessel am offenen Fenster und zwei vergnügt lächelnde Engel heben das Jesuskind zu ihr empor. Die Szenerie strahlt Heiterkeit und Anmut aus, obwohl das Christuskind etwas ernst dreinschaut. Da im

★

◄ Bildnisse des Herzogspaares aus Urbino

Saal 8
Filippo Lippi, Filippino Lippi

Hintergrund durch das Fenster hindurch eine Felsenlandschaft erscheint, ist anzunehmen, dass es sich in Verbindung mit dem leidvollen Ausdruck des Kindes um den Golgatha-Hügel handelt, der auf den Kreuzestod Jesu verweist. Wichtiger ist dem Maler allerdings die innige Beziehung zwischen Mutter und Kind, die zarte Körperberührung und der Blickkontakt. Religiöse Inhalte werden zunehmend gegen Ende des 15. Jh.s verweltlicht und dienen der Darstellung zwischenmenschlicher Beziehungen. Die Mutterrolle der Frau, Kindererziehung, Familienglück sind wichtige Themen, die die Zeitgenossen diskutieren und die Künstler in Bildern gestalten.

In den übrigen Werken Lippis, den Predellentafeln (um 1437), der »Thronenden Madonna mit Heiligen« (um 1445), der »Marienkrönung« und der »Anbetung im Wald mit dem hl. Romuald und Johannesknaben«, verbinden sich die plastisch-monumentale Figurenauffassung Masaccios mit lichtdurchfluteten Architektur- und Landschaftsräumen und geschwungenem elegantem Linienstil.

Saal 9
Pollaiolo,
Frühwerk
Botticellis

Die Bildwerke wie die Kleinplastiken der Brüder Antonio und Piero Pollaiolo zeichnen sich durch Darstellungen kraftvoller, bewegungsreicher Körper aus, die das Ergebnis intensiver Anatomiestudien sind. In den kleinformatigen **Herkules-Tafeln** (»Ringkampf mit Antäus« und »Tötung der Hydra«) wird dies besonders deutlich. Die das ganze Bild füllende Gestalt des hl. Jakobus auf dem Tafelbild aus der Kapelle des Kardinals von Portugal in San Miniato al Monte zeigt dagegen die Tendenz zur monumentalen Altartafel anstelle des kleinteiligen Polyptychons (mehrteiliger Flügelaltar).

Besondere Aufmerksamkeit verdient auch das Frühwerk von Sandro Botticelli, dessen Madonnenbilder noch stark an den Stil seines Lehrers Filippo Lippi erinnern. »Die Tapferkeit« (1470) gilt als eines der ersten Werke.

Säle 10–14
Botticelli,
van der Goes

Mit ungefähr dreißig Jahren malte Botticelli um 1475 das Altarbild **»Anbetung der Könige«** (▶ Abb. S. 27) während der Herrschaftszeit des um vier Jahre jüngeren Lorenzo des Prächtigen, als sich Florenz im »goldenen Zeitalter« wähnte. Ob Botticellis Dreikönigsbild als Auftragswerk der Medici selbst oder des Medici-Freundes Giovanni del Lama für die Dominikanerkirche Santa Maria Novella in Florenz angesehen werden kann, ist in der kunsthistorischen Forschung umstritten. Auf jeden Fall hat sich die Florentiner Oberschicht in der Versammlung der Anbetenden porträthaft von Botticelli malen lassen. Der Maler verwendet für die Gruppenregie einen klassischen Dreiecksaufbau, bei dem die heilige Familie der Dreiecksspitze zugeordnet wird, die Könige, in diesem Fall Mitglieder der Familie Medici, ihr untergeordnet sind, doch zentral und in sozial-politischer Rangfolge – Vater Cosimo der Alte, Stadtherr von Florenz mit seinen Söhnen Giovanni und Piero de Medici – in die Bildmitte gesetzt werden. An den Dreiecksseiten befinden sich die jüngeren Medici, Cosimos Enkel, der nachdenkliche, schwarzhaarige und dunkelgekleidete

Lorenzo der Prächtige und sein stolzer lebensfroher, in leuchtende Gewänder gekleideter Bruder Giuliano, der bei der Pazzi-Verschwörung 1478 ermordet wurde. Sie werden umrahmt von Gruppen mit Humanisten, aristokratisch-bürgerlichen Freunden und Künstlern, vor einem antikisierenden Architektur- und Landschaftshintergrund. Das eigentliche heilsgeschichtliche Bildthema tritt in den Hintergrund und wird nur zum Vorwand genommen für eine prachtvolle Repräsentation der Medici und ihrer Anhänger.

Das florentinische Patriziat war aber nicht ausschließlich an oberflächlichen Sinnenfreuden interessiert, es beschäftigte sich auch eingehend mit antiker Literatur und Philosophie. Auf diesem geistesgeschichtlichen Hintergrund sind die folgenden Werke von Sandro Botticelli zu interpretieren: »Geburt der Venus« (»Nascita di Venere«) und »Der Frühling« (»Primavera«). Auftraggeber für beide Gemälde war Lorenzo di Pierfrancesco de Medici, ein Vetter von Lorenzo dem Prächtigen.

Die »Geburt der Venus« entstand um 1482/1483. Botticelli verbindet darin antikes und christliches Gedankengut im Sinn der Renaissance, als einer Wiedergeburt des Geistes aus antiker Mythologie und christlicher Theologie. So malt er einen weiblichen Akt nach dem

◀ »Geburt der Venus«

Immer Anziehungspunkt: das berühmte Gemälde »Geburt der Venus« von Botticelli

Vorbild einer antiken Statue der Liebesgöttin Venus und greift indirekt auf den Typus des christlichen Taufbildes, zum Beispiel der Taufe Christi im Jordan, zurück. Nach dem Verständnis des zeitgenössischen Philosophen Marsilio Ficino, einem bedeutenden Lehrer an der von Cosimo de' Medici gegründeten Platonischen Akademie in Florenz, ist Venus als Allegorie der himmlischen Liebe zu verstehen, verkörpert in einer schönen Frau. Bei der Betrachtung irdischer Schönheit und Vollkommenheit wird eine Sehnsucht erzeugt, zum Ursprung des Schönen und das heißt schließlich zum Schöpfer, zu Gott, zurückzukehren.

In **»Der Frühling«** (»Primavera«, 1485–1487) von Botticelli tanzen leicht bekleidete Jungfrauen anmutig auf einer blumenübersäten Frühlingswiese, ein Antikenzitat der drei Grazien. Auch die übrigen Personen sind mythologischer Herkunft. In der Bildmitte tritt Venus zusammen mit ihrem pfeilschießenden Sohn Cupido auf. Am äußersten linken Bildrand erscheint Merkur. Auf der rechten Bildseite wird nach der Art mittelalterlicher Simultanbilder die Verwandlung der Nymphe Chloris – nach ihrer Vergewaltigung durch den Windgott Zephyr – in die blumenspendende Göttin Flora dargestellt. Auf den ersten Blick scheint es sich um ein Frühlingsfest zu handeln, wie der sehr viel später von Vasari willkürlich bestimmte Bildtitel andeutet, doch der Bildsinn ist sehr viel komplexer. Zunächst ist er aus den literarischen Quellen der Antike abzuleiten. Die drei Grazien

Im Werk »Der Frühling« von Botticelli sind starke mythologische Bezüge zu erkennen.

sind als Atlastöchter oder Hesperiden aus antiken Schriften bekannt. Eine weitere Sinnebene erschließt sich aus den zeitgenössischen philosophischen Betrachtungen über ideelle Liebe und Schönheit. Im Frühling erwachen die Triebe und Gefühle der Menschen. Damit sie sich ungestört entfalten können, hält Merkur mit seinem Stab die dunklen Wolken des Trübsinns fern. In der Dreiergruppe von Zephyr, Chloris und Flora wird der Konflikt zwischen Wollust, Keuschheit und Schönheit sichtbar gemacht. Die in der Bildmitte mit einladender Geste postierte, vornehm gekleidete Venusgestalt erinnert stark an eine Marienfigur. Sie ist Sinnbild für die vergeistigte, moralisch-göttliche Liebe, ein Leitbild zum vollkommenen Menschsein.

Als Botticelli 1510 starb, war bereits eine neue Generation von Künstlern am Werk. Das renommierte Dreigestirn zu Beginn des 16. Jh.s bildeten Leonardo, Michelangelo und Raffael. Leonardo da Vinci ging bei Andrea del Verrocchio in die Lehre. Zusammen mit seinem Lehrer malte er die **»Taufe Christi im Jordan«** (um 1470). Verrocchio hatte als Goldschmied begonnen und die meiste Zeit seines Lebens als Bildhauer gearbeitet. Die Gestalten des Heilands und Johannes des Täufers zeigen seine kraftvolle, sogar etwas harte Modellierung, wie sie ihm als Skulpteur entsprach. Der von vorne dargestellte kniende Engel mit vor der Brust übereinandergelegten Händen ist in der Erscheinung zwar recht anmutig, aber mit seinem stark knochigen Kopf und dem kurz geschnittenen Lockenkranz von etwas gewöhnlichem Aussehen. Liebreizender ist der in Profilstellung kniende Engel Leonardos mit seinem in weichen Wellen über den Nacken hinabfallenden blonden Lockenhaar, seinem gefühlvollen Blick und der in reichem Faltenwurf niederwallenden Gewandung.

Leonardo da Vinci lebte in einer Zeit, in der die Heilsgeschichte angesichts der naturwissenschaftlichen Entdeckung der Welt und des Menschen als alleiniges Erklärungsmodell für die komplizierten Zusammenhänge im Universum immer untauglicher wurde. Leonardo hat die Krisenstimmung seiner Zeit in der **»Anbetung der Weisen«** von 1481 auf einfühlsame Weise erfasst. In der Mitte des unvollendeten Bilds erscheint als ruhender Pol die Madonna mit dem Kind. Sie ist umringt von einer wogenden Masse alter und junger Menschen, die der Geburt des Gottessohnes teils mit staunender Verwunderung, teils mit Zweifel und Schrecken begegnen.

War die Weihnachtsgeschichte bisher märchenhaft-volkstümlich dargestellt worden, so gewinnt sie in Leonardos Version eine neue Dimension der Welterlösung. In einer aus den Fugen geratenen, chaotischen Welt – die Ruinen, die Krieger und wilden Reitergruppen im Hintergrund verdeutlichen dies – wird von den Anbetenden alle Hoffnung auf ein kleines Kind gesetzt, das ihnen Kraft und Stärke geben soll. Die Figuren zwängen sich aus dem dunklen Untergrund hervor, und ihre Gesichter werden vom Licht des Erlösers fast geblendet. Ob ihre Erlösungssehnsucht erfüllt werden kann, bleibt aber dahingestellt.

**Saal 15
Verrocchio,
Leonardo
da Vinci,
Perugino**

Mit dem Saal 16, in dem **toskanische Landkarten** des 16. Jh.s ausgestellt sind, endet der erste Teil des Uffizien-Rundgangs, der in weitgehend chronologischer Reihenfolge den florentinischen und toskanischen Malern von etwa 1300 bis 1500 gewidmet war. Die sich anschließende Malerei der italienischen Hochrenaissance mit Werken Raffaels und Michelangelos ist von Saal 25 an präsentiert. Die unmittelbar folgenden Säle sind fortan nach Schulen geordnet.

Saal 18/
Tribuna
(zurzeit geschl.)

Um einen Mitteltisch gruppieren sich die Medici-Venus, vermutlich eine späthellenistische Marmorskulptur in Anlehnung an die knidische Aphrodite von Praxiteles, **»Apollino«** (nach Praxiteles), **»Arrotino«** (Pergamon-Schule des 3. oder 2. Jh.s v. Chr.), **»Kämpfer«** (Pergamon-Schule) und **»Tanzender Faun«** (Kopie des 3. Jh.s v. Chr.). Die Wände der Tribuna sind hauptsächlich mit **Bildnissen der Medici-Familie** von etwa 1530 bis 1570 im Stil des Manierismus geschmückt mit qualitätsvollen Einzelwerken von Pontormo, Agnolo Bronzino und Vasari. Pontormos Schüler Bronzino wurde hauptsächlich wegen seiner formstrengen Bildnisse von vornehmer Haltung geschätzt

Saal 19
Perugino,
Signorelli

Der aus Umbrien stammende Maler Pietro Perugino lernte in Florenz bei Andrea del Verrocchio. Seine **»Madonna mit Heiligen«** und verschiedene Porträts zeigen eine ausgewogene Komposition, plastischen Realismus und dezente Farbigkeit. Als Lehrer Raffaels ist er der Wegbereiter der der Hochrenaissance. Luca Signorellis **»Heilige Familie«** (um 1495) und **»Madonna mit Kind«** zeigen dagegen viel mehr Unruhe und Bewegung durch extreme Verkürzungen einzelner Körperteile und flackernde Farbgebung. Seine Malerei hat den jungen Michelangelo beeinflusst.

Saal 20
Deutsche
Renaissance-
malerei:
Cranach, Dürer

Der Raum zeigt Meisterwerke von Lucas Cranach: Porträts von Martin Luther und seiner Frau Katharina von Bora, ein Selbstbildnis und ein eindrucksvolles Melanchthon-Porträt sowie **»Adam und Eva«**. Von Albrecht Dürer sind zu nennen **»Madonna mit Kind«** (1526), das **»Bildnis des Vaters«** (1490) und die **»Anbetung der Könige«** (1504), kurz vor seiner zweiten Italienreise entstanden.

Saal 21
Bellini, Giorgione

Die venezianische Reniassance-Malerei, für die eine weiche, tonale Farbgebung und ausgewogene Licht-Atmosphäre sowie harmonische Landschafts- und ruhige Figurendarstellungen charakteristisch sind, ist durch die **»Christliche Allegorie«** (um 1485) von Giovanni Bellini vertreten sowie durch zwei **Szenen aus dem Leben Moses** und mit dem Bildnis eines Malteserritters von Giorgione.

Saal 23
Correggio,
Mantegna

Gezeigt werden hier vornehmlich religiöse Werke des Malers Antonio Allegri, nach seinem Geburtsort Correggio genannt, ein Vertreter der Hochrenaissance-Malerei in Oberitalien (Emilia), dessen diagonale Bildkompositionen mit Lichteffekten und ungewöhnlichen Tiefenraumperspektiven die spätere Barockmalerei nachhaltig beein-

![Tribuna interior]

Tribuna: prachtvoller Rahmen für antike Skulpturen und Porträts der Medici

flusst hat. Daneben gilt das besondere Interesse in diesem Saal den Werken des oberitalienischen Meisters Andrea Mantegna: **»Tripty-chon«** (1466) mit Himmelfahrt, Anbetung der Könige und Beschnei-dung sowie die **»Felsgrottenmadonna«** (1489). Seine wirklichkeits-nahe Menschendarstellung und seine humanistisch-religiöse Geistes-haltung haben stark auf die Malerei Albrecht Dürers gewirkt.

Michelangelos »Heilige Familie« (1504/1505) ist in Rundform gemalt für die Hochzeit von Agnolo Doni mit Maddalena Strozzi, entbehrt aber jedes religiösen Pathos. Die Familie erscheint wie aus einem Block gemeißelt und zeigt unverkennbar Michelangelos starkes Inte-resse an der Bildhauerkunst, auch in der Malerei. Bildaufbau und Bildthema sind äußerst schwierig. In perspektivischer Untersicht und mit starken Farbkontrasten wird im Vordergrund eine kompliziert ineinandergreifende Figurengruppe aufgebaut, die im Hintergrund von nackten Jünglingen in einem großen Becken umgeben ist. Über die Balustrade schaut ein kleiner Junge. Man hat neuerdings die Hin-tergrundinszenierung als Taufakt interpretiert und den kleinen Jun-gen als Johannes den Täufer angesehen. Vielleicht ist es aber auch nur eine Vorstudie zu der Fülle nackter Gestalten in der von Michel-angelo einige Jahre später freskierten Sixtinischen Kapelle. Die unna-türlich hellen, changierenden Farben weisen ebenfalls auf die Sistina voraus. Bedeutsam in diesem Saal ist auch die »Vision des hl. Bern-hard« von **Fra Bartolomeo**.

Saal 25
Hochrenaissance:
Michelangelo

★★

 ◄ »Heilige Familie«

Saal 26
Raffael
★
»Papst Leo X. mit
zwei Kardinälen« ▶

Von Raffael hängen in diesem Raum drei wichtige Werke: ein **Selbst-porträt** (um 1506), das ihn als Dreiundzwanzigjährigen zeigt, seine liebliche **»Madonna mit dem Stieglitz«** in effektvoller Dreieckskomposition und schließlich das Porträt **»Papst Leo X. mit zwei Kardinälen«**. Der Medici-Papst präsentiert sich dem Betrachter als moderner Mensch im Zeitgeist der Renaissance. Als Humanist, Literaturfreund, Sammler von Preziosen will er gesehen werden. Raffael bildet den Papst zwischen 1517 und 1519 als Einzelindividuum, nicht als Amtsperson ab und schafft zudem einen Ausgleich zwischen Idealgestalt und wirklichem Aussehen, indem er den kunst- und musikliebenden Papst trotz seines unvorteilhaften Äußeren als eine selbstbewusste, willensstarke, durchgeistigte Persönlichkeit darstellt, ohne ihm andrerseits eine aufgesetzt-machtvolle Haltung zu verleihen.

Dem Wunsch des Papstes entsprechend malt Raffael auch noch zwei Kardinalporträts im Hintergrund, enge Verwandte und Vertraute des Papstes, die dieser protegiert, was ihm den Vorwurf des Nepotismus (Vetternwirtschaft) einbringt. Raffael löst die schwierige Aufgabe eines Gruppenporträts Nichtgleichrangiger, indem er den Papst sitzend darstellt, von der Betrachtung eines kostbaren, aufgeschlagenen Miniaturenkodex aufblickend, die Vertrauten, Kardinal Luigi Rosso und Giulio de Medici – den späteren Papst Klemens VII. – stehend, beide den Papst gleichsam einrahmend. Interessant ist auch der Gegensatz zwischen den idealisierten Gestalten einerseits und den naturalistisch-genauen Einzelheiten der Handschrift, der feinziselierten Glocke und des Stuhlknaufs, auf dem sich ein Teil des Papstgemaches widerspiegelt. Idealisierung in Verbindung mit präziser Wirklichkeitsbeobachtung machen den Reiz dieses Gruppenporträts aus.

Saal 27
Florentiner
Manieristen

Mit dem Todesjahr Raffaels (1520) setzt man den Beginn des Manierismus, der Spätphase der Renaissance bis etwa 1600, die von einem antiklassischen, unnatürlichen Form- und Farbempfinden geprägt ist. Durch Deformation der Wirklichkeit einerseits und mystisch-verklärende Religiosität andrerseits soll eine Ausdruckssteigerung erzielt werden.

Einer der frühen Manieristen war **Rosso Fiorentino**. Seine Vorliebe für den flächenförmigen Aufbau von Körpern und kühle, fahle Farbgebungen zeigt sich in seinem Gemälde »Moses verteidigt die Töchter Jethros« (1523), das Bezug nimmt auf die alttestamentliche Erzählung, nach der Moses die Hirten am Brunnen vertreibt und die Herden der sieben Töchter Jethros trinken lässt. In strenger geometrischer Komposition entstehen auf der Bildfläche zwei etwa gleich große Dreiecke, die sich im linken Knie des Moses verschränken. Das untere ist in hellbraun und hat den Bildrand zur Basis, das obere ist farbig und steht auf dem Kopf. Die drei Akte, welche das untere Dreieck bilden, sind zwar anatomisch korrekt wiedergegeben und wirken dennoch unnatürlich, fast wie Gliederpuppen.

Jacopo da Pontormo hat »Christus in Emmaus« (um 1525) für das Kartäuserkloster nahe Florenz gemalt. In seinen Werken verschmelzen die Einflüsse seiner Lehrer Leonardo da Vinci und Andrea del Sarto zusammen mit Anregungen aus dem Spätwerk Raffaels und der Monumentalmalerei Michelangelos. Das Emmaus-Bild zeichnet sich durch eine spirituell-geheimnisvolle Darstellung Christi und der Jünger aus bei gleichzeitiger naturalistischer Behandlung der Kartäusermönche unter Verwendung einer effektvollen Lichtregie.

Von den Werken des venezianischen Malers Tizian sind die **»Venus von Urbino«** (1538), daneben **»Ludovico Beccadelli«** (1552), **»Venus und Cupido«** (1560), **»Eleonora Gonzaga della Rovere«**, **»Francesco Maria, Herzog von Urbino«** und **»La Flora«**, eines seiner schönsten Frauenbildnisse, zu sehen. Die »Venus von Urbino«, gemalt für den Herzog von Urbino, besticht vor allem durch ihre Farbkomposition. Die Rottöne verklammern die einzelnen Bildteile raumperspektivisch und flächendiagonal miteinander.

Saal 28
Tizian

Girolamo Francesco Maria Mazzola, genannt Parmigianino, gerät zunächst unter den Einfluss von Correggio und schließlich in die Strömung des Manierismus. Die **»Madonna mit dem langen Hals«**, entstanden zwischen 1534 und 1540, liefert ein gutes Beispiel für die den Manierismus prägende Deformation der Wirklichkeit mit stark

Saal 29
Parmigianino,
Dossi

Auch Tizians »Venus von Urbino« hat ihre Bewunderer.

Im Niobe-Saal steht die namengebende bedeutende Niobiden-Gruppe.

überlängten Figuren und changierenden Farben. Zudem befinden sich hier Werke von Dosso Dossi, einem Hauptmeister der Malschule von Ferrarra (erste Hälfte 16. Jh.), mit romantischen, religiösen und mythologischen Szenen.

Saal 32
Tintoretto

In Saal 32 sind die folgende Gemälde von Tintoretto hervorzuheben: **»Leda mit dem Schwan«**, **»Venezianischer Admiral«**, **»Adam und Eva«** und die Porträts.

Passage 33
(Corridoio del
Cinquecento)

Im Corridoio del Cinquecento sind hauptsächlich kleinformatige Werke manieristischer Maler des 16. Jh.s, u. a. von **Alessandro Allori**, **Agnolo Bronzino** und **Giorgio Vasari**, ausgestellt.

Saal 41
Rubens,
van Dyck

Die flämische Barockmalerei präsentiert sich mit den Bildnissen von **Kaiser Karl V. und Giovanni di Montfort** von Antonis van Dyck. Die Bilder von Rubens, **»Heinrich IV. in der Schlacht von Ivry«** und **»Einzug Heinrichs IV. in Paris«**, **»Isabella Brant«** und **»Einzug Ferdinands von Österreich in Antwerpen«**, gehören zu seinen besten Werken.

Niobe-Saal

In dem klassizistisch dekorierten Niobe-Saal hat die **Niobiden-Gruppe**, eine römische Kopie griechischer Originale des 5. und 4. Jh.s v. Chr. einen würdigen Platz gefunden. Sie wurde 1583 in Rom ent-

deckt und ist neben der Medici-Venus die kostbarste antike Skulptur
von Florenz. Außerdem sind hier
Standbilder der Antike und Gemälde ausgestellt, vor allem von Malern des 18. Jh.s wie **Canaletto** mit
seinen berühmten Veduten.

Saal 43: Helldunkelkontraste und
ungewöhnliche Kolorierung prägen
die Malerei **Caravaggios**, der mit
dem furchteinflößenden Haupt der »Medusa«, dem androgynen »Jugendlichen Bacchus« (1589) und der dramatischen »Opferung des
Isaak« (1590) vertreten ist. Zurzeit geschlossen.

Zu sehen sind in diesem Saal die niederländische Landschafts- und
Genremalerei des 17. Jh.s mit Werken u. a. von **Seghers**, **Jakob van
Ruisdael**, **Jan Steen**, **Gabriel Metsù** und **Frans van Mieris**.

**Saal 44
Niederländische
Malerei**

In Saal 45 werden Werke des 18. Jh.s gezeigt. Neben Gemälden der
Franzosen **Boucher**, **Chardin** und des Spaniers **Francisco Goya** ist die
venezianische Malerei mit **Canaletto** und **Tiepolo** vertreten.

Saal 45

Zwischen dem Saal 25 und dem Saal 34 der Galleria degli Uffizi befindet sich der Eingang zum Corridoio Vasariano (Vasari-Korridor),
der beim Ponte Vecchio über den Arno führt. Seinen Namen verdankt der Gang Giorgio Vasari, der ihn 1565 im Auftrag Cosimos I.
errichtete. Durch den Vasari-Korridor konnten die Medici ungesehen
vom Palazzo Vecchio zum Palazzo Pitti gelangen. Ausgestellt ist im
Vasari-Korridor eine reiche **Sammlung von Porträts italienischer
und ausländischer Künstler**. In erster Linie sind es Selbstporträts,
aber es finden sich dort auch Bildnisse und Kopien von Porträts. Die
Sammlung wird ständig vergrößert, so dass der Besucher neben Darstellungen von Leonardo, Raffael, Michelangelo, Rembrandt oder Ve-
lázquez auch auf Selbstporträts von modernen Künstlern wie James
Ensor und Carlo Levi stößt. Bei der Touristeninformation erfährt
man die Besuchszeiten des Korridors.

**Corridoio
Vasariano**

Umgebung der Galleria degli Uffizi

In dem strengen, an eine Festung erinnernden mittelalterlichen Palazzo Castellani (Piazza dei Giudici 1) hinter den Uffizien hatte von
1574 bis 1841 die Gerichtsbehörde der Ruota – daher der Name des
Platzes Giudici (»Richter«) – ihren Sitz. Seit 1930 beherbergt er das
Museo di Storia della Scienza (»Museum zur Geschichte der Natur-
wissenschaften«). Die Themen sind Astronomie, Physik, Mathematik
und Optik. Zu der Sammlung des Museums gehören Instrumente
und wissenschaftliche Objekte, teils aus dem Besitz der Medici, teils

**Museo di Storia
della Scienza**

! **Baedeker** TIPP

Bar mit Ausblick

Nach all dem Kunstgenuss in den Uffizien ist eine
Erfrischung angenehm. Die Bar der Uffizien mit
Dachterrasse bietet neben Getränken, Eis und
Kuchen auch einen herrlichen Blick auf die Piazza
della Signoria und den Dom.

aus anderen Florentiner Instituten: optische und mathematische Geräte, darunter ein mechanischer Schreibapparat, elektrische Geräte, Instrumente für Astronomie und Kosmographie sowie physikalische und anatomische Modelle. Ein Raum ist **Galileo Galilei**, der ab 1610 Mathematiker am großherzoglichen Hof war, und seinen Entdeckungen gewidmet. Ausgestellt sind u. a. sind sein Fernrohr, Zirkel und die Linse, mit deren Hilfe er die Jupiter-Trabanten, die pianeti medicei, entdeckte. Öffnungszeiten: Juni – Sept. Mo., Mi. – Fr. 9.30 bis 17.00, Di., Sa. 9.30 – 13.00; Winter Mo., Mi. – Sa. 9.30 – 17.00, Di. 9.30 – 13.00 Uhr.

✷ Giardino di Boboli

H 7

Lage: Piazza Pitti   **Bus:** D

Hinter dem Palazzo Pitti, zwischen dem Forte di Belvedere und der Porta Romana, erstreckt sich der hübsche Boboli-Garten, eine ausgedehnte, am Hang angelegte Parkanlage. Wer also einmal eine Pause von der Kunst machen möchte und wem der Sinn nach Grün steht, sollte einen Spaziergang in dem Park einplanen.

Öffnungszeiten:
Jan., Feb., Nov., Dez.
tgl. 8.15 – 16.30
März., Okt.
tgl. 8.15 – 17.30
Apr., Mai,
Sept., Okt.
tgl. 8.15 – 18.30
Juni – Aug.
tgl. 8.15 – 19.30

Nachdem Cosimo I. 1549 den Pitti-Palast erworben hatte, wurde auch das angrenzende Areal angekauft, das zuvor teilweise der Familie der Boboli – daher der Name – gehört hatte. Die Arbeiten am Park wurden von **Niccolò Pericoli**, genannt »Tribolo« (»der Geplagte«), zwischen 1550 und 1560 begonnen, von **Bernardo Buontalenti** weitergeführt (1585 – 1588) und von **Alfonso Parigi d. J.** zu Ende gebracht (1628 – 1658).

Im Garten gibt es verschiedene Sehenswürdigkeiten, zudem bietet sich ein schöner Blick auf die Stadt am Arno. Der Zugang befindet sich im Innenhof des Palazzo Pitti. Der Eintritt zum Park berechtigt auch zum Besuch der hier gelegenen Museen und des östlich anschließenden Parks Giardino Bardini.

Fontana del Bacco

Nordöstlich des Palazzo Pitti steht die nach 1560 geschaffene Fontana del Bacco (»Bacchus-Brunnen«). Die Figur stellt den **Hofzwerg Cosimos I.** dar, der auf einer Schildkröte reitet.

Grotta del Buontalenti

Die Grotte ganz in der Nähe des Brunnens wurde von Buontalenti in den Jahren 1583 bis 1588 gestaltet. Die Figuren in den Nischen rechts und links des Einganges zeigen **Ceres** und **Apollo**. Im Innern der Grotte entdeckt man, dass es sich bei den vermeintlichen Stalaktiten um Figuren von Hirten und Schafen handelt. In den Ecken der Grotte ließ Cosimo I. die »Sklaven« von Michelangelo aufstellen, sie wurden dann durch Kopien ersetzt (Die Originale sind in der ▶ Galleria dell' Accademia ausgestellt).

Der Boboli-Garten ist eine der wenigen Grünanlagen im Zentrum.

Amphitheater

Das Amphitheater gegenüber der Südostfassade des Palazzo Pitti wurde 1618 von Giulio und Alfonso Parigi erbaut und 1700 umgebaut. Es diente in früheren Zeiten den Großherzögen als Veranstaltungsort prächtiger Feste. Der Obelisk stammt aus Ägypten, das Granitbecken aus Rom.

Neptun-Brunnen

Unweit oberhalb des Kaffeehauses (zurzeit geschlossen) prunkt der Neptun-Brunnen, der von Stoldo Lorenzi 1565 geschaffen wurde. Neptun steht auf einem Fels, umgeben von Tritonen und Sirenen.

Abbondanza

Noch einige Meter höher erhebt sich am südöstlichen Parkrand die Kolossalstatue der Abbondanza (»Überfluss«). Begonnen von Giambologna, wurde sie von Pietro Tacca in den Jahren 1636 und 1637 fertiggestellt.

Giardino del Cavaliere

Nur wenige Schritte südwestlich der Statue befindet sich der Zugang zum Giardino del Cavaliere. Bei dem »Kavaliersgarten« handelt es sich um eine Terrasse oberhalb der Befestigungsanlage. Hier wurden einst **Seidenraupen** gezüchtet und die ersten Kartoffeln in Italien angebaut. Ein Affenbrunnen ziert die Anlage.

Museo delle Porcellane

In der aus dem 18. Jh. stammenden Palazzina del Cavaliere im Kavaliersgarten ist das Porzellanmuseum untergebracht. Es zeigt italienisches, französisches und deutsches Porzellan sowie eine Sammlung aus dem früheren Besitz der lothringisch-österreichischen Großherzöge der Toskana. Öffnungszeiten: wie die des Giardino di Boboli.

Giardino di Boboli Orientierung

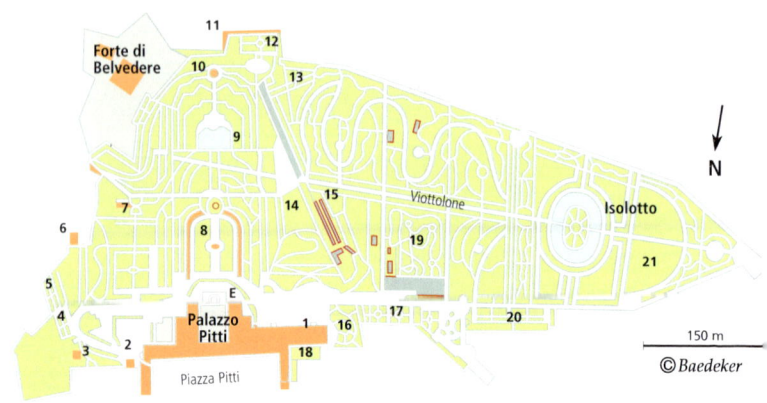

© Baedeker

1 Galleria del Costume
2 Bacchus-Brunnen
3 Buontalenti-Grotte
4 Jupiter-Garten
5 Damengarten
6 Kleine Grotte
7 Kaffeehaus
8 Amphitheater

9 Neptun-Brunnen
10 Statue der
   Abbondanza
11 Museo delle Porcellane
12 Kavaliersgarten
13 Lavendel-Garten
14 Kastanienwiese
15 Korkeichen

16 Meridiana-Garten
17 Garten der Sternwarte
18 Marini-Garten
19 Ananas-Garten
20 Orangerie
21 Säulenwiese

E Eingang

Isolotto Die Viottolone-Allee führt steil hinab zum Isolotto. Sie ist eindrucksvoll von Zypressen, Steineichen und Pinien gesäumt. In der Mitte des ovalen Isolotto (1618) steht ein Brunnen, dessen zentrale Figur, die **Statue des Okeanos**, von Giambologna geschaffen wurde (Kopie; Original im Museo Nazionale del Bargello). Die Skulpturen zu Füßen des Okeanos stellen die Flüsse Nil, Ganges und Euphrat dar.

Galleria del Costume In der an den Palazzo Pitti grenzenden Palazzina della Meridiana sind die Galleria del Costume, eine Kostümsammlung vom 18. Jh. bis zum Ersten Weltkrieg, und die Collezione Contini Bonacossi untergebracht. Diese Sammlung, eine Stiftung von Conte Alessandro Contini Bonacossi, umfasst hochkarätige Kunstwerke, darunter Gemälde von Cimabue bis Goya. Mit dem Bau des klassizistischen Palasts, dessen Fassade zum Garten hin ausgerichtet ist, wurde 1776 begonnen, und zu Beginn des 19. Jh.s wurden erhebliche bauliche Erweiterungen vorgenommen. Bis zum Ende der italienischen Monarchie hielt sich die italienische Königsfamilie wiederholt in der Palazzina della Meridiana auf. Heute ist der Palast wieder mit Möbeln und Gemälden ausgestattet, die sich bereits im 19. Jh. dort befanden, eine vollkommene Rekonstruktion konnte jedoch nicht erzielt werden. Zugang über die Galleria d'Arte Moderna im Palazzo Pitti; Öffnungszeiten: wie die des Giardino di Boboli.

Umgebung des Giardino di Boboli

Den **Forte di Belvedere** (Costa di S. Giorgio), der sich nordöstlich an den Giardino di Bobli anschließt, ließ Großherzog Ferdinando I. di Medici von dem Architekten Bernardo Buontalenti in den Jahren 1590 bis 1595 wahrscheinlich nach Entwürfen von Giovanni de' Medici ausführen. Das Fort war nicht als Schutz gegen einen äußeren Feind vorgesehen, sondern diente zum Schutz der Herrscherfamilie Medici selbst.

So sind erstaunlicherweise die Kanonen der Festung auf die Stadt gerichtet, wodurch verhindert werden sollte, dass die Florentiner nochmals anstrebten, eine Republik zu errichten. Innerhalb der Festungsmauern befindet sich ein kleiner Palast, auch er von Buontalenti entworfen, der heute für Wechselausstellungen genutzt wird. Dem Besucher der sternförmigen Bastion neben der Porta San Giorgio bietet sich ein **herrlicher Blick über die Stadt**. Nur während der Ausstellungen zugänglich. Öffnungszeiten: tgl. 11.00 – 16.00 Uhr. ⊕

! *Baedeker* TIPP

Gartencafé mit Traumblick

Was die wenigsten Boboli-Flaneure wissen: Wer den Park am Ausgang Forte di Belvedere verlässt, gelangt an der Straße Costa di San Giorgio Richtung Arno in eine weitere Parkanlage, den Giardino Bardini. Dieser idyllische, terrassenförmig angelegte Villengarten ist voller Rosen und Kamelien. Die traumhafte Aussicht auf die Stadt hier kann man am besten auf der Loggia seines Cafés Belvedere genießen.

Zur Entspannung nach der Kunstwerken empfiehlt sich der Boboli-Garten.

Porta San Giorgio Die Porta San Giorgio, etwas unterhalb des Forte di Belvedere, wurde 1260 fertiggestellt. Sie ist Teil des zweiten Mauerrings auf dem linken Arno-Ufer, dessen Verlauf noch heute an der Position der Stadttore San Niccolò, San Miniato, San Giorgio, Romana und San Frediano verfolgt werden kann. Das Fresko der Madonna im Innern stammt von Bicci di Lorenzo; außen ist ein Relief des hl. Georgs zu sehen.

Porta Romana Die Via Cassia, aus Rom kommend und nach Rom führend (daher der Name), passiert die Porta Romana (am südwestlichen Ende des Parkes), **das mächtigste und besterhaltene Stadttor von Florenz.** Über dem Bogen im Innern des 1326 errichteten Festungswerkes ist ein Fresko der Florentiner Schule des 14. Jh.s zu sehen: »Madonna mit Kind und vier Heiligen« von Franciabigio.

✴ Loggia dei Lanzi

H 7

Lage: Piazza della Signoria   **Bus:** C 1, C 2

Die Loggia dei Lanzi, eines der schönsten Beispiele der Florentiner Gotik, erhielt ihren Namen nach den »Lanzichenecchi« – wie die Schweizer Landsknechte in Italien genannt wurden –, weil sie hier als Wachposten dienten.

»Landsknecht-Halle« Die frühere Loggia della Signoria oder dell'Orcagna – nach dem ver-
(►Abb. S. 137) mutlichen Architekten und bedeutenden Künstler Orcagna be-
nannt – wurde von 1376 bis 1382 unter der Bauleitung von **Benci di Cione** und **Simone di Francesco Talenti** errichtet. Ihre Maße sind genau auf die Abmessungen des Palazzo Vecchio abgestimmt. Die Arkadenhalle diente der Republik für offizielle Zeremonien: Hier wurden Botschafter und Fürsten empfangen, die Prioren und der Gonfaloniere eingesetzt. Mit Auflösung der Republik ging diese politische Aufgabe verloren, die Loggia besaß nur mehr dekorative Funktion. Nach ihrer Restaurierung im letzten Jahrhundert übernahm sie wiederum ihre ursprüngliche offizielle Bestimmung; auch heute wird sie bei festlichen Anlässen mit Teppichen und Girlanden geschmückt. Auf dem Dach befindet sich eine Terrasse mit Zugang von der Galleria degli Uffizi.
Außen über den Rundbögen zeigen Tafeln allegorische Figuren der Kardinal- und theologischen Tugenden, von verschiedenen Künstlern nach Entwürfen von Agnolo Gaddi (1384–1389) gestaltet. Im Innern der Halle sind bedeutende Werke der Bildhauerkunst zu bewundern: Rechts und links neben dem Eingang **zwei Löwen**, einer aus der Zeit der griechischen Klassik, der andere eine Kopie von Flaminio des Originals des 16. Jh.s von Vacca. Geht man im Uhrzeigersinn durch den Bau, so fällt zunächst die Bronzestatue des **»Perseus«** (1545–1554) ins Auge. Es handelt sich dabei um ein Meisterwerk

des Manieristen Benvenuto Cellini, das durch die Grausamkeit des Themas, die Feinheit der Ausführung und die Sicherheit der Komposition den Betrachter beeindruckt. In der Mitte der Querseite dann der **»Raub der Polyxena«**, eine Marmorgruppe von Pio Fedi (1866), gefolgt von antiken weiblichen Statuen an der Längswand (stark restauriert). In der Mitte der nächsten Querseite wiederum eine Marmorgruppe **»Herkules kämpft mit dem Kentauren Nessos«**, die Giambologna 1599 schuf.

An der Längsseite eine sensationelle Plastik: **»Der Raub der Sabinerin«** (1583), ebenfalls von Giambologna, die erste »figura sepentinata«, die wegen ihrer spriralförmigen Bewegung den Betrachter zum Umschreiten zwingt.

Loggia di Mercato Nuovo

`H 6/b III`

Lage: Via Porta Rossa   **Bus:** C 1, C 2

In der Loggia di Mercato Nuovo gibt es Verkaufsstände für Lederwaren, Korbwaren und Souvenirs.

Die offene, von Säulen gestützte Markthalle wurde von **Giovanni Battista del Tasso** in den Jahren 1547 bis 1551 errichtet und früher vornehmlich von Seidenhändlern und Goldschmieden genutzt. Eine

Händlerhalle

In der Loggia des »Neuen Marktes« wird alles Mögliche angeboten.

Marmorplatte in der Mitte der Loggia bezeichnet die Stelle, an der bankrott gegangene Händler sich früher den Schlägen und dem Spott der Öffentlichkeit aussetzen mussten.

Fontana del Porcellino

An der Südseite der Loggia des Neuen Marktes steht die Fontana del Porcellino, der »Brunnen des Schweinchens«, wie das **Bronzewildschwein** (1612) von Pietro Tacca im Volksmund genannt wird. Es handelt sich bei der Figur um die Kopie einer in den Uffizien aufbewahrten römischen Marmorskulptur. Wenn man dem Wildschwein die Nase reibt, soll man angeblich nach Florenz zurückkehren.

✱ Museo Archeologico

J 6/c II

Lage: Via della Colonna 38   **Bus:** C 1

Das Museo Archeologico (»Archäologisches Museum«), das bedeutendste archäologische Museum Noditaliens, 1870 gegründet, beherbergt vor allem Funde aus den etruskischen Siedlungsgebieten Italiens, daneben prähistorische, ägyptische, griechische und römische Exponate.

Öffnungszeiten:
Di. – Fr. 8.00 – 19.00
Sa., So.
8.00 – 14.00

Im Palazzo della Crocetta, erbaut 1620 für die Großherzogin Maria Magdalena von Österreich, die Frau Cosimos II., sind Sammlungen untergebracht, die schon von den Medici begonnen worden waren. Die Sammlungen unterteilen sich in Museo Topografico dell' Etruria (»Topografisches Museum Etruriens«), Museo Egizio (»Ägyptisches Museum«) und Antiquarium Etrusco-Greco-Romano (»Museum für etruskische, griechische und römische Altertumskunde«).

✱
Museo Topografico dell' Etruria

Das Topografische Museum im 1. Stock, das **nach der Villa Giulia in Rom als das umfangreichste** gilt, zeigt eine Sammlung von Funden aus Etrurien, die eine genaue Vorstellung von der hohen Zivilisation und dem kultivierten Leben der Etrusker geben. In Saal IX ist der Amazonensarkophag aus dem 5. Jh. v. Chr. bemerkenswert, auf dem der Kampf zwischen Amazonen und Griechen dargestellt ist.

✱ ✱
Chimäre ▶

Das berühmteste Werk des Museums ist die Bronzeskulptur einer verwundeten Chimäre (Saal XIV), ein hervorragendes Beispiel etruskischer Metallbearbeitung. Das laut Inschrift »heilige Objekt« wurde wahrscheinlich im 4. Jh. v. Chr. gegossen. Es ist ein Löwe mit Ziegenkopf und Schlangenschwanz. Ein weiteres bedeutendes Ausstellungsstück ist der »Arringatore« (»Redner«) in diesem Saal, der laut Inschrift Aulus Metellus ist und wahrscheinlich aus dem 2. Jh. v. Chr. stammt. Da der Etrusker eine römische Toga trägt, dürfte es sich um einen hohen römischen Beamten oder Senator handeln. Die Bronzestatue der **»Minerva«** in demselben Saal wurde wahrscheinlich nach einem griechischen Original des 4. Jhs v. Chr. kopiert. Ebenfalls eine

✱
»Arringatore« ▶

Auch Radfahrer schätzen eine Stärkung mit dem Chianti Classico.

römische Kopie eines griechischen Originals aus der Spätklassik ist der so genannte **Idolino** (»kleines Idol«) im Raum XIII. Vom Bestand der Sammlung ist nur ein Teil zu sehen. Rekonstruktionen von Gräbern und Grabdenkmälern befinden sich im Garten. Der »Pferdekopf« ist auch eine Bronze griechischen Ursprungs, in römischer Zeit nachgegossen.

Das Ägyptische Museum, das **zweitwichtigste seiner Art in Italien** nach dem von Turin, entstand nach einer großen Expedition (1829) und ist seit 1831 für die Öffentlichkeit zugänglich. Präsentiert werden Statuen, Büsten, Keramik, Reliefs, Sarkophage, Mumien, Bilder und Gebrauchsgegenstände aus verschiedenen ägyptischen Dynastien. Bemerkenswert ist ein sehr gut erhaltener **Wagen** aus der Zeit Ramses' I., (14. Jh. v. Chr.) aus einem Grab in der Nähe Thebens.

Museo Egizio

Die vielfältige Vasensammlung im Obergeschoss umfasst griechische und etruskische Exponate in reicher Bemalung. Das bedeutendste Exponat ist die berühmte, nach ihrem Entdecker benannte attische »François-Vase«, ein Werk des Malers Klitias und des Töpfers Ergotimos (6. Jh. v. Chr.). Im Jahr 1900 zerschlug eine geistesgestörter Museumswärter den Krater in Hunderte von Stücken, worauf das Gefäß in mühevoller Kleinarbeit wieder zusammengesetzt wurde. Auf der Vase sind detailliert und lebendig griechische Mythen dargestellt, darunter die Rückkehr der Athener aus dem Labyrinth des Minotauros auf Kreta.

Vasensammlung

★

◀ »François-Vase«

Die Abteilung zeigt etruskische Funde aus der Toskana nach ihrem Fundort. Herausragende Werke sind das so genannte **Mater Matua**, eine Urne des 5. Jh.s v. Chr. in Form einer auf einem Sphinxthron sitzenden Frau und der **Terracottasarkophag der Lathia Scianti** (zwischen 217 und 147 v. Chr.), die auf dem Deckel ruhend wiedergegeben ist.

Topografische Abteilung

Museo Bardini

J 7

Lage: Piazza de' Mozzi 1 **Bus:** C 1, D, 23

Das Bardini-Museum enthält Skulpturen, Gemälde, Möbel, Kerami-ken, Teppiche, Waffen u. a. aus der Antike, der Renaissance und dem Barock.

Öffnungszeiten:
Sa. – Mo.
11.00 – 17.00

Die Sammlung überließ der Kunsthändler Stefano Bardini 1923 der Stadt Florenz. Sie ist nun in dessen altem Palast aus dem 19. Jh. un-tergebracht. Beachtenswert sind eine **Caritas**, eine Allegorie der Lie-be, von Tino di Camaino, eine **Büste Johannes des Täufers** von And-rea Sansovino und der .**»Erzengel Michael«**, ein Gemälde von Anto-nio de Pollaiolo und drei Bilder von Donatello. Wichtig ist auch eine kleine Stuckarbeit, die Kreuzabnahme von Michelangelo. Nach de-taillierter Restaurierung ist die Sammlung wieder offen. Der zu dem Palast gehörende Garten ist zugänglich.

Umgebung des Museo Bardini

Mozzi-Paläste

Unweit der Piazza de' Mozzi befindet sich der Komplex der drei Mozzi-Paläste (Via San Niccolò 123 – 125), die wahrscheinlich im 13. Jh. errichtet wurden. Die Mozzi waren im Mittelalter Visdomini, weltliche Herrschaftsträger des Bischofs.

Museo Bardini: die Villa bietet einen stilvoller Rahmen für die Kunstsammlung.

Ein Altartabernakel im Stil Michelozzos mit einem schönen Fresko der Himmelfahrt und Gürtelspende Mariens an den hl. Thomas (um 1470) möglicherweise von Piero di Pollaiolo in der Sakristei ist der Hauptkunstschatz der spätgotischen Saalkirche San Niccolò sopr' Arno, die unweit östlich an der Via San Niccolò steht. Die Kirche wurde im 12. Jh. errichtet, im 14. Jh. umgebaut und im 16. Jh. umgestaltet. Nachdem Florenz von den Truppen des Kaisers und des Papstes eingenommen worden war, soll sich der Künstler **Michelangelo** im Jahr 1530 im Glockenturm der Kirche versteckt haben, um so einer möglichen Verhaftung zu entgehen.

San Niccolò sopr' Arno

Die Porta San Niccolò östlich der Kirche war für die Verteidigung zu Land und – in Verbindung mit dem auf dem anderen Arno-Ufer gelegenen Turm der Zecca – für die Sperrung des Flusses gleich gut geeignet. Der Turm des 1324 errichteten Bollwerks bildet den Beginn der Stadtmauer im Osten auf der linken Arno-Seite.

Porta San Niccolò

Museo della Casa Fiorentina Antica/Palazzo Davanzati

H 6/7/a III

Lage: Via Porta Rossa 13   **Bus:** C1, C 2

Das Museo della Casa Fiorentina Antica ist in dem gotischen Palazzo Davanzati untergebracht und enthält auf drei Stockwerken Möbel, Zeichnungen, Skulpturen, Teppiche, Keramiken und Alltagsgegenstände aus dem Mittelalter, der Renaissance und dem Barock.

Die strenge, über fünf Geschosse verfügende Fassade des Palazzo Davanzati wird unten durch drei mächtige Portale geteilt, oben von einer Loggia abgeschlossen und in der Mitte von einem prächtigen Wappen der Davanzati geschmückt. An den Eisenstangen vor den Fenstern wurden bei Festanlässen kostbare Teppiche befestigt. Zuerst errichteten die Davizzi hier 1300 ein Stadthaus; ein Mitglied dieser Familie war 1294 Gonfaloniere der Republik. Im 16. Jh. ging der Palast in den Besitz der Bartolini über, später (1578) in den der Davanzati. Im Jahr 1906 kaufte der Kunsthändler Elia Volpi das Gebäude und stellte den ursprünglichen Charakter wieder her. Seit 1956 beherbergt der Palast das Museo dell' Antica Casa Fiorentina.
Besonders sehenswert ist der **Papageiensaal** im ersten Stockwerk, der seinen Namen aufgrund der Dekoration erhielt. Die vorgetäuschte Teppichwandbemalung zeigt Papageien. Die Exponate wurden aus Beständen des Bargello, aus anderen Sammlungen und durch Schenkungen zusammengetragen. Man gewinnt hier einen Einblick in das hochkultivierte Leben der Florentiner Bürger, die ihre Häuser mit wertvollen Kunstschätzen und Gebrauchsgegenständen ausstatteten.

🕐
Öffnungszeiten:
8.15 – 13.50
2., 4. So.
1., 3., 5. Mo.
im Monat geschl.
2. und 3. Stock nur
nach Anmeldung zu
besichtigen
Tel. 0 55 2 38 86 10

Umgebung des Museo della Casa Fiorentina

Palazzo di Parte Guelfa

Die gotischen Fenster und die Zinnen des Palastes weisen ins 14. Jh. zurück. In dem die italienischen Städte erfassenden Streit zwischen Guelfen und Ghibellinen, den Papsttreuen und der Kaiserpartei, verwalteten die Capitani di Parte Guelfa im 13. Jh. in diesem Haus die konfiszierten Güter der besiegten Ghibellinen. Den Ausbau des Palazzo im 15. Jh. leiteten die Architekten Brunelleschi und Francesco della Luna. Im Innern des mittelalterlichen Palastes an der gleichnamigen Piazza unweit östlich des Museums – er ist heute Sitz verschiedener Organisationen – befinden sich herrliche Säle mit harmonischen Proportionen; die Verzierungen der Decken und Wände stammen u. a. von Giambologna, Luca della Robbia und Donatello.

Museo della Fondazione Horne

J 7/b/c IV

Lage: Via dei Benci 6   **Bus:** C 3, D, 23

Der englische Kunsthistoriker Herbert Percy Horne (1864–1916) schenkte dem italienischen Staat eine wertvolle Sammlung von Gemälden, Skulpturen, Zeichnungen, Möbeln, Schmuck- und Gebrauchsgegenständen, die jetzt im Palazzo Horn ausgestellt sind.

🕐
Öffnungszeiten:
Mo. – Sa.
9.00 – 13.00

Dieses Gebäude ist im 15. Jh. für die Familie Alberti wahrscheinlich nach Plänen von Cronaca errichtet worden, danach gehörte es den Corsi. Die Sammlung erlitt bei der Überschwemmung von 1966 schwere Schäden, insbesondere die Exponate im Erdgeschoss. Im ersten Stockwerk werden Gemälde aus dem 14. bis 16. Jh. gezeigt, darunter Werke von Simone Martini, Benozzo Gozzoli, Pietro Lorenzetti, Filippino Lippi und Bernardo Daddi. Das Hauptwerk ist Giottos Tafel »Hl. Stephanus« (um 1320). Im zweiten Stockwerk sind u. a. Möbel aus florentinischen Werkstätten, Zeichnungen, Rundbilder und Terrakotten – alle Exponate aus dem 15./16. Jh. – ausgestellt.

⭐
»Hl. Stephanus« ▶

Umgebung des Museo della Fondazione Horne

Palazzo Bardi

Der Palast (um 1420) gegenüber dem Museum wird Brunelleschi zugeschrieben. Der Bau fällt durch seine guten Proportionen auf.

Ponte alle Grazie

Unweit südlich des Museums gelangt man zum Ponte alle Grazie, der 1237 im Auftrag des Podestà Mandella errichtet wurde. Die Brücke erlitt im Zweiten Weltkrieg so schwere Zerstörungen, dass sie in moderner Form wiederaufgebaut werden musste. Der Name der Brücke stammt von einer nahegelegenen Madonnenkapelle.

Immer wieder kommt man an der Pizza della Signoria vorbei. ➔

★ Museo Marino Marini

H 6/a III

Lage: Piazza S. Pancrazio   **Bus:** C 3, D, A

In der ehemaligen Kirche San Pancrazio wurde ein Museum für den toskanischen Bildhauer, Maler und Grafiker Marino Marini (1901 bis 1980) eingerichtet. Es ist das erste Museum in Florenz, das der modernen Kunst gewidmet ist.

🕐
Öffnungszeiten:
Mo., Mi. – Fr.
10.00 – 17.00
Aug. geschl.

Die Fassade der mehrfach umgebauten **Kirche** stammt im Wesentlichen aus dem 14. Jh.; daneben verraten etliche Bauelemente die Urheberschaft des Architekten Alberti, der im Auftrag der Familie Rucellai zwischen 1457 und 1467 bauliche Veränderungen vornahm und auch die Cappella Rucellai errichtete. Für diesen Grabbau nahm sich Alberti das Heilige Grab in Jerusalem zum Vorbild. Nachdem die Kirche lange Jahre als Tabakfabrik und zuletzt als Militärdepot gedient hatte, begann man Anfang der 1980er-Jahre unter Leitung der namhaften Architekten Lorenzo Papi und Bruno Sacchi mit dem Umbau der Kirche. So entstand ein Bau, der mit seiner Verflechtung von Treppe und Galerien sowie durch das Zusammenwirken von Holzverkleidungen, Gussbeton und Eisenverstrebungen einen sehr gelungenen Rahmen für die ausgestellten Kunstwerke bietet.

Museo Marino Marini: das einzige Museum in Florenz für moderne Kunst

Im Museum zu sehen sind 176 Skulpturen, Gemälde, Zeichnungen **Bestand**
und Grafiken von Marini, der viele seiner Werke bereits vor seinem
Tod der Stadt Florenz überließ. Sie stammen, angefangen mit dem
Gemälde »Die Jungfrauen« von 1916, aus allen Schaffensperioden
und Themenkreisen des Künstlers. In diversen Variationen sind natürlich die **Reiterstandbilder** Marino Marinis vertreten. Während
die frühen Arbeiten die Pferde meist in Harmonie mit dem Menschen zeigen, so sind es seit Ende der 1940er-Jahre vorwiegend Tiere,
die sich aufbäumen und sich ihres Reiters zu entledigen suchen. Be-
vorzugte weibliche Figur Marinis ist die der »Pomona«, die volumi-
nöse Darstellung einer Fruchtbarkeitsgöttin. Daneben schuf er vor
allem Gestalten von Tänzerinnen und Gauklern.

Museo Nazionale di Antropologia ed Etnologia

J 6/b III

Lage: Via del Proconsolo 12   **Bus:** C 1, C 2

**Das Museo Nazionale di Antropologia ed Etnologia (»Nationalmu-
seum für Anthropologie und Ethnologie«) ist seit 1869 im Palazzo
Nonfinito untergebracht, der – wie sein Name besagt, jedoch das
Äußere nicht unbedingt erkennen lässt – unvollendet ist.**

Alessandro Strozzi gab 1593 dem Architekten Bernardo Buontalenti
den Auftrag, ein neues Stadthaus für seine Familie neben dem Palazzo Pazzi zu errichten. Der große Palast mit dem schönen Innenhof
konnte jedoch weder von Buontalenti noch von seinen Nachfolgern
fertiggestellt werden. Das Museo di Antropologia ed Etnologia, das
älteste Museum seiner Art in Italien, umfasst umfangreiche Sammlungen von vielen Völkern und Kulturen der Erde. Ausgestellt sind
Kunsthandwerk, Waffen und Textilien.

🕐
Öffnungszeiten:
Mo., Di., Do., Fr., So.
9.00 – 13.00
Sa. 9.00 – 17.00

Umgebung des Museo di Antropologia

Der Palazzo Altoviti unweit östlich am Borgo degli Albizi (Nr. 18), ei- **Palazzo Altoviti**
ner Straße mit vielen schönen Stadthäusern, gehörte erst der Familie
der Albizi, dann den Valori und Guicciardini. Im 16. Jh. wurde er
von Baccio Valori mit Hermen-Porträts berühmter Florentiner (Vespucci, Dante, Petrarca, Boccaccio und anderer) verziert, so dass er
im Volksmund respektlos **»Palast der Visagen«** genannt wird.

Der Palazzo dei Pazzi-Quaratesi (Via del Proconsolo 10) gegenüber **Palazzo dei Pazzi-**
dem Museum wurde für **Jacopo de'Pazzi** gebaut, der 1478 nach der **Quaratesi**
Verschwörung gegen Lorenzo und Giuliano de' Medici hingerichtet
wurde. Zunächst leitete Brunelleschi den Bau (1430), später über-

nahm Giuliano da Maiano von 1462 bis 1472 diese Aufgabe. Sein Werk zeichnet sich durch sorgfältige Ausführung und Liebe zum architektonischen Detail aus. Die Familie Pazzi, im Mittelalter von Fiesole nach Florenz gezogen, charakterisierte Wirtschaftssinn und Machtbewusstsein. Da Lorenzo de'Medici dem Mordanschlag der Pazzi entkam, konnten sie die Macht der Medici nicht brechen. Die Familie wurde verfemt, ihr Palast ging zunächst in den Besitz der Familie der Cibo über, später an die Strozzi und Quaratesi.

✱✱ Museo Nazionale del Bargello

J 6/ b III

Lage: Via del Proconsolo 4   **Bus:** C 1, C 2

Das in dem mächtigen gleichnamigen Palast untergebrachte Museo Nazionale del Bargello ist eines der bedeutendsten Skulpturenmuseen Italiens. Es enthält zahlreiche epochemachende Werke toskanischer Bildhauer des 14. bis 16. Jh.s, vor allem von Donatello, della Robbia und Michelangelo.

Öffnungszeiten:
1., 3., 5. Mo.
im Monat
Di. – Sa.
2., 4. So.
im Monat
8.15 – 17.00

Der Palazzo del Bargello, ein wuchtiger gotischer Wehrbau, den die Florentiner Bürger nach 1250 als Zeichen ihres Sieger über den Adel errichteten, prägt mit seinem trutzigen Turm und dem Zinnenkranz die Silhouette der Stadt mit. Der Palast war seit 1261 Sitz der Podestà, der von auswärts berufenen Stadthauptmänner, die als neutrale Instanz für Recht und Ordnung sorgen sollten. Ab 1502 befand sich hier die Niederlassung der Ruota (Gerichtsrat) mit Gefängnis, ab 1574 war der Palast Sitz des Bargello (Polizeihauptmann). Im Jahr 1859 wurde in seinen Räumen das erste italienische (nichtvatikanische) Nationalmuseum eingerichtet.

Erdgeschoss

Schon der gotische Innenhof ist äußerst eindrucksvoll. Er wird auf drei Seiten von einem Bogengang mit achteckigen Stützen und Kreuzgewölbe gesäumt. Auf der vierten Seite führt eine Freitreppe in die oberen Geschosse. Wappen der Podestà, der Mitglieder der Ruota, der Stadtviertel und -bezirke schmücken Pfeiler und Wände. In der Mitte des Hofes befindet sich ein achteckiger **Brunnen**, in dessen Nähe in früherer Zeit, als der Bargello auch als Gefängnis diente, das Schafott aufgestellt war. Heute wird der Hofumgang für die Aufstellung von Skulpturen genutzt. Zu sehen sind u. a. Werke von Bartolomeo Ammanati und Giambologna.

Saal des Michelangelo

Von dem imposanten Innenhof aus gelangt man in die Räume mit hervorragenden Werken Michelangelos. Die unvollendete Marmorbüste **»Brutus«** (um 1540) stellt Lorenzino dar, den »toskanischer Brutus« genannten Mörder des Tyrannen Alessandro de'Medici. Das Rundrelief **»Madonna mit dem Kind und dem jungen Johannes dem**

Einst wurde im Bargello Gericht gehalten, heute hat hier die Bildhauerei das Sagen.

Täufer« (um 1504), das im Auftrag von Bartolomeo Pitti geschaffen wurde, zeigt die Muttergottes als nachdenkliche Seherin. Die Figur **»Apollino«** (um 1531) dreht sich ihre eigene Achse. Das ausdrucksvolle Frühwerk »Trunkener Bacchus«(um 1497) ist die erste Großplastik Michelangelos, in der sehr naturalistisch die Trunkenheit des jungen Gottes dargestellt wird. Weitere Werke stammen von Künstlern des 16. Jh.s. Hervorzuheben sind die Statue des »Bacchus« von Jacopo Sansovino (um 1520), die Bronzebüste Michelangelos von Daniele da Volterra sowie die Büste Cosimos I. von Benvenuto Cellini (1557) und andere Werke dieses Künstlers, darunter die Marmorstatue des »Narziß« (1540).

✦
◀ »Trunkener
Bacchus«

Die Ausdrucksvielfalt der gotischen Skulptur des 14. Jh.s präsentieren die florentinischen Bildhauerarbeiten von Tino di Camaino, Arnoldi, Talenti und Cambio. Bemerkenwert ist das Werk **»Madonna mit Kind«** von Camaino, das wahrscheinlich für das Grabmal des Bischofs Antonio d'Orso geschaffen worden war.

**Saal der mittel-
alterlichen
Skulpturen**

In der Loggia des ersten Obergeschosses sind von Giambologna u. a. die atemberaubend balancierende Bronzestatue des **»Merkur«** (1564) und die bedeutende **»Allegorie der Architektur«** zu sehen sowie Skulpturen von Baccio Bandinelli und Francesco Moschino. **Meisterwerke des großen Renaissancebildhauers Donatello** beherbergt der Salone del Consiglio Generale, so den »Marmordavid«

**Erstes
Obergeschoss**

◀ Großer Saal des
Donatello

Museo Nazionale del Bargello *Orientierung*

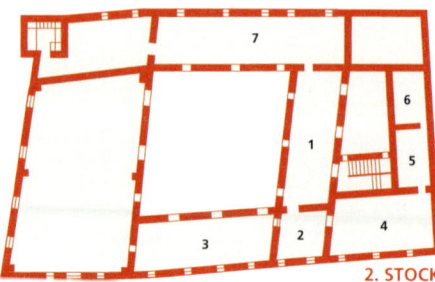

ZWEITER STOCK

1 Saal des G. della Robbia
2 Saal des A. della Robbia
3 Saal der Kleinbronzen
4 Saal des Verrocchio
5/6 Säle der Barockskulpturen
    und des Medagliere
7 Waffensaal

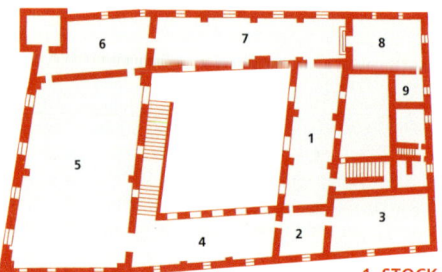

ERSTER STOCK

1 Saal der Elfenbein-
  arbeiten
2 Bruzzichelli-Saal
3 Saal der Majoliken
4 Verone (Loggia)
5 Großer Saal des Donatello
6 Islamischer Saal
7 Carrand-Saal
8 Maddalena-Kapelle
9 Sakristei

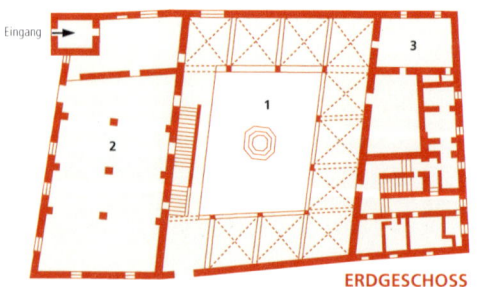

ERDGESCHOSS

1 Innenhof
2 Saal des Michelangelo
3 Saal der mittelalterlichen
  Skulpturen

(1408/1409), den der junge Künstler für den Dom meißelte. Der weich modellierte, knabenhafte »Bronzedavid«, 1430 für Cosimo den Älteren gefertigt, ist die erste freistehende und nackte Figur der Renaissance. Hervorzuheben ist auch die Marmorstatue des »Hl. Georg« (1417), für die Kirche Orsanmichele gearbeitet, und das dazugehörende Relief, das erste Beispiel für die Anwendung der Zentralperspektive.

◀ ★ ★ Davidfiguren

Meisterhaft ist auch der »Marzocco« (1420) genannte Löwe, den Donatello für das päpstliche Gemach in der Kirche Santa Maria Novella schuf. Reizvoll ist zudem ein Stilvergleich zwischen Ghiberti und Brunelleschi, deren **Konkurrenzreliefs für die zweite Tür des Baptisteriums**, die die Opferung Isaaks darstellen, erhalten sind. Außerdem sind in dem Saal einige der schönsten Terrakottaarbeiten von **Luca della Robbia** versammelt, so die zauberhafte »Madonna delle Rose«.

In die **Maddalena-Kapelle**, die mit Fresken (um 1335) aus der Werkstatt Giottos geschmückt ist, wurden die zum Tod Verurteilten geführt, bevor sie hingerichtet wurden. Elfenbeinschnitzereien von der Antike bis ins Mittelalter sind im **Saal der Elfenbeinarbeiten** ausgestellt, im **Bruzzichelli-Saal** toskanische Möbel und Glasarbeiten u. a. aus dem 16./17. Jh. sowie keramisches Kunsthandwerk derselben Zeit im danach benannten **Saal der Majoliken**.

◀ Weitere Räume

In den **Sälen von della Robbia** sind Werke in farbiger glasierter Terrakotta von Giovanni della Robbia und Andrea della Robbia, zudem eine Porträtbüste der Costanza Bonarelli von Bernini ausgestellt.

Zweites Obergeschoss

Wie der Name sagt, sind im Saal von Verrocchio vor allem Werke von Andrea del Verrocchio, der Lehrer Leonrado da Vincis zu sehen. Sein bronzener **»David«**, der zum Vergleich mit der gleichen Skulptur Donatellos im 1. Stock anregt, ist eine fein modellierte Figur eines Hirtenknaben. Die **»Dame mit Blumenstrauß«** (um 1475–1480) lässt antike Einflüsse erkennen. Das Relief **»Madonna mit Kind«** ist ein Frühwerk des Küstlers.

◀ Saal von Verrocchio

Herausragend sind außerdem die 1474 geschaffene, sehr realistische Porträtbüste des Pietro Melini von **Benedetto da Maiano**, die Marmorbüste des Matteo Palmieri (1468) von Antonio Rosselino und die Keramikbüste eines jugendlichen Kriegers (um 1475–1480) von **Antonio Pollaiuolo** mit einem Herkules-Hydra-Relief auf dem Brustpanzer. In zwei Räumen sind Barockskulpturen und die berühmte **Medaillensammlung** der Medici untergebracht, die von Lorenzo de' Medici begonnen und von seinen Nachkommen ständig erweitert wurde. Im zweiten Obergeschoss sind noch zu sehen: eine Sammlung kleiner **Bronzefiguren**, **Waffen** aus dem 13. bis 17. Jh. sowie **Wandteppiche und Stoffe** aus Florentiner Werkstätten.

! *Baedeker* TIPP

Heiß auf Eis

Für Eisfans empfehlen wir die Eisdiele Vivoli (Via Isola delle Stinche 7 r) unweit östlich vom Bargello. Man hat die Qual der Wahl unter etwa 40 leckeren Eissorten.

Umgebung des Museo del Bargello

Badia Fiorentina Unverkennbar in der Silhouette der Stadt ist der Spitzturm der Badia gegenüber dem Palazzo del Bargello. Die Kirche mit zugehörigem Benediktinerkloster, einst Reichsabtei, wurde 978 von Willa, Mutter des Conte Ugo, Marchese di Toscana, gegründet. Noch heute findet alljährlich am 21. Dezember, dem Todestag des Conte Ugo, eine Seelenmesse zu seinen Ehren statt. Seitdem erfuhr die Badia Erweiterungen und Umbauten, so im 13. Jh. durch Arnolfo di Cambio und im 17. Jh. durch Matteo Segaloni. An der gotischen Außenfassade beeindrucken das Portal von Benedetto da Rovezzano (1495) und in der Lünette (Bogenfeld) eine glasierte Terrakotta-Arbeit von Benedetto Buglioni, »Madonna mit Kind«, vom Anfang des 16. Jh.s. Bei einem Gang durch die Kirche sind vor allem das Gemälde **»Die Erscheinung der Madonna vor dem hl. Bernhard«** (links am Eingang), ein Meisterwerk von Filippino Lippi (1485), und das **Grabmal des 1001 gestorbenen Grafen Ugo di Toscana** links im angedeuteten Querschiff beachtenswert. Dieses Grabmal wurde zwischen 1469 und 1481 von Mino da Fiesole geschaffen.

Vom Chor der Kirche aus hat man Zugang zu dem schönen, stimmungsvollen **Kreuzgang**. Zu sehen ist hier ein Freskenzyklus mit Szenen aus dem Leben des hl. Benedikt. Entstanden ist er unmittelbar nach Fertigstellung des Kreuzgangs (vermutlich 1436 – 1439).

Casa di Dante In der Via Dante Alighieri unweit westlich des Bargello steht der Häuserkomplex der Alighieri. In einem von ihnen ist nach Überlieferung 1265 der größte Dichter der Stadt, **Dante Alighieri**, geboren, den Florenz freilich nicht gut behandelt hat. Dante widersetzte sich nämlich den Bestrebungen des Papstes Bonifaz VIII., Florenz und die gesamte Toskana dem Kirchenstaat einzuverleiben. Als Karl von Valois vom Papst als Friedensstifter nach Florenz berufen wurde, verbannte man Dante als Führer der Ghibellinen aus Florenz, wohin er dann niemals wieder zurückkehrte. In einigen Räumen des Gebäudes erinnern Fotografien, Ausgaben der »Göttlichen Komödie«, Reproduktionen der Botticelli-Zeichnungen für Dantes Werk und Porträts an den größten italienischen Dichter. Öffnungszeiten: tgl. 10.00 bis 18.00 Uhr.

San Martino Gegenüber der Casa di Dante steht die unscheinbare Kirche San Martino. Gegründet wurde sie bereits 986, 1442 ging sie in den Besitz der Compagnia dei Buonomini über, einer wohltätigen Bruderschaft, die sich der Betreuung der »schämenden Armen« annahm. Dabei handelte es sich um ehemals wohlhabende Bürger, die ihren Besitz verloren hatten. Der heutige Kirchenbau stammt aus der zweiten Hälfte des 15. Jh.s. Einen Besuch lohnt die Kirche wegen ihrer **Fresken**, die die verschiedenen Wohltaten der Bruderschaft wie Krankenbesuche und Beherbergung von Pilgern zeigen und damit ein anschauliches Bild des Alltagslebens im Florenz des 15. Jh.s liefern.

★ Museo dell'Opera di Duomo

Lage: Piazza del Duomo 9   **Bus:** C 1, C 2, 14, 23

Zahlreiche Ausstattungsstücke des Domes, des Campanile und des Baptisteriums sind heute im sehr ansprechend gestalteten Museo dell'Opera del Duomo (»Dommuseum«) ausgestellt, das damit zu den führenden Skulpturensammlungen Europas zählt.

Für die Ausschmückung des Domes mit Campanile und des Baptisteriums schuf eine Vielzahl von Künstlern bedeutende Werke, Skulpturen, Gold- und Silbergeräte, Stickereien und Webarbeiten. Diese Objekte konnten ihren Platz an den Gebäuden und im Innern aus   **Domschätze**

Museo dell' Opera del Duomo *Orientierung*

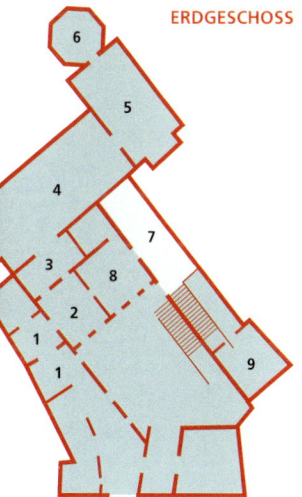

ERDGESCHOSS

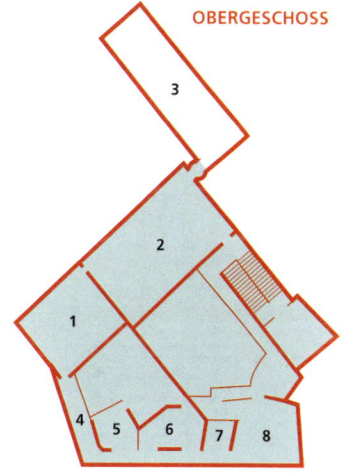

OBERGESCHOSS

ERDGESCHOSS
1 Antike Fragmente
2 Saal für Tino
  di Camaino
3 Durchgang
4 Saal der alten
  Domfassade
5 Saal der Gemälde
6 Kapelle
7 Lapidarium
8 Saal der Mandeltür
9 Michelangelo, Pietà

OBERGESCHOSS
1 Saal der Bildtafeln
  des Kampanile
2 Saal der
  Sängertribünen
3 Saal des Silberaltars
4 Baustelle Brunelleschis
5 Raum der Galerie
6-8 Räume der Fassade
9 Innenhof

🕐
Öffnungszeiten:
Mo. – Sa.
9.00 – 19.30
So. 9.00 – 13.40

Witterungs- und Sicherheitsgründen nicht behalten. Schon früh wurden sie deshalb an einem geschützten Ort aufbewahrt, seit 1891 dann im Dommuseum. In diesem Gebäude hatte zunächst im 15. Jh. die Dombauhütte ihren Sitz, hier befanden sich Künstlerateliers und Werkstätten für die Handwerker. Über dem Portal des Museo dell'Opera del Duomo – so genannt nach der Dom-Bauhütte – ist eine **Büste des Großherzogs Cosimo I.** (1572) von Giovanni Bandini dell'Opera angebracht.

Erdgeschoss
Saal für Tino di Camaino ►
Saal der alten Domfassade ►

Der zweite kleine Raum nach dem Eingang ist Tino di Camaino gewidmet, der die Skulpturengruppen über den Türen des Baptisteriums 1320/1321 schuf, von denen Fragmente erhalten sind.
Über den Durchgang mit Engelskulpturen des 14. Jh.s erreicht man den Saal der alten Domfassade. Im Saal sind Statuen zu sehen, die einst die Domfront schmückten und vor deren Abriss (1587) entfernt wurden. Eine Zeichnung aus der zweiten Hälfte des 16. Jh.s zeigt die unvollendete alte Fassade. Zu den **bedeutendsten Arbeiten** gehören ferner die Statue des hl. Lukas von Nanni di Banco und die Statue des Evangelisten Johannes von Donatello. Die Lukasfigur, vertieft in die Lektüre des Evangeliums, strahlt äußere Ruhe und innere Anspannung zugleich aus. Bei der Gestaltung des Faltenwurfes sind gotische und beim Gesicht antike Einflüsse erkennbar. Donatellos von großer Müdigkeit geprägte Johannes-Figur (1415) fasziniert durch das ausdrucksstarke Antlitz und die Helldunkeleffekte, die durch die Gewanddrapierung hervorgerufen wird. Sie war Vorbild für Michelangelos berühmte Moses-Statue in Rom. Weitere wichtige Werke sind der **hl. Matthäus** von Bernardo Ciuffagni, der wegen der Ähnlichkeit die Johannes-Statue von Donatello gekannt haben muss, und die Sitzfigur des **Papstes Bonifatius VIII.** (13. Jh.) von Arnolfo di Cambio, die eine Aura erhabener Sakralität umgibt.

✱
Hl. Lukas ►
✱
Evangelist Johannes ►

Saal der Gemälde ►

Im Saal der Gemälde sind Werke des 13. bis 15. Jh.s zu sehen. Aus dem Domchor stammen die marmornen Basreliefs von **Bandinelli dem Älteren**, der an der Basis von Gottvater sein Selbstbildnis mit der Jahreszahl 1156 einfügte.

Saal der Mandeltür ►

Der Saal enthält Skulpturenschmuck der Mandorla-Tür an der Nordseite des Doms. Dieses Portal ist benannt nach dem Himmelfahrt Mariens von **Nanni di Banco** im Bogenfeld, wo die Muttergottes von einem mandelförmigen Heiligenschein umfangen ist.

✱ ✱
Pietà des Michelangelo

Im Zwischenstock steht **eine der berühmtesten Skulpturen der abendländischen Kunst**: die Pietà des Michelangelo, eine ergreifende unvollendete Marmorgruppe, die der Künstler im hohen Alter von 80 Jahren schuf. Der in sich zusammengesunkene Körper Christi, das in seinem Schmerz nur angedeutete Gesicht von Maria, das von Gram gezeichnete Antlitz des Joseph von Arimathia, in dem die Züge Michelangelos erscheinen, das Unvollendete der ganzen Gruppe – dies zusammen bildet einen kaum noch zu steigernden Ausdruck des Todes und der menschlichen Hilflosigkeit gegenüber dem Sterben.

Pietà von Michelangelo: eine ergreifende Darstellung des Leidens

Michelangelo zerschlug dieses Standbild, weil ihm die Qualität des Marmors nicht genügte. Und doch war er gleichzeitig so fasziniert, dass er zu Füßen der Statue begraben sein wollte. Sein Schüler Calcagni setzte die Stücke wieder zusammen und nahm, außer an der Christusfigur, Überarbeitungen vor. Die linke Figur der Maria Magdalena wurde später hinzugefügt.

In diesem Saal befinden sich sich die Bildtafeln, die zuvor die Kassettenfelder am unteren Teil des Campanile schmückten und durch Kopien ersetzt wurden. Die **sechseckigen Tafeln** lassen sich außer fünf von Luca della Robbia nicht gesichert zuschreiben, denn die Arbeiten in den Werkstätten wurden gemeinsam ausgeführt. Dargestellt sind die Schöpfungsgeschichte und Handwerke, die – so die Vorstellung – notwendig wurden, nachdem die Menschen aus dem Paradies vertrieben worden waren. Die **rautenförmigen Bildtafeln**, auf denen die marmornen Reliefs auf blauem Majolikagrund aufgebracht sind, stammen aus der Schule des Andrea Pisano. Themen sind die Planeten, die Tugenden, die Künste und die Sakramente.

Der Saal ist benannt nach den zwei marmornen Sängerkanzeln von **Luca della Robbia** (1431–1438) und von **Donatello** (1433–1439), die für die Chorsänger vorgesehen waren. Luca della Robbias Thema ist der Lobgesang Gottes nach dem 150. Psalm, während Donatello auf der Tribüne furios den Tanz ausgelassener Putti illustriert. Die Tribünen standen bis 1688 im Dom und wurden anlässlich der

Erstes Stockwerk
◀ Saal der Bildtafeln des Campanile

◀ Saal der Sängertribünen

Hochzeit des Großherzogs Cosimo III. mit Violante Beatrice von Bayern abgebaut. Außerdem werden hier Statuen aufbewahrt, die in den Nischen des Campanile aufgestellt waren. Ausdrucksstarke meisterliche Werke sind der »Habakuk« (1423–1435) und »Jeremias« (1436) von **Donatello**, bei denen er klassischen Körperaufbau mit gotischer Gewandfigur verbindet und den Statuen Leidenschaft und prohetische Kraft verleiht.

★
»Habakuk« ▶
★
»Jeremias« ▶

Saal des
Silberaltars ▶

Die größte Kostbarkeit des Saals bildet der silberne Altar aus dem Baptisterium, eines der schönsten Werke der Florentiner Schmiedekunst. Mit seiner Anfertigung im gotischen Stil wurde schon 1366 begonnen, in seinem letzten Teil wurde er in der Renaissance vollendet (1480): Propheten und Sibyllen, Szenen aus dem Leben Johannes des Täufers und andere Darstellungen aus der Heiligen Schrift schmücken den Altar. Ergreifend ist die ausgezehrte greisenhafte Holzfigur der »Hl. Magdalena« (1453–1455) von **Donatello**. Wertvolle sakrale Gegenstände wie Kreuze, Reliquiare und Gewänder ergänzen die Sammlung dieses Saals.

★ ★
Silberaltar ▶

★
»Hl. Magdalena« ▶

Baustelle
Brunelleschis ▶

Im Korridor wurde die Baustelle der Domkuppel von Brunelleschi mit Arbeitswerkzeugen und Flaschenzügen rekonstruiert. Außerdem sind das originale Holzmodell der Laterne des Doms und die Totenmaske des großen Baumeisters zu sehen.

★ ★
Tafeln des
Paradiesportals ▶

Im sehr ansprechend gestalteten Innenhof sind die goldbronzenen Relieftafeln des wunderschönen Paradiesportals (1429–1447) von **Ghiberti** aufgebaut, die 1990 durch Kopien am Baptisterium ersetzt wurden. Die malerische Wirkung der vielfigurigen, landschaftlich wie architektonisch schönen Reliefs lässt sich hier in aller Ruhe und aus der Nähe betrachten.

Museo Stibbert

H/J 4

Lage: Via Federico Stibbert 26   **Bus:** 4

In der Villa Montughi vor der Stadt sammelte der schottische Offizier Frederik Stibbert seit 1860 Kunstschätze, die er 1906 Florenz schenkte.

🕐
Öffnungszeiten:
Mo.–Mi.
10.00–14.00
Fr.–So.
10.00–18.00

www.museo
stibbert.it ▶

Besondere Aufmerksamkeit verdient die Sammlung alter europäischer und asiatischer Waffen; ganze Rüstungen sowie Helme, Schwerter, Säbel, Degen und Pulverflaschen sind hier ausgestellt. Den Höhepunkt bildet im Kavalkadensaal (Sala della Cavalcata) ein **lebensgroß gestalteter Reiterzug** des 16. Jh.s mit 14 Reitern und 14 Fußsoldaten, bewaffnet und in voller Rüstung. Doch auch die anderen Exponate – Möbel, Gemälde, Stoffe und weitere künstlerisch wertvolle Stücke – zeigen den Kunstsinn und den Geschmack des Sammlers.

Museo Storico Topografico »Firenze com'era«

Lage: Via dell' Oriuolo 4   **Bus:** 14, 23

Das Museo Storico Topografico »Firenze com'era« vermittelt einen Einblick in die Stadtgeschichte seit dem 15. Jahrhundert.

Das Museum befindet sich gegenüber dem Ospedale Santa Maria Nuova. Gemälde, Zeichnungen, Drucke und Fotografien zeigen die Entwicklungsgeschichte der Stadt ab dem 15. Jh. auf. Interessant ist eine Kopie des so genannten **Kettenplans**, der die Stadt 1470 aus der Vogelperspektive zeigt. Weitere Stadtansichten geben einen Eindruck von dem historischen Florenz. Schließlich gibt ein **Stadtmodell** Überblick über den Baubestand von 1870. Darüber hinaus wird das Leben der Florentiner in ihren alltäglichen Bräuchen, ihren verschiedenen Festen und bei ihren großen Prozessionen gezeigt.

🕐
Öffnungszeiten:
Mo.–Mi.
9.00–14.00
Sa. 9.00–19.00

Umgebung des Museo Storico Topografico

Das Ospedale Santa Maria Nuova gegenüber dem Museum wurde 1287 gegründet und ist damit **das älteste Hospital der Stadt**. Ende des 14. Jhs. wurde es neu errichtet und erhielt dabei den Namen Santa Maria Nuova (»Neu Sankt Marien«). In den Jahren 1611 bis 1618 wurde es von Giulio Parigi erheblich vergrößert und 1708 fügte man das Obergeschoss hinzu. Bemerkenswert ist die klare Gliederung der Loggien an der Piazza Santa Maria Nuova. Eingefügt in das Gebäude ist die Kirche **Sant'Egidio**. Die wichtigsten Ausstattungsstücke des Innern wurde in den Uffizien untergebracht. Von dem restlichen Schmuck ist vor allem das Marmortabernakel (1149/1450) links vom Hauptaltar beachtenswert, ein Werk von Bernardo Rossellino.

Ospedale Santa Maria Nuova

Ognissanti

Lage: Piazza Ognissanti   **Bus:** C 2, C 3, D

Die Kirche Ognissanti, eine der ersten Barockkirchen von Florenz, geht auf einen Mittelalterbau zurück.

Sie wurde jedoch im 16. und 17. Jh. gänzlich erneuert; 1872 und nach der großen Überschwemmung 1966 waren Restaurierungen notwendig. Überragt wird die Kirche vom romanischen Campanile. An der Fassade sieht man im Tympanon das Majolika-Relief der Krönung Mariens. Im Innern ziert die Decke »Die Apotheose des

Die Kirche Ognissanti ist vor allem wegen der Werke von Ghirlandaio interessant.

hl. Franz« (1770) von Giuseppe Romei. Der zweite Altar auf der rechten Seite, der von der Familie Vespucci gestiftet worden war, ist mit der »Madonna della Misericordia« von Domenico **Ghirlandaio** (um 1473) geschmückt; der Mann unter dem rechten Arm der Madonna soll der Seefahrer Amerigo Vespucci sein, nach dem Amerika benannt wurde. Beachtenswert ist auch das Fresko mit Pietà (1472) von Domenico und Davide Ghirlandaio. In der Sakristei befindet sich das Tafelbild »Gekreuzigter« aus der Schule Giottos.

Cenacolo di Ghirlandaio e Museo Ognissanti

Vom Kreuzgang aus gelangt man in den Cenacolo di Ghirlandaio e Museo Ognissanti im ehemaligen Refektorium mit dem **»Abendmahl« (1480) des Domenico Ghirlandaio**, das die gesamte hintere Wand einnimmt. Das Werk ist so gestaltet, dass sich der Raum in der Malerei fortzusetzen scheint. Es beeindruckt durch seine realistische Darstellung der Figuren; der Kopf Jesu wurde im 17. Jh. ergänzt. Zu sehen sind hier ferner der »Hl. Hieronymus im Gehäus« (1480), ebenfalls von Ghirlandaio, sowie von Sandro Botticelli das bedeutende Werk »Hl. Augustinus«, ebenfalls von 1480. Öffnungszeiten: Mo., Di., Sa. 9. – 12.00 Uhr.

★ Orsanmichele

H 6/b III

Lage: Via dei Calzaiuoli   **Bus:** C 2, C 3, D

Die filigrane gotische Architektur der Kirche Orsanmichele wird ergänzt durch bedeutende bildhauerische Werke der Renaissance.

Öffnungszeiten:
Di. – So.
10.00 – 17.00

Die heutige Kirche, ein sehr gut erhaltener Bau des 14. Jh.s, entstand aus einem Oratorium – dem San Michele in Orto, der Name wurde gekürzt zu Or San Michele – und einer Verkaufs- und Lagerhalle für

Getreide, in der ein Gnadenbild mit der Zeit mehr Gläubige als Käufer anzog, so dass man Ende des 14. Jh.s der frommen Bestimmung des Baus den Vorzug gab. Die feine Gliederung der Außenmauern, die Ornamente, Bögen, Nischen, Figuren, Gesimse, die Marmorfüllungen der Fensteröffnungen und das aufwändige Maßwerk erheben die Kirche zu hohem architektonischen Rang.

In den 14 sorgfältig und kunstvoll bearbeiteten Nischen der Fassade, die von den einzelnen Zünften Ende des 14. Jh.s in Auftrag gegeben wurden, stehen deren Schutzheilige. Daher stammen die meisten Figuren, die heute durch Kopien ersetzt sind, aus dem beginnenden 15. Jh., darunter sehr **bedeutende Zeugnisse der Renaissanceskulptur**, ja die abendländische Bildhauerei überhaupt. In der Via dei Calzaiuoli, mit der linken äußeren Nische beginnend, sieht man zunächst ein Werk der Frührenaissance, die Bronzestatue **Johannes des Täufers** (1414) von Lorenzo Ghiberti, die er für die Zunft der Tuchhändler und Großkaufleute ausführte. Das in Faltenkaskaden herabfallende Gewand verleiht der Figur tänzerische Anmut, die noch dem gotischen Stilempfinden entlehnt ist. Renaissancehaft dagegen ist der kontrapostische (= gegensätzliche) Aufbau und das ausdrucksvoll-energische Antlitz. Zum Hochrenaissancestil zählt die Bronzegruppe **»Christus und der ungläubige Thomas«** (1465–1483) von Andrea del Verrocchio für die Nische des Handelsgerichtes. In

Nischenfiguren

Die Statue Johannes des Täufers schuf Ghiberti für die Zunft der Tuchhändler.

den nächsten beiden Nischen stehen der **Evangelist Lukas** (1597–1603) von Giambologna für die Zunft der Richter und Notare sowie der aus dem Umkreis von Donatello stammende **Apostel Petrus** (um 1420) im Auftrag der Schlachter. Für die zwei folgenden Nischen schuf Nanni di Banco den hl. Philippus (1410–1412), eine trotz Kontrapost noch flächig dekorativ aufgefasste Gewandfigur für die Gerberzunft, sowie die vier gekrönten **Heiligen** (1414–1417) für die Zunft der Steinmetze und Zimmerleute als Gruppe von vier unter Diokletian gemarterten frühchristlichen Bildhauern (Sockelrelief). Beeinflusst von der Antike zeigen seine Figuren einen ausgeprägten Kontrapost, togaähnliche Gewänder und römische Barttrachten.

Donatello meißelte den **hl. Georg** (um 1416) als Ritterheiligen für die Nische der Waffenschmiede (Original im Bargello). Zwar steht die Figur noch in einer Nische, doch ist der Weg zur freistehenden

Statue bereits vorgezeichnet. Die Bronzefigur des **Evangelisten Matthäus** (1424) von Lorenzo Ghiberti für die Geldwechslerzunft wirkt sicherer im Körperaufbau als der hl. Johannes. Statt traditionell frontal erscheint die Gestalt nun leicht seitlich gewendet, und die rechte Hand ist nicht mehr durch das Raffen des Gewands oder Halten eines Attributs gebunden, sondern der Evangelist hebt sie in der Geste eines antiken Redners vor die Brust.

Zwei weitere Nischen zeigen den **hl. Stephanus** (1427–1428) von Ghiberti für die Wolltuchhändler und den hoch aufgerichteten **hl. Eligius** (um 1420) von Nanni di Banco für die Hufschmiedezunft. Der folgende **Evangelist Markus** (1411–1415) ist von Donatello für die Zunft der Leinen- und Altwarenhändler geschaffen worden. Sein stark durchfurchter Bart, seine wenigen wilden Locken, tiefliegenden Augen und vorspringende Stirn vermitteln geistige Anspannung und innere Erregung.

In den weiteren Nischen fanden der **hl. Jacopus** (nach 1422) von Niccolò di Pietro Lamberti für die Kürschner und Pelzhändler, die **»Madonna della Rosa«** (1399), Giovanni di Piero Tedesco zugeschrieben, für die Zunft der Ärzte und Apotheker sowie der **Evangelist Johannes** (1515) von Baccio da Montelupo für die Seidenweber- und Goldschmiedezunft Aufstellung.

Innenraum
Das Innere der zweischiffigen Halle beeindruckt durch den Schmuck der Fresken, Gemälde und Glasfenster. Im linken Seitenschiff (hinten) befindet sich der Altar der hl. Anna mit der Marmorgruppe »Hl. Anna, Madonna und Kind«, die Francesco da Sangallo 1526 schuf. Das rechte Schiff wird von dem **berühmten gotischen Marmor-Tabernakel des Orcagna** (1349–1359) abgeschlossen, dessen reiche Dekoration das Gnadenbild der Madonna von Bernardo Daddi (1347) verherrlicht. Reliefs am Sockel zeigen Szenen des Marienlebens (vorne) und »Tod und Himmelfahrt Mariens« mit einem Selbstbildnis Orcagnas. Das Tabernakel wird von Engeln und Propheten, Sibyllen, Aposteln und allegorischen Figuren der Tugenden geschmückt. Beachtenswert die Marmorschranke mit Bronzegitter (1366), ein Werk des Pietro Migliore. Durch eine Brücke ist die Kirche mit dem Palazzo dell'Arte della Lana verbunden. Dort ist der Eingang zum **Museo di Orsanmichele** (z. Zt. geschl.), wo die Originalskulpturen von den Außenseiten gezeigt werden.

Durch Verarbeitung von Wolle und den Verkauf der Produkte wurde Florenz im Mittelalter wohlhabend. Dies zeigt sich in dem Palast der Zunft der Wollweber und Wollhändler (Via dell' Arte della Lana), die 200 Läden besaß. Der mit Orsanmichele durch eine Brücke (1569) von Buontalenti verbundene unregelmäßige Palastkomplex wurde im Jahr 1308 begonnen; 1905 nahm die Dante-Gesellschaft hier ihren Hauptsitz. Heute ist in dem Palast ein Geschäft untergebracht. Hier befindet sich auch der Zugang zum Museo di Orsanmichele. An der Ecke der Via dell' Arte della Lana/Via Orsanmichele steht der gotische Tabernakel Santa Maria della Tromba (14. Jh.).

Palazzo dell' Arte della Lana

✳ Ospedale degli Innocenti

J 6/c II

Lage: Piazza della SS. Annunziata 12   **Bus:** C 1, 6, 31, 32

Das im 15. Jh. erbaute Ospedale degli Innocenti war als Findelhaus Zufluchtsstätte für alle Mütter, die ihr neugeborenes Kind nicht behalten konnten.

Die Zunft der Seidenhändler und Seidenschneider beauftragte 1419 den Architekten Filippo Brunelleschi, ein Findelhaus zu errichten: Innocenti (»Unschuldige«) wurden die ausgesetzten Kinder in Erinnerung an die ermordeten Kinder von Bethlehem genannt. Mütter, die unerkannt ihre Neugeborenen ins Waisenhaus bringen wollten, konnten sie (bis 1875) in einen drehbaren Holzzylinder am Ende der Säulenhalle legen. Das Ospedale degli Innocenti markiert den **Beginn der Renaissancearchitektur in Florenz**.

🕐 Öffnungszeiten: tgl. 9.00 – 19.00

Die Loggia mit ihren harmonischen, von antikisierenden Säulen getragenen Bögen und ihrer Hängekuppeln macht den Ruhm des Ospedale aus. Die vollendete Architektur wird ergänzt durch Fresken unter den Arkaden und in den Lünetten über den Türen sowie durch zehn farbige, **Wickelkinder darstellende Medaillons** in glasierter Terrakotta, die Andrea della Robbia um 1463 schuf.

Loggia

In der Galleria dello Ospedale degli Innocenti im ersten Stock sind Gemälde und Fresken aus dem 14. bis 18. Jh. ausgestellt. Hervorzuheben sind die Werke von Giovanni del Biondo, Rossellino, Benedetto da Maiano und vor allem die Arbeiten von Domenico Ghirlandaio und Andrea del Sarto sowie die Terrakotta-Madonna von Luca della Robbia. Ein bedeutendes Werk ist die Altartafel **»Anbetung der Könige« von Ghirlandaio**. Die Sammlung abgelöster Fresken, die man von ihrem ursprünglichen Ort entfernt hat, umfassen Werke Florentiner Künstler, u. a. von Poccetti, Bicci di Lorenzo, Lorenzo Monaco, Allori, Rosselli, Ghirlandaio, Fra Bartolomeo, Perugino und della Robbia.

Galleria dello Ospedale degli Innocenti

Palazzo Antinori

H 6/a III

Lage: Piazza Antinori 3   **Bus:** C 1, C 2, 6, 22, 36, 37

An der gleichnamigen Piazza erhebt sich der Stadtpalast der Familie Antinori, die sich seit vielen Generationen dem Anbau und Verkauf guter Weine widmet.

Palast von Winzern
Der strenge und vornehme Bau wurde zwischen 1461 und 1466 im Stil Giuliano da Maianos errichtet. In dem Palast befindet sich die gleichnamige **Cantinetta**, in der man den hauseigenen Wein probieren und toskanische Spezialitäten von den Familiengütern kosten sollte – und nicht zuletzt kann man dabei einen Blick in den hübschen Innenhof mit Brunnen werfen.

Umgebung des Palazzo Antinori

San Gaetano
Die schönste Fassade des 17. Jh.s in Florenz besitzt die Kirche San Gaetano gegenüber, die schon im 11. Jh. bestand, jedoch zu Beginn des 17. Jh.s völlig erneuert wurde. Das Innere wird von hellen Figuren vor schwarzem Stein bestimmt, wodurch der Raum eine besondere Stimmung erhält. In der zweiten Kapelle links sieht man »Das Martyrium des hl. Laurentius« von Pietro da Cortona. Die Cappella Antinori des angrenzenden Klosters birgt einen »Gekreuzigten« von Filippo Lippi.

> **!** *Baedeker* TIPP
>
> **Feines Porzellan**
> Alle Liebhaber von schönem Geschirr sollten einen Besuch der Porzellan-Manufaktur Richard-Ginori (Via Rondinelli 15 – 17r) einplanen.

★ Palazzo Medici-Riccardi

H/J 6/b II

Lage: Via Cavour 1   **Bus:** C 1,14, 23

Der majestätische Quaderbau des Palazzo Medici-Riccardi, schräg gegenüber der Kirche San Lorenzo, verrät die Macht eines reichen Patriziergeschlechtes. Zugleich zeigt er in der Beschränkung auf das Wesentliche die kluge Bescheidenheit der bürgerlichen Medici, die einem demokratisch-republikanischen Gemeinwesen vorstanden und sich im 15. Jh. nicht wie Stadtkönige gebärden durften.

🕐
Öffnungszeiten:
Mo., Di., Do. – So.
9.00 – 19.00

Der Palast wurde von Michelozzo von 1444 bis etwa 1460 für Cosimo d. Ä. erbaut. Seine Nachkommen wohnten hier, bis Cosimo I. 1540 in den Palazzo Vecchio umzog. 1655 erwarben ihn die Riccardi, die ihn vergrößerten (Verlängerung der Palastfront); 1818 ging er in

»Orpheus« wacht über den schönen Innenhof des Palazzo Medici-Riccardi.

den Besitz der Großherzöge der Toskana über. Der Bau umfasst die bekannte Cappella dei Magi und die Biblioteca Riccardiana. Plünderungen, Zerstörungen und Verkäufe dezimierten den Bestand an wertvollen Kunstschätzen und Einrichtungsgegenständen erheblich.

Außenansicht

Die drei Geschosse dieses prototypischen ersten Renaissancepalastes sind streng voneinander abgesetzt, was ihre Eigenart hervorhebt. Im Erdgeschoss bemerkt man »kniende Fenster« – wegen der Konsolen, auf denen die Fensterbänke liegen, so genannt – mit Dreiecksgiebeln und Überfangbögen. Im ersten Geschoss sind die Rundbogenfenster zweigeteilt. Säulchen unterteilen die Fenster auch im zweiten Geschoss, das von einem Dachgesims bekrönt wird. An der Südseite prangt das **Wappen der Medici** mit sechs Kugeln, wovon die oberste mit einer Lilie geschmückt ist.

Hof

Durch den Torbogen gelangt man in den schönen ersten quadratischen Säulenhof mit zwölf Marmormedaillons über den Arkadengängen und der Statue des **Orpheus** von Baccio Bandinelli.

Cappella dei Magi

Vom Hof führt eine Treppe zur Palastkapelle im ersten Stockwerk, die nach Entwürfen von Michelozzo erbaut wurde. Die Wände der Kapelle schmückte Benozzo Gozzoli mit einem Freskenzyklus, der zu seinen Hauptwerken gehört: **»Der Zug der Heiligen Drei Könige nach Bethlehem«** (1459/1460). Gozzoli nahm darin zwei historische Ereignisse in Florenz auf: die prächtige, 1439 abgehaltene Bischofsversammlung der Kirche und den Besuch des Papstes Pius II., des großen Humanisten Aeneas Silvius Piccolomini 1459. Einige der an diesen Ereignissen beteiligten Personen stellte der Künstler dar: als Könige den Patriarchen Josephus von Konstantinopel (als den ältesten), den oströmischen Kaiser Johannes VII. und Lorenzo de' Medici als jungen Knaben. Die sehr gut erhaltenen, besonders in den Farben eindrucksvollen Fresken vermitteln die Kulturvorstellung der Renaissance in der Florentiner Führungsschicht. Das Altarbild ist die Kopie einer berühmten Darstellung der »Geburt Jesu« von Filippo Lippi; das Original hängt in der Berliner Gemäldegalerie.

Umgebung des Palazzo Medici-Riccardi

San Giovanni degli Scolopi

Dem Stadtheiligen von Florenz, Johannes dem Täufer, steht Johannes der Evangelist zur Seite. Ihm zu Ehren begann der Architekt **Ammanati** 1579 im Auftrag des Jesuitenordens mit dem Bau der Kirche und des angrenzenden Kolleggebäudes gegenüber dem Palazzo Medici. Fertiggestellt wurde die Kirche jedoch erst durch den Architekten **Alfonso Parigi** den Jüngeren (1661). Als die Jesuiten 1773 aus Florenz vertrieben wurden, übergab man die Kirche den Piaristen (Padri Scolopi). Die Innere ist mit Fresken reich geschmückt.

✶ ✶ Palazzo Pitti

H 7

Lage: Piazza Pitti   **Bus:** C 3

Einst war der Palazzo Pitti Schauplatz der fürstlichen Hofhaltung der Großherzöge, heute ist seine kostbare Inneneinrichtung, vor allem die umfangreiche Gemäldegalerie von europäischem Rang, für jedermann zugänglich. Außerdem beherbergt der Palast die Appartamenti Monumentali der ersten italienischen Könige.

⏱ Öffnungszeiten: Di. – So. 8.15 – 18.50

Der Palast besticht durch seine Größe (32 000 m² Fläche, 205 m Fassadenlänge), sein imposantes Äußeres und durch die Lage oberhalb des gleichnamigen weitläufigen Platzes. Die Pitti waren eine angesehene und reiche Florentiner Kaufmannsfamilie. Deshalb plante Luca Pitti (nach 1447) einen großartigen Stadtpalast auf dem linken Arno-Ufer, etwas oberhalb der Stadt.

Der **Architekt Luca Fancelli** leitete – möglicherweise nach Entwürfen Brunelleschis – die ersten Bauarbeiten (1457 – 1466). Zwischen 1558 und 1570 ließ Eleonora von Toledo, die Frau Cosimos I., den Palazzo, den sie 1549 erworben hatte, durch Bartolomeo Ammanati gänzlich erneuern: Dabei wurde er beträchtlich vergrößert. Für den Schmuck der Gemächer kauften die neuen Medici-Besitzer, vor allem Cosimo II., wertvolle Bilder, die den Grundstock der Galleria Palatina ausmachen. Antike und zeitgenössische Statuen kamen hinzu. Der Palazzo Pitti war von 1864 bis 1871 Residenz der italienischen Könige, als Florenz Hauptstadt eines noch nicht gänzlich geeinten

Palazzo Pitti Orientierung

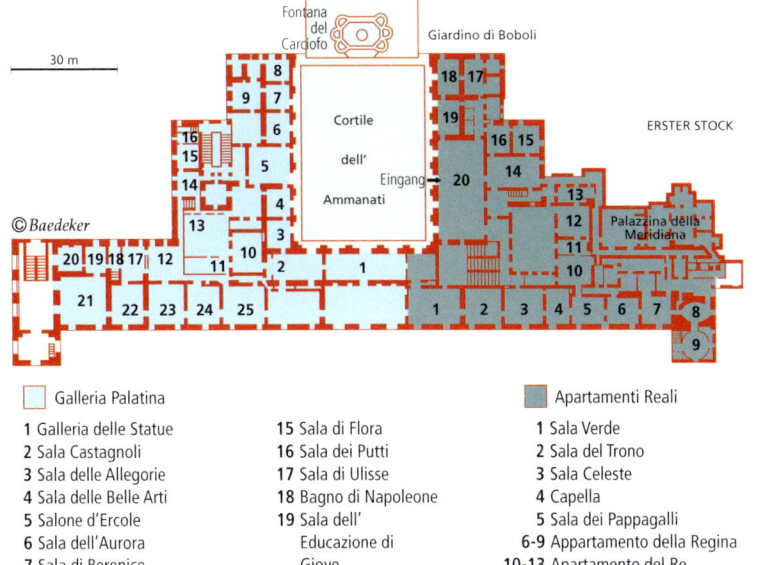

© Baedeker

Galleria Palatina

1 Galleria delle Statue
2 Sala Castagnoli
3 Sala delle Allegorie
4 Sala delle Belle Arti
5 Salone d'Ercole
6 Sala dell'Aurora
7 Sala di Berenice
8 Sala di Psiche
9 Sala della Fama
10 Sala della Musica
11 Corridoio del Poccetti
12 Sala di Prometeo
13 Corridoio delle Colonne
14 Sala della Giustizia

15 Sala di Flora
16 Sala dei Putti
17 Sala di Ulisse
18 Bagno di Napoleone
19 Sala dell'
Educazione di
Giove
20 Sala della Stufa
21 Sala dell' Iliade
22 Sala di Saturno
23 Sala di Giove
24 Sala di Marte
25 Sala di Apollo
26 Sala di Venere

Apartamenti Reali

1 Sala Verde
2 Sala del Trono
3 Sala Celeste
4 Capella
5 Sala dei Pappagalli
6-9 Appartamento della Regina
10-13 Apartamento del Re
14 Sala di Bona
15 Sala della Temperanza
16 Sala della Sapienza
17 Sala della Giustizia
18 Sala della Carità
19 Sala della Fedeltà
20 Sala Bianca

Italien war. König Vittorio Emanuele III. schenkte ihn 1919 schließlich dem Staat, der die Museen erweitern ließ. Höhepunkt architektonischer Gestaltungskraft sind die Schauseite des Palastes mit den mächtigen Steinquadern, den hochgewölbten Fenstern und den Stufungen der Geschosse sowie der von 1558 bis 1570 in manieristischem Stil von **Bartolomeo Ammanati** angelegte Hof, der als Grotte erscheint und von »rustikaler« Fantasie belebt ist. An ihn schließt nach der Terrasse mit Brunnen und Statuen der ►Giardino di Boboli an. Zwar behielt Ammanati beim Hof den dreigeschossigen Aufbau mit klassischer Säulenordnung (dorisch, ionisch, korinthisch) bei, zerlegte jedoch die vertikale Säulenstruktur wieder durch horizontale über drei Geschosse variierende Schichten von Rustikaquadern und band auf diese Weise die hervortretenden Säulen wieder in die Wandfläche ein.

✳ ✳ Galleria Palatina

Vom Innenhof des Palastes gelangt man rechts zum Eingang und zum Aufgang der Galleria Palatina (erstes Stockwerk). Die Bilder der Galerie sind nicht nach ihrer chronologischen Entstehung, sondern nach dekorativen Kriterien geordnet, um die Prunkräume zusammen mit dem wertvollen Mobiliar zu schmücken. Die Namen der Räume entsprechen der ausgestellten Thematik bzw. den in ihnen mit Werken vertretenen Künstlern. Besonderes Interesse verdienen die Gemälde von Raffael, Andrea del Sarto, Tizian, Tintoretto und Rubens.

Sala Castagnoli Von der Treppe aus durchquert man das Vestibül und gelangt in die Sala delle Statue mit antiken Skulpturen, wo der derzeitige Rundgang beginnt. Die Reihenfolge der beschriebenen Räume entspricht der Nummerierung im Grundriss. Benannt ist der Saal nach dem Künstler Giuseppe Castagnoli, der nach 1815 das Deckengemälde schuf. An den Längswänden des Raumes stehen zwei kolossale Marmorstatuen aus der Villa Medici in Rom. Der wertvolle **Musentisch** aus Lapislazuli in der Raummitte, der zwischen 1800 und 1855 im Opificio delle Pietre Dure geschaffen wurde, ist mit pflanzlichen und figürlichen Motiven aus Halbedelsteinen verziert.

Sala delle Allegorie Die mit der Sala delle Allegorie beginnende Saalflucht, die Quartiere del Volterrano, war zur Zeit der Medici Winterwohnung der Großherzogin. Aus der Medici-Zeit stammt nur noch die Dekoration des ersten Raums, die anderen Säle erhielten nach 1815 eine neue Ausstattung. Der von der Großherzogin Vittoria della Rovere in Auftrag gegebene »Saal der Allegorien« ist mit Fresken von Volterrano ausgestattet. Die Plastik **»Michelangelo als Kind«** (1861) von Emilio Zocchi vermittelt den Mythos des genialen Künstlers, der schon in frühen Jahren einen Faun aus dem Marmor meißelt.

Sala della Musica Der »Musiksaal« ist benannt nach den Konzerten, die hier stattfanden, auch von Musikinstrumenten nachempfundenen Möbeln inspiriert. Beachtenswert ist der gemalte Fries, der ein Relief vortäuscht.

Sala di Prometeo Fast alle Tondi, die sich im Besitz der Galleria Palatina befinden, hängen in der Sala di Prometeo (»Saal des Prometheus«). Sie stammen ebenso wie die anderen Werke in diesem Raum aus dem 15. und 16. Jahrhundert. Mit Arbeiten vertreten sind hier u. a. Filippo Lippi, Sandro Botticelli, Ridolfo del Ghirlandaio und Guido Reni. Das Madonnenbild (um 1450), das große und einzige **Tondo Lippis**, vereinigt in mittelalterlicher Weise verschiedene Themen: Madonna mit Kind, Szenen aus dem Leben der hl. Anna und die Geburt Mariens. Der Saal ist nach dem Deckengemälde benannt, auf dem Prometheus, der den Menschen das Feuer bringt, dargestellt ist. Die mit farbigen Blumensträußen bemalte und vergoldete Bronzeverzierungen geschmückte Vase stammt aus der Sèvre-Porzellan-Manufaktur.

✳

Madonnenbild ▶

![Galleria Palatina: prachtvoller Rahmen für hochkarätige Kunstwerke](image)

Galleria Palatina: prachtvoller Rahmen für hochkarätige Kunstwerke

Im »Saal der Gerechtigkeit« hängen in erster Linie Werke der venezianischen Malerei des 16. Jh.s. Herausragend ist **Tizians** »Bildnis des Tommaso Mosti« (1520 – um 1530), der dem Hof von Urbino angehörte. Typisch für die Meisterschaft des Malers sind die genaue Darstellung des Gesichts und der pelzgefütterten Jacke.

Sala della Giustizia

★

◄ »Bildnis des Tommaso Mosti«

An der Decke der Sala di Ulisse (»Odysseus-Saal«) ist die Heimkehr von Odysseus dargestellt, eine Anspielung auf die Rückkehr Ferdinands III. von Lothringen nach Florenz (1815). Wichtigstes Werk in diesem Saal ist **Raffaels** »Madonna dell' Impannata« (um 1514), benannt nach dem Stoff, mit dem das Fenster verhangen ist. Das Gemälde zeigt eine komplizierte Figurenanordnung.

Sala di Ulisse

★

◄ »Madonna dell' Impannata«

Der »Saal der Erziehung des Jupiter« diente Napoleon als Schlafgemach. Caravaggios **»Schlafender Amor«** zeigt seinen ausgeprägten Realismus: Als Modell hatte er ein totes Kind, wodurch die mythologische Figur nicht idealisiert ist, sondern die Darstellung eines wahrheitsgetreuen Abbildes eines kindlichen Körpers gelingt.

Sala dell' Educazione di Giove

Die kleine Sala della Stufa (»Saal des Ofens«) wurde zunächst 1627 von dem florentinischen Künstler Matteo Rosselli dekoriert, die Gemälde für die freigebliebenen Wände schuf **Pietro Cortona** 1637 und 1640/1641. Sie thematisieren die **»Vier Lebenszeitalter des Menschen«**: das goldene, silberne, kupferne und eiserne. Von diesem Saal aus wurden die anderen Räume geheizt.

Sala della Stufa

Sala dell' Iliade

Die Ausstattung des »Saales der Ilias« stammt nicht wie die der vorhergehenden aus dem 17. Jh., sondern wurde zwischen 1819 und 1825 neu geschaffen. Luigi Sabatelli malte das Deckengemälde, das den Olymp zeigt, und die Lünetten mit Szenen aus Homers »Ilias«. Zwei großformatige Bilder Andrea del Sartos, die beide die **Himmelfahrt Marias** zum Thema haben, hängen einander gegenüber und können miteinander verglichen werden. Ferner erfordern das gelungene Frauenporträt »La Gravida« (»Die Schwangere«; um 1507) von

✴

»La Gravida« ▸ **Raffael** und das im barocken Stil gemalte **»Bildnis des Grafen Waldemar Christian«** (um 1660) von **Justus Sustermans**, des Hofmalers der Medici, besondere Beachtung.

Sala di Saturno

Das Deckenfresko (1662–1665) im »Saturn-Saal« von Ciro Ferri stellt den Fürsten als Herakles dar, der zum Olymp aufsteigt. Beeindruckend in ihrer Schlichtheit und Innigkeit ist die **»Madonna del Granduca«** (um 1506) von **Raffael**. Die »Madonna mit Kind und dem Johannesknaben« (»Madonna della seggiola«; ca. 1516) ist das einzige Madonnenbild Raffaels in Tondoform. Diese Form bewirkt eine Dichte und Monumentalität der Darstellung. Ebenfalls von Raffael stammen die **Porträts von Agnolo und Maddalena Doni** (beide 1505/1506). Vor allem in der Haltung Magdalenas ist der Einfluss von Leonardo da Vincis »Mona Lisa« erkennbar. Die Vorliebe des Malers zum Detail wird in beiden Portrats deutlich. Die Doni waren Kunstsammler und Mäzene, die auch Michelangelo schätzten.

✴

»Madonna mit Kind und dem Johannesknaben« ▸

Sala di Giove

Auch der »Saal des Jupiter« (1642–1644) ist mit Deckenbildern von Pietro da Cortona ausgestattet. Der Saal diente als Thronsaal, worauf das Deckengemälde Bezug nimmt. Zu den bedeutendsten Kunstwerken dieses Raums zählt das bekannte Gemälde **»Der Johannesknabe«** (ca. 1525) von **Andrea del Sarto**; bemerkenswert ist die plastische Gestaltung der Figur, die durch den roten Mantel noch verstärkt wird. Eines der wichtigsten Bilder des frühen 16. Jh.s ist die »Pietà«

✴

»Pietà« ▸ (ca. 1511–1512) von **Fra Bartolomeo**; das Werk beeindruckt durch die feine und plastische Darstellung und die intensiven Farben. **»Die drei Alter des Menschen«**, das Giorgione zugeschrieben wird, ist eine Gesangsstunde zum Thema. Die **»Dame mit Schleier«** (»La Velata«), eines der schönsten Frauenporträts **Raffaels**, entstand um 1516.

Sala di Marte

Die Deckengemälde (1644–1646) im »Saal des Mars« stammen von Pietro da Cortona und zeigen das Familienwappen der Medici, umgeben von allegorischen Szenen zu Krieg und Frieden. In Korrespondenz zur Thematik des Deckenbildes steht **Rubens'** großformatiges Meisterwerk »Die Folgen des Krieges« (1637–1638). Dargestellt ist,

✴

»Die Folgen des Krieges« ▸ wie Venus vergeblich versucht, Mars davon abzuhalten, in den Krieg zu ziehen. Rubens schuf das Gemälde unter dem Eindruck des Dreißigjährigen Krieges. Ein Meisterwerk der Porträtkunst des 17. Jh.s ist

✴ ✴

»Die vier Philosophen« ▸ das Gemälde »Die vier Philosophen« (1611–1612) von Rubens, wo sich der Künstler links selbst dargestellt hat. Der Maler schuf das

Galleria Palatina: Dicht an dicht hängen die Gemälde in den prächtigen Räumen.

Werk in Erinnerung an seinen verstorbenen Bruder Philipp und dessen Philosophielehrer Justus Lipsius; der rechte Mann ist ein Mitschüler. Die Tulpen bei der Büste Senecas symbolisieren die Blüte des Lebens. Das **»Bildnis des Ippolito de' Medici«** (1533) malte **Tizian** als Erinnerung an die Kriegstaten des Kardinals bei der Besetzung Wiens durch die Türken. In der Farbgebung und in der Mimik wird denn auch das Kriegerische des Geistlichen betont. Im **»Bildnis des Kardinals Bentivoglio«** (ca. 1625) verherrlicht **van Dyck** den päpstlichen Legaten in den Niederlanden durch die Kardinalsfarbe Rot, die edlen Gesichtzüge und die feinen Hände. **Tintoretto** verdeutlicht im **»Bildnis des Alvise Cornaro«** (ca. 1560–1665) neben dem Rang des Literaten auch dessen menschliche Seite.

Wiederum schuf Pietro da Cortona die Fresken des »Apollo-Saales«, die er 1646 begann und sein Schüler Ciro Ferri vollendete. Von den aus dem 16. und 17. Jh. stammenden Werken seien besonders genannt: **»Hl. Maria Magdalena«** und **»Bildnis eines Mannes«** (ca. 1535), beide von **Tizian**. Das erstere Gemälde, das um 1535 für den Herzog von Urbino entstand, zeigt in der Haarpracht der Heiligen das typische »Tizianrot«. Im »Bildnis eines Mannes« hebt der Maler den hohen Rang des Porträtierten durch den hochmütigen Blick, das schwarze Gewand und die schwere Goldkette hervor. Die **»Beweinung Christi«** (»Pietà di Luco«) malte **Andrea del Sarto** 1523 und 1524 für den Hochaltar der Kirche von Mugello. Die changierende Farbgebung des Gemäldes verweist bereits auf den Manierismus. Dem Spätwerk Guido Renis zuzurechnen ist die »Kleopatra« (1638/1639) in pathetischer Pose und Lichtführung.

Sala di Apollo

Sala di Venere Die Deckenfresken, die ebenfalls von Pietro da Cortona um 1641/ 1642 ausgeführt wurden, zeigen im Mittelteil den Fürsten, der von Minerva der Venus entrissen wird, um ihn den Künsten zuzuführen. Die ovalen Stuckmedaillons zeigen die Päpste und Fürsten der Medici. In der Saalmitte steht die »Italische Venus« von **Antonio Canova**, **»Italische Venus«** ► die 1810 von Napoleon in Auftrag gegeben worden ist. Meisterlich ist bei der Statue die Bearbeitung der Marmors bei der Behandlung der Körperoberfläche und des Gewandes. In den Gemälden »Rückkehr der Bauern vom Feld« (ca. 1640) und »Odysseus auf der Insel Feaci« hebt **Rubens** die heitere Seite der Natur hervor. Eine grandiose Landschaftsdarstellung gelang **Salvatore Rosa** mit dem **»Meer bei Sonnenuntergang«** (ca. 1645), auf dem die untergehende Sonne der Szenerie eine besondere Wirkung verleiht. Drei Gemälde bezeugen die Entwicklung des Venezianers Tizian: »Das Konzert« (1510 bis 1512), **Porträts des** »Bildnis einer Edelfrau« (ca. 1536) sowie »Bildnis von Pietro Areti- **Tizian** ► no« (1545); beide Porträts sind einfühlsame Menschenbilder.

Weitere Museen

Appartamenti Die Sammlung der Kunstwerke in der Galleria Palatina des Palazzo
Reali Pitti wird ergänzt durch die Appartamenti Reali (»Königliche Gemächer«), in denen Viktor Emanuel II., Umberto I., Königin Margherita und Viktor Emanuel III. wohnten. Die prunkvollen Räume – auch hier sollte man Fresken und Stuckverzierungen beachten – sind mit kostbaren Möbeln, Gemälden, Statuen, Gobelins und Gebrauchsgüter ausgestattet. Die meisten Einrichtungsgegenstände stammen aus dem 19. Jh., einige Räume bergen daneben noch florentinische Barockmöbel.

Auch die Appartamenti Reali sind sehr prunkvoll ausgestattet.

Die Galleria d'Arte Moderna befindet sich im zweiten Stockwerk des Pitti-Palastes. Sie wurde um 1860 gegründet und kontinuierlich erweitert durch Kunstwerke, die aus öffentlichen Galerien überführt wurden, sowie durch Schenkungen. Sie zeigt eine beeindruckende Übersicht über die **toskanische Malerei des 19. und 20. Jh.s** sowie anderer italienischer Schulen; hinzu kommen Beispiele der Bildhauerei dieser Zeit. Ein Teil der Sammlung ist den »Macchiaioli«

(»Kleckser«) gewidmet. Die Vertreter dieser toskanischen Schule –
u. a. Giovanni Faltori, Silvestro Lega, Telemaco Signorini – erhielten
ihren Namen aufgrund ihrer anti-akademischen Pinselführung. Außerdem sind Werke moderner italienischer Maler. vertreten, Zu ihnen gehören u. a. Severini, Soffici, De Chirico und Morandi. Öffnungszeiten: wie Palazzo Pitti.

Museo degli Argenti

Im Erdgeschoss des Palazzo Pitti (Zugang vom Innenhof des Palastes,
links) ist in den Räumen die **Silberkammer** untergebracht. Neben
Silber- und Goldschmiedearbeiten werden hier auch Edelsteine,
Schmuck, Elfenbein- und Bernsteinarbeiten sowie bemaltes Glas und
Porzellan präsentiert. Die Sammlung des Museums, das nach dem
Ersten Weltkrieg gegründet wurde, basiert auf dem Silberfundus des
Hauses Medici; weitere Schaustücke stammen aus den Uffizien, dem
Bargello sowie dem Schatz der fürstlichen Erzbischöfe von Salzburg
und der italienischen Könige. Zu sehen sind Schmuckkästchen und
Reliquienschreine aus dem 17. und 18. Jh., Vasen, Kristallgefäße, Go-
belins, Bernstein- und Elfenbeinarbeiten aus dem 16. und 17. Jh., die
Schmucksammlung der Medici, Becher, goldenes Tafelservice sowie
Silberkrüge und -schüsseln. Öffnungszeiten: Jan., Feb., Nov., Dez.
8.15 – 16.30; März 8.15 – 17.30; Apr., Mai, Sept., Okt. 8.15 – 18.30;
Juni, Juli, Aug. 8.15 – 19.30 Uhr.

Museo delle Carrozze

Auch das Kutschenmuseum ist im rechten Seitenflügel des Erdge-
schosses des Palazzo Pitti untergebracht. Zu sehen sind Prunkkut-
schen, Kaleschen und Wagen aller Art, die im 18. und 19. Jh. von
den Großherzögen und Königen benutzt wurden. Öffnungszeiten
n. V. Tel. 0 55 2 38 86 11.

Umgebung des Palazzo Pitti

Museo Zoologico La Specola

Im Palazzo Torrigiani (Via Romana 17), auch »La Specola«, die
»Sternwarte«, genannt, weil Großherzog Pietro Leopoldo 1775 hier
ein astronomisches und meteorologisches Observatorium einrichte-
te, befindet sich das Zoologische Museum. Von besonderem Interesse
ist hier die »Sammlung der anatomischen Präparate in Wachs«. Ein
Großteil der Exponate wurde unwahrscheinlich naturgetreu in der
Werkstatt des Clemente Susini (1754 – 1814) geschaffen. Öffnungszeiten: Di. – Sa. 9.30 – 16.30, So. 10.00 – 18.00 Uhr.

San Felice

Die Entstehungsgeschichte der Kirche San Felice, die gegenüber dem
Palazzo Pitti steht, geht weit ins Mittelalter (1066) zurück. Die Fassade, ein klassisches Beispiel einfacher, doch wirkungsvoller Renaissance-Architektur, entstand um 1450. Werke der Giotto-Schule
(»Gekreuzigter«), der Schule des Filippino Lippi (Triptychon), des
Ridolfo Ghirlandaio (»Madonna mit Kind«), des Neri di Bicci (Triptychon) und eine Terrakotta-Gruppe aus der Schule des Giovanni
della Robbia bereichern die Ausstattung der Kirche.

✷ Palazzo Rucellai

H 6/a III

Lage: Via della Vigna Nuova 18 **Bus:** C 3, D

Der Architekt Bernardo Rossellino errichtete von 1446 bis 1451 nach Entwürfen von Leon Battista Alberti den Palast, der zu den schönsten Stadthäusern der Renaissance in Florenz gehört. Giovanni di Paolo Rucellai war der Auftraggeber, ein reicher Großkaufmann, der im 15. Jh. zu Geld und Ansehen gekommen war.

Palast eines reichen Kaufmannes

Architekt und Künstler, Alberti und Bernardo Rossellino, konnten sich an diesem Bau frei entfalten, der wohlhabende Händler stellte bereitwillig die Mittel zur Verfügung. So entstand ein Palazzo, der durch die genaue Zeichnung der Fassade mit nach oben schmaler werdenden Pilastern, verschieden geformten Fenstern, genau behauenen Steinquadern und einer nach oben abnehmenden Geschosshöhe eine klare Konzeption und eine großzügige Ausführung verrät – ein Markstein in der Architekturgeschichte der Renaissance. Über den Fenstern des ersten Geschosses zieht sich ein Fries mit steinernen windgeblähten Segeln, dem Handelszeichen der Rucellai. Der Palast befindet sich noch heute im Besitz der Familie.

Umgebung des Palazzo Rucellai

Palazzo Corsini

Der Palazzo Corsini (Lungarno Corsini 10) steht etwas weiter südlich des Palazzo Rucellai am Arno. Er ist unvollendet, sein linker, symmetrisch zum rechten passender Teil fehlt. Der Palast, noch heute im Besitz der Familie Corsini, wurde von Pier Francesco Silvani und Antonio Ferri von 1648 bis 1656 im Stil des 16. Jh.s mit barocken Elementen erbaut.

Galleria Corsini ▸

Der Palazzo Corsini beherbergt **die bedeutendste Privatsammlung von Florenz**, die 1765 von Lorenzo Corsini, einem Neffen Papst Klemens' XII., gegründet wurde. Die Bilder sind nicht nach ihrer Entstehungszeit geordnet, sondern nach dem alten Kriterium der Dekoration und Symmetrie: das Gemälde sollte sich als Schmuck in den Raum einfügen, nicht um seiner selbst willen betrachtet werden. Zu sehen sind schöne Beispiele der italienischen und ausländischen Schulen des 17. Jh.s und der Florentiner Malkunst des 15. und 16. Jh.s, u. a. von Raffael. Einige Standbilder und Büsten (1730 – 1740) erinnern an den Corsini-Papst Klemens XII. Vorübergehend geschlossen, www.palazzocorsini.it.

Ponte alla Carraia

Der Ponte alla Carraia (unweit westlich des Palazzo Corsini), der älteste Arno-Übergang nach dem Ponte Vecchio, stürzte mehrfach ein und musste neu erbaut werden: z. B. 1304, nachdem zuviele Schaulustige von der Brücke aus ein Wasserspektakel auf dem Arno verfolgen wollten, oder infolge von Überschwemmungen. Der Baumeister

Bartolomeo Ammanati gab ihr 1559 die heutige Form mit fünf Bögen. Der Ponte alla Carraia wurde während des Zweiten Weltkrieges von den deutschen Truppen gesprengt, doch gelang es, die Brücke in Anlehnung an ihre ursprüngliche Form wiederzuerrichten.

Palazzo Spini-Ferroni

H 7/a II/IV

Lage: Piazza Santa Trinità   **Bus:** C 3, 6, 36, 37

Den größten der mittelalterlichen Paläste in Florenz ließ die Familie der Spini – später ging er in den Besitz der Ferroni über – ab 1289, wahrscheinlich nach Plänen von Arnolfo di Cambio, erbauen.

Der ausgedehnte Komplex am Ufer des Arno beeindruckt durch seine mächtigen Mauern, seine Höhe und den stark betonten Zinnenkranz. 1927 eröffnete **Salvatore Ferragamo**, der berühmte »Schuhmacher der Stars«, eine Werkstatt und ein Geschäft im Palazzo. Bis heute ist dieser Palast das Stammhaus des Unternehmens Ferragamo, das inzwischen auch edle Mode und Accessoires entwirft.

Trutziger Stadtpalast

In dem trutzigen Stadtpalast konnten sich die reichen Besitzer sicher fühlen.

Museo Salvatore Ferragamo

Der 1960 verstorbene Salvatore Ferragamo fertigte Schuhe für Hollywoodstars wie Greta Garbo und Marilyn Monroe. 1995 richtete man im Palazzo Spini-Ferroni ein Museum für ihn ein, wo 10 000 Kreationen des Meisters ausgestellt sind, darunter der berühmte »Unsichtbare Schuh«, für den Ferragamo 1947 den Mode-Oscar bekam (▶ Baedeker Special). Öffnungszeiten: Mo., Mi.–So. 10.00–18.00, Aug. Mo.–Sa. 10.00–13.00, 14.00–18.00 Uhr; museoferragamo.it

Umgebung des Palazzo Spini-Ferroni

Palazzo Bartolini-Salimbeni

Der Palazzo Bartolini-Salimbeni unweit nördlich wurde von Baccio d'Agnolo 1517 bis 1520 erbaut. Die Florentiner warfen dem Architekten vor, er habe zu viele römische Bauelemente (klassische Formen von Bramante und Raffael) aufgenommen, die mehr zu einer Kirche als zu einem Stadthaus passten. Mit einer Inschrift über dem Portal »carpere promptius quam imitari« (»kritisieren ist leichter als selbst machen«) wehrte sich der Architekt dagegen. Eine andere Inschrift über den Fenstern verrät das Erfolgsgeheimnis der ehemaligen Besitzer: »Per non dormire« (»nur nicht schlafen«).

Santi Apostoli

Eine lateinische Inschrift links auf der Fassade besagt, die »Kirche der hl. Apostel« (Piazza del Limbo, östlich vom Palazzo Spini-Ferroni) sei bereits von Karl dem Großen gegründet und von Erzbischof Turpinus geweiht worden. Geschichtlich gesichert ist nur, dass die Kirche Ende des 11. Jh.s entstand und im 15. und 16. Jh. erneuert wurde. In die romanische Fassade baute Benedetto da Rovezzano Anfang des 16. Jh.s ein schönes Portal ein.

In der dreischiffigen Basilika fallen die Säulen von grünem Marmor aus Prato mit Komposit-Kapitellen – die ersten beiden aus den nahegelegenen römischen Thermen – auf. Die Überschwemmung von 1966 hat der Kirche und ihren Kunstwerken schwere Schäden zugefügt. Hervorzuheben sind: ein großer Majolika-Tabernakel (um 1500) von **Giovanni della Robbia** und das Grabmal des Oddo Altaviti von **Benedetto da Rovezzano** (1507), beide im linken Seitenschiff) sowie ein Tafelgemälde von Vasari »Unbefleckte Empfängnis« (1541) in der dritten Kapelle des rechten Seitenschiffs.

✷ Palazzo Strozzi

H 6/a/III

Lage: Piazza Strozzi   **Bus:** C 1, 6, 22, 36, 37

Das Stadthaus der machtbewussten Familie Strozzi gilt als der schönste der Florentiner Renaissance-Paläste.

»Mächtiger« Palast

Die Strozzis fühlten sich im 15. Jh. den Medici durchaus ebenbürtig. Um den einflussreichen Lorenzo de' Medici, den Prächtigen, jedoch

Viele Prominente waren einst ganz versessen auf die ausgefallenen Schuhkreationen von Ferragamo.

HIGH HEELS FÜR PROMIS

Hollywoods Diven und zahlreiche Königinnen stellten gerne ihre Füße zur Verfügung, um von den Schuhkunstwerken des Salvatore Ferragamo umschmeichelt zu werden.

Bis heute steht der Name **Ferragamo** für besonderen Schick am Fuß, nunmehr in der dritten Generation eines Familienbetriebs in Florenz, der ausgefallenes Design mit handwerklicher Feinstarbeit kombiniert zu einem extravaganten Laufwerk speziell für gut betuchte Damen mit Geltungsbedürfnis. »La bella forma«, egal ob für Platt-, Senk- oder Spreizfüße, war zeitlebens das Credo des Salvatore Ferragamo, der 1898 als elftes von vierzehn Kindern eines armen Bauern in einem trostlosen Nest bei Neapel auf die Welt kam und mit sechzehn nach Amerika auswanderte, wo sein Aufstieg vom Schusterjungen zum Traumschöpfer der Schuhmode rasant voranging. Zunächst brachten ihn Cowboystiefel für Westernfilme ins Geschäft mit **Hollywood**, dann entstanden Historienfilme mit eigenen Schuhkreationen, schließlich wollten die Diven auch privat nur noch handgefertigte Exemplare von Ferragamo tragen. Sie folgten ihm sogar nach Florenz, wo der Magier der Schuhe seit 1927 immer ausgefallenere Modelle zauberte. 1936 kreierte Ferragamo die Keilsohle aus Kork, es folgte die Sandalette aus Nylonfäden und dann der Käfig für den abnehmbaren Stöckel. Als **Greta Garbo** im Florentiner Schuhpalast erschien und Salvatore für ihre Füße in die Knie ging, schlug ihre Visite mit siebzig Paaren zu Buche. Für **Audrey Hepburn** goss er eine Sandalette aus 24 Karat Gold um die Knöchel und bei jedem Tritt erklang ein Glöcklein. 1939 kaufte Ferragamo für seine Familie ein nobles altes Stadtpalais als Firmensitz in der Arnostadt, wo heute die Geschäfte so gut laufen wie eh und je, während die genialsten Kreationen des 1962 verstorbenen Künstlers des hohen Absatzes im Museum darüber thronen.

nicht durch einen Bau herauszufordern, der den Palazzo Medici-Riccardi an Stattlichkeit in den Schatten stellen würde, plante der reiche Kaufmann Filippo Strozzi für seine Familie ein Stadthaus, das durch sorgfältigste Ausführung, nicht durch Größe und Pracht hervorstechen sollte. So entstand zwischen 1489 und 1536 der Palazzo Strozzi. Im Jahr seiner Fertigstellung beschlagnahmte Cosimo I. den Palast; erst 1568 wurde er der Familie Strozzi zurückgegeben.

Heute beherbergt der Palazzo Strozzi Kulturinstitute. Die Architekten Benedetto **da Maiano** und – nach seinem Tod – **Cronaca** vereinten in diesem Bau die Errungenschaften der Renaissance-Architektur, eine klassisch-schöne Gliederung im gesamten Entwurf und in den Einzelheiten, mit einer handwerklich vollkommenen Bearbeitung aller Bauelemente. Die Wirkung der Fassade beruht auf der ausgewogenen Gliederung der Geschosse, des Portals, der Fenster und des abschließenden Gesimses sowie der genauen Steinmetzarbeiten an allen Quadern (Bossenstil), die von unten nach oben in ihrer Wölbung abnehmen und horizontal in ihrer Reihe gleichmäßig verlaufen. Die Schmiedearbeiten – Wandringe zum Anbinden der Pferde, Fackelhalter und Ecklaternen – wurden von Niccolò Grosso um 1500 ausgeführt, einem berühmten Eisenschmied, der Aufträge seiner Kunden nur nach Vorauszahlung annahm.

Beachtenswert ist der elegante Hof, ein Werk von Cronaca. In der **Galleria Strozzina**, die in Räumen im Untergeschoss und im ersten Stockwerk untergebracht ist, finden sehenswerte moderne Kunstausstellungen statt. Passend dazu ist das schicke Café. Zudem zeigt ein kleines **Museum** im Untergeschoss die Baugeschichte des Palazzos; u. a. ist hier ein Holzmodell des Palastes von da Maiano ausgestellt.

Palazzo dello Strozzino

Die jüngere Linie der Familie der Strozzi ließ 1458, also bevor der heute gegenüberliegende Palazzo Strozzi entstand, von Michelozzo ein Stadthaus errichten, das von Giuliano da Maiano von 1462 bis 1465 vollendet wurde.

✶ ✶ Palazzo Vecchio

J 7/b IV

Lage: Piazza della Signoria   **Bus:** C 1, C 2

Die Strenge und Schönheit der Stadt, der Stolz und die Bodenständigkeit der Florentiner verkörpern sich im Palazzo Vecchio, dem Sitz der Stadtregierung, auf einzigartige Weise. Der gewaltige wehrhafte Palast aus gotischer Zeit stand am Beginn des Aufstiegs der Stadtrepublik zu Macht und Größe und blieb als Symbol einer geschichtlichen Glanzzeit bestehen.

Palazzo Vecchio: Symbol des Selbstbewusstseins der Stadtrepublik➜

Palazzo Vecchio Orientierung

ZWEITER STOCK

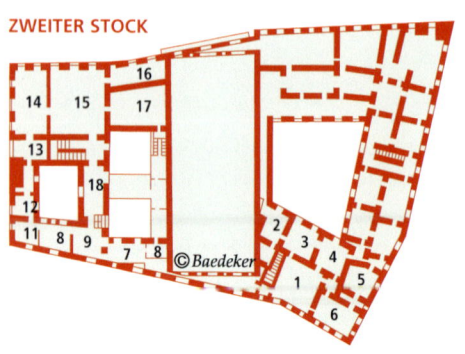

ZWEITER STOCK
Quartiere degli Elementi
1 Sala degli Elementi
2 Camera di Cerere
3 Camera di Opi
4 Camera di Giove
5 Camera di Ercole
6 Loggiato di Saturno

Quartiere di Elenora
7 Sala verde
8 Cappella di Eleonora
9 Sala delle Sabine
10 Sala di Ester
11 Sala di Penelope
12 Sala di Gualdrada
13 Capella dei Priori
14 Sala dell' Udienza
15 Sala degli Gigli
16 Cancelleria
17 Sala delle
Carta Geografiche
18 Salotta

ERSTER STOCK

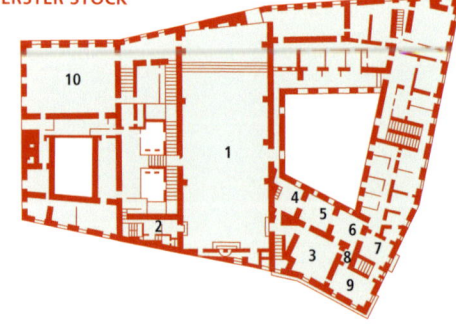

ERSTER STOCK
1 Salone dei Cinquecento
2 Studiolo di Francesco I

Quartiere di Leone X
3 Sala di Leone X
4 Sala di Cosimo il Vecchio
5 Sala di Lorenzo il Magnifico
6 Sala di Cosimo I
7 Sala di Giovanni delle
Bande Nere
8 Capella di Leone X
9 Sala di Clemente VII
10 Sala dei Dugento

ERDGESCHOSS

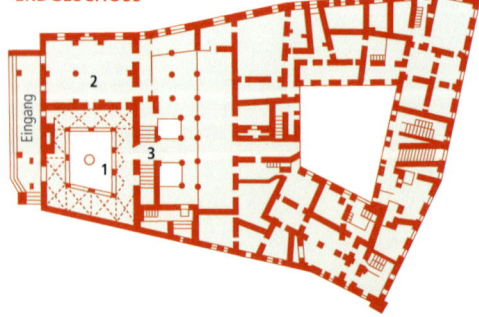

ERDGESCHOSS
1 Primo Cortile
(Innenhof)
2 Camera dell' Arme
3 Treppe von Vasari

Als Ausdruck des Sieges des Bürgertums über den Adel demonstriert der kommunale Regierungssitz das Selbstbewusstsein des florentinischen Gemeinwesens vom 14. bis 16. Jh., der kühn, 94 m hoch aufragende Turm mit einer Uhr (1353) den Weitblick und die Ausstattung der Palasträume die Kunstliebe der Bürger von Florenz.

Öffnungszeiten:
Mo. – Mi., Fr. – So.
9.00 – 19.00,
Do. 9.00 – 14.00

Den Baubeginn schreiben die Einwohner dem berühmten **Arnolfo di Cambio** (1299 – 1314) zu. Danach waren mehrere Bauherren und Architekten – darunter Michelozzo – an der Weiterführung, den Zu- und Umbauten des Palasts beteiligt, der zuerst Amtssitz der Prioren und des Gonfaloniere war, also der Magistrats-Regierung der Republik, der »Signoria«. Seine anderen Namen Palazzo del Popolo und del Comune erhielt er aufgrund des republikanisch-demokratischen Charakters von Florenz in Abgrenzung zu den verschiedenen Versuchen, eine Fürstenherrschaft durch die Medici zu errichten, was dauerhaft erst ab 1530 gelang.

◄ Zweiter Eingang
links vom Palazzo

Danach zog Cosimo I., Herzog, dann Großherzog der Toskana, 1540 in den Hauptpalast der Stadt, der nunmehr Palazzo Ducale (»Herzogspalast«) hieß. Bald jedoch wechselte der Fürst in den Palazzo Pitti über, so dass der Name Palazzo Vecchio (»Alter Palast«) gebräuchlich wurde. Zwischen 1865 und 1872, während der italienischen Einigungsbestrebungen, war er zeitweilig Sitz der Regierung und der Abgeordnetenkammer. Danach richtete sich hier die Stadtverwaltung ein, und die Prunkräume wurden als Museum der Öffentlichkeit zugänglich gemacht.

Links vor dem Haupteingang steht eine Kopie des von Donatello geschaffenen Marzocco-Löwen mit dem Florentiner Wappen in den Pranken, daneben eine Kopie der Bronzestatue »Judith und Holofernes« von Donatello (das Original befindet sich in der Sala dei Gigli). Rechts eine Kopie der Statue des »David« von Michelangelo (Original in der Galleria dell'Accademia) sowie eine Marmorgruppe mit Herkules und Cacus von Bandinelli (1533). Im oberen Teil der Fassade sind Fresken mit Wappen der Kommune Florenz zu sehen.

Außenansicht

Den ersten Hof, den Primo Cortile, gestaltete 1470 Michelozzo um und ließ prachtvolle Säulen errichten. In der Mitte steht ein graziöser Brunnen, auf dessen Spitze ein Putto mit einem wasserspeienden Delfin (um 1475; Original von Verrocchio im zweiten Stock) steht. Im Oberteil der Wandzonen sind 18 große **Stadtbilder** zu bemerken, die anlässlich der Hochzeit von Francesco I. de' Medici mit Johanna von Österreich 1565 gemalt wurden. In einer Nische steht die Marmorgruppe »Samson und der Philister« von Perino da Vinci.

Erdgeschoss

◄ Primo Cortile

Die **»Waffenkammer«** ist insofern sehenswert, als sie der einzige Raum ist, der vom Palast des 14. Jh.s erhalten ist. Heute wird der Saal für Ausstellungen genutzt.

◄ Camera
dell' Arme

Im zweiten Hof, dem Cortile della Dogana, befindet sich die Kasse, und über die große Treppe von Vasari (1560 – 1563) gelangt man in die Säle des ersten Stockes.

Erster Stock

Salone dei
Cinquecento ▶

Der riesige repräsentative Salone dei Cinquecento (»Saal der Fünf-hundert«) – 54 m lang, 22 m hoch und 19 m breit – ist das Werk von Simone del Pollaiolo, genannt Cronaca (1495). Die Wände schmück-ten einst zwei berühmte Gemälde, die »Badenden Soldaten« von Mi-chelangelo und die »Reiterschlacht« von Leonardo, die jedoch beide verloren sind. Die Wandmalereien haben die Kriege gegen Pisa (Wand über dem Treppenzugang) und gegen Siena (Wand gegenüber dem Treppenzugang) zum Thema. Die Decke trägt in reichem Schmuck 39 Felder mit allegorischen Darstellungen und Szenen aus der Geschichte von Florenz und der Medici.

Im **Udienza (»Audienz-Saal«)** genannten Teil des Salone (linke Quer-seite), der für Empfänge und Zeremonien bestimmt war, stehen in den Nischen **Statuen der Medici**. Cosimo I., Papst Leo X., Giovanni delle Bande Nere, Alessandro, Papst Klemens VII., der Kaiser Karl V. krönt, Francesco I., Werke von Bandinelli, De' Rossi und Caccini.

★
»Genius des
Sieges« ▶

An der gegenüberliegenden Seite sieht man die berühmte Marmor-statue »Genio della Vittoria« (»Genius des Sieges«, 1532–1534) von Michelangelo, eine Arbeit für das nicht ausgeführte Grab für Papst Julius II. in Rom. Die Statue zeigt die souveräne Meisterschaft des Künstlers in der Bearbeitung des Marmors und seine Gestaltungs-kraft in der Schönheit und den Be-wegungen des Körpers. Daneben stehen in den Seitennischen römi-sche Statuen: Ganymed, Merkur, Apollo und Bacchus. Gemälde, Fresken, Statuen (Herkulesfiguren von Vincenzo de' Rossi) und Wandgemälde vollenden die Aus-stattung des Saales.

Das **Studiolo von Francesco I. de' Medici** (1570–1575) wurde von Vasari entworfen und ist reich mit Gemälden, Fresken und Statuen geschmückt. In diesem »Schatz-kästlein« der Florentiner Spätre-naissance haben bedeutende Maler (Allori, Naldini) und Bildhauer (Giambologna) gearbeitet.

Vom Salone dei Cinquecento (auf der gegenüberliegenden Seite des Eingangs, rechts) gehen die **Quar-tiere di Leone X**, die »Gemächer Leos X.«, ab. Der Zimmer dieses Komplexes, benannt nach Giovan-ni de' Medici, dem späteren Papst Leo X., sind weiteren bedeutenden Mitgliedern der Familie Medici ge-

Michelangelo, »Genius des Sieges«

widmet: Cosimo der Ältere, Lorenzo der Prächtige, Cosimo I., Giovanni delle Bande Nere und Papst Klemens VII. Viele Malereien stammen von **Vasari** und seiner Werkstatt und haben oft Szenen aus dem Leben der Medici zum Thema.

Die »Räume der Elemente«, die von Vasari und seinem Schüler Gherardi von 1556 bis 1566 ausgemalt wurden, sind unterteilt in: **Saal der Elemente**, wo allegorische Darstellungen von Feuer, Wasser, Luft und Erde in manieristischem Stil zu sehen sind; den Terrazzo di Saturno, von wo sich ein schöner Ausblick über Florenz eröffnet; die Säle der Ceres, der Göttin der Fruchtbarkeit, der Ops, der Göttin des Überflusses, des Jupiter, des Herkules mit Szenen aus dessen Leben sowie ein kleines Schreibzimmer.

Zweiter Stock
◀ Quartiere degli Elementi

Die Gemächer sind nach frühverstorbenen Herzogin Eleonora von Toledo benannt. In der Cappella di Eleonora sind Meisterwerke von Agnolo Bronzino zu sehen. Im Deckengemälde der **Sala delle Sabine** schlichten die Sabinerinnen den Streit zwischen ihren römischen Männern und den sabinischen Verwandten. In der **Sala di Esher** wird die Geschichte der tugendhaften Esther aus der Bibel und in der **Sala di Penelope** der Odysseus-Mythos erzählt. Die **Sala di Gualdrada** ist der schönen Florentinerin gewidmet, die sich weigerte, Kaiser Otto IV. zu küssen, weil dies nur ihrem Mann vorbehalten sei, wie das Deckenfresko des Schlafzimmers zeigt. In der **Cappella dei Piori** ist ein großes Fresko von Ridolfo Ghirlandaio zu sehen. Die prachtvolle **Sala dell'Udienza** (»Audienzsaal«) besitzt eine reichgeschnitzte Decke von Giuliano da Maiano und dekorative Fresken.

◀ Quartiere di Eleonora di Toledo

Die **Sala dei Gigli** (»Liliensaal«) ist mit einem Fresko (1481–1485) von Ghirlandaio ausgestattet. In diesem Saal kann auch die berühmte Bronzegruppe »Judith und Holofernes« (1455–1460) von Donatello besichtigt werden. Man entschied sich, sie nicht mehr im Freien aufzustellen; an ihrem einstigen Standort beim Haupteingang des Palazzo Vecchio steht nun eine Kopie. In der **Cancelleria** (»Kanzlei«) des Sekretärs der Republik befindet sich eine Büste des Niccolò Machiavelli, der dort tätig war, und das Original des »Genius mit Delfin« von Verrocchio (Kopie im Hof). Die **Sala delle Carte Geografiche**, der Garderobenraum, ist mit schönen Holzschränken ausgestattet, die mit historischen Landkarten (1563–1575) bemalt sind. Der hier ausgestellte **Globus war der größte jener Zeit**.

Den Rundgang durch den Palast schließt eine Besichtigung des Quartiere del Mezzanino ab. In dem Halbgeschoss, das Michelozzo durch Tieferlegen von Decken gewann, sind Werke der **Collezione Loeser**, Bilder und Skulpturen von toskanischen Künstlern des 14. und 16. Jh.s ausgestellt. Das **Museo degli Strumenti Musicali Antichi** beinhaltet die »Sammlung alter Musikinstrumente«. Dazu gehören frühe Klaviere des Erfinders des Pianofortes, Bartolomeo Christofori, Geigen der berühmten Geigenbauer Stradivari und Amati sowie Musikinstrumente aus dem alten Ägypten und dem Orient.

Zwischengeschoss

Piazza del Duomo

J 6/b III

Lage: Zentrum

Bus: C 1, C 2, 14, 23

Die Piazza del Duomo, der »Dom-Platz«, ist mit der Kathedrale und dem Campanile von Giotto der geistliche, aber durchaus belebte Mittelpunkt der Stadt (►Duomo Santa Maria del Fiore).

Kunsthistorisches Zentrum

Der Domplatz, der nach Westen übergeht in die Piazza San Giovanni wird begrenzt von einigen stattlichen Gebäuden, wie dem Palazzo della Misericordia und Palazzo dei Canonici, dem Palazzo Guadagni, dem ►Museo dell' Opera del Duomo und dem Palazzo Niccolini.

Arciconfraternità Misericordia

Die »Erzbruderschaft der Barmherzigkeit«, die ihren Sitz neben dem Dom hat, ist die **älteste Vereinigung der Florentiner Bürger für soziale und karitative Zwecke.** Ihr Gründungsjahr wird mit 1326 angegeben, als die Pest in Florenz wütete. Michelangelo gehörte einst der Arciconfraternità an, deren Mitglieder früher rote, heute schwarze Kapuzen tragen. Zu ihren Diensten gehörte früher auch die Begleitung der zum Tod Verurteilten zur Hinrichtungsstätte. Heute verfügt die Bruderschaft über einen modernen Krankenwagendienst sowie eine Unfallstation. Die Mitglieder der Erzbruderschaft, die sich aus Spenden erhält, kommen ehrenamtlich ihrer sozialen Tätigkeit nach.

Piazza del Duomo Orientierung

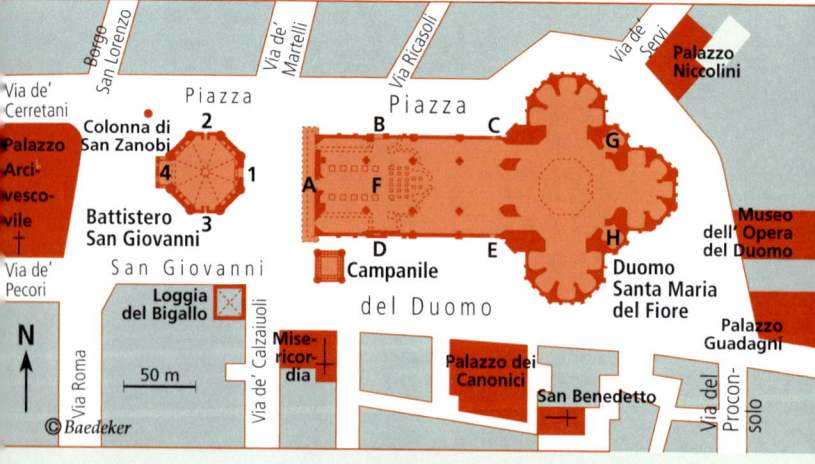

1 Porta del Paradiso
2 Nordportal (Eingang)
3 Südportal
4 Hauptaltar

A Portale Maggiore
B Porta dei Cornacchini
C Porta della Mandorla
D Porta del Campanile

E Porta dei Canonici
F Santa Reparata (Krypta)
G Alte Sakristei
H Neue Sakristei

Piazza del Duomo: touristisches Herzstück der Stadt

Die Piazza San Giovanni erreichte ihre heutige Ausdehnung erst, als der Erzbischöfliche Palast aus verkehrstechnischen Gründen um 50 m zurückversetzt wurde. Die Mitte des Platzes nimmt das Baptisterium (▶ Battistero San Giovanni) ein. Die hier 1384 aufgestellte Säule des hl. Zenobius erinnert daran, dass der Überlieferung nach eine verdorrte Ulme bei der Überführung der Reliquien des Heiligen von San Lorenzo in die Santa Reparata, der Vorgängerkirche des Doms, im Jahr 429 zu grünen begann.

Piazza San Giovanni

Die Südseite des Platzes nimmt die Loggia del Bigallo ein, ein typisches Bauwerk der Spätgotik, von der Gesellschaft der Barmherzigen Brüder (Compagnia della Misericordia) in Auftrag gegeben, um hier ausgesetzte Kinder zur Adoption »auszustellen«. Die marmorne Loggia und der Palast, zu dem sie gehört, wurden von 1353 bis 1358 erbaut. Im Jahr 1445 malten Ventura di Moro und Rossello di Jacopo Franchi den Streifen unterhalb der Doppelbögen mit Fresken aus, Szenen aus dem Leben des Märtyrers Petrus, die allerdings heute nur noch als Kopien zu sehen sind. Die Originale werden u. a. im **Museum** im Innern des Palasts aufbewahrt, wo außerdem Werke Florentiner Künstler aus dem 14. und 15. Jh. zu sehen sind. Ein bemerkenswertes Bild ist die »Madonna della Misericordia« (1342), wo eine der frühesten Stadtansichten von Florenz mit dem noch unvollendeten Dom gemalt ist. Zurzeit geschlossen.

◀ Loggia del Bigallo

Der **»Erzbischöfliche Palast«** an der Westseite des Platzes wurde zwischen 1573 und 1584 von Giovanni Antonio Dosio für Kardinal Alessandro Medici, den späteren Papst Leo XI., errichtet, jedoch erst um 1735 von Ciurini vollendet. In dieser langen Zeit entstand ein Gemisch von mittelalterlichen und »modernen« Bauelementen. Im Jahr 1895 wurde der ganze Palast 50 m zurückversetzt, um dem gewachsenen Verkehr der Stadt Platz zu verschaffen.

◀ Palazzo Arcivescovile

Piazza della Repubblica

H 6/b III

Lage: Zentrum   **Bus:** C 1, C 2

Schon allein wegen der zahlreichen Cafés, die auf der Piazza della Repubblica zum Verweilen einladen, wird fast jeder während seines Florenz-Aufenthaltes diesen großen Platz im Herzen der Stadt schätzen lernen.

»Cafézentrum«

Hier befand sich einst das römische Forum; bis 1888 wurde die Fläche als Mercato Vecchio (»Alter Markt«) genutzt. Dann riss man die Marktbuden ab und baute die hiesige Loggia del Pesce an einem anderen Ort wieder auf. An ihrer Stelle entstanden ein monumentaler Triumphbogen, der so genannte Arconte (1895), und eine Reihe von Verwaltungspalästen. Auf einer hohen Säule überragt die Statue der Abbondanza (»Überfluss«) den Platz der Republik. Es handelt sich um eine Nachbildung. Die ursprünglich hier stehende Abbondanza Donatellos war die erste profane Statue, die nach der Antike auf einem öffentlichen Platz aufgestellt wurde.

! Baedeker TIPP

Traditionsreich ...

... ist das 1733 gegründete Café Gilli auf der Piazza della Repubblica, das den Charme der Belle Epoque ausstrahlt. Es ist bekannt für hervorragendes Gebäck und kandierte Maronen, die man auf der Terrasse mit Blick auf den belebten Platz genießen kann.

★ Piazza della SS. Annunziata

J 6/c II

Lage: Zentrum   **Bus:** C 1

Die Piazza della Santissima Annunziata ist dank der ausgewogenen Bebauung ein sehr harmonischer Platz, der von reizvollen Bogengängen umschlossen wird.

Architektonisches Gesamtkunstwerk

Die Kirche ►Santissima Annunziata an der Stirnseite prunkt mit einer Säulenvorhalle, die in der Anlage des ►Ospedale degli Innocenti, einem Werk von Brunelleschi, ihre Fortsetzung findet und in den entsprechenden Kolonnaden der Confraternità dei Servi di Maria, die Antonio da Sangallo und Baccio d'Agnolo schufen, zum Abschluss kommt. Auch der **Palazzo Riccardi-Manelli** von Ammanati wird in das Ensemble mit einbezogen. In der Platzmitte steht das **Reiterstandbild des Großherzogs Ferdinand I.** von Giambologna, das 1608 von seinem Schüler Pietro Tacca aus Carrara vollendet wurde. Die zwei bronzenen Brunnen mit Meerestieren (1629) stammen ebenfalls von Tacca, der Bildhauer, Metallgießer und Architekt zugleich war.

Der repräsentative Palazzo Grifoni ist Sitz der Provinzverwaltung von Florenz und der Regionalregierung der Toskana. Der dreigeschossige Bau beherrscht mit seiner schönen würdigen Fassade gegenüber der Kirche Santissima Annunziata den Platz. Ugolino Grifoni, ein reicher Beamter, beauftragte den **Architekten Bartolomeo Ammanati**, über alten Häusern einen Palazzo zu errichten, was dieser von 1557 bis 1563 mit Geschick tat. Besonders wirkungsvoll ist die Kombination von roten Ziegeln und dem vorherrschenden hellgrauen Stein.

Palazzo Grifoni

★ Piazza della Signoria

Lage: Zentrum   **Bus:** C 1, C 2

Bereits seit dem 14. Jahrhundert ist die Piazza della Signoria das politische Zentrum der Stadt. Mit dem ▶ Palazzo Vecchio als Rathaus, dem Palazzo degli Uffizi (▶ Galleria degli Uffizi) mit der weltberühmten Gemäldegalerie, der ▶ Loggia dei Lanzi und den Statuen von Michelangelo und Donatello zieht der imposante Platz Besucherscharen an.

Wenig ansehnlich präsentierte sich die Piazza della Signoria in den 1980er-Jahren. Bei Probegrabungen waren die Archäologen unter dem Pflaster auf ungeahnte Kulturschätze gestoßen: Funde aus etruskischer und römischer Zeit, aus dem Mittelalter und sogar aus der Bronzezeit waren zu Tage befördert worden. Doch die Florentiner waren nicht geneigt, den schönsten ihrer Plätze durch eine ewige Baustelle oder auch eine unterirdische Ausgrabungsstätte verunstaltet zu sehen. So beugte man sich schließlich dem Druck der Öffentlichkeit und schüttete die Ausgrabungen 1989 wieder zu.

Herzstück der Stadt

Anschließend kam es zu heftigen Auseinandersetzungen über die Pflasterung des Platzes. Obwohl sich die große Mehrheit der Florentiner für den historischen Belag aus roten Terrakottaplatten, wie er vom 14. bis 18. Jh. bestand, aussprach, beschloss die Stadtregierung, die vor den Ausgrabungen vorhandenen Sandsteinplatten wiederzuverwenden. Als diese Restaurierung nicht in authentischer Weise gelang, wurden einige Verantwortliche vor Gericht gestellt und zu hohen Strafen verurteilt.

PIAZZA DELLA SIGNORIA

✶ ✶ **Der beeindruckende Platz, auf dem früher die Volksversammlungen stattfanden, wird vom wuchtigen Turm des Palazzo Vecchio beherrscht. Er ist mit den weiteren bedeutenden Sehenswürdigkeiten der Loggia dei Lanzi und vor allem den Uffizien das touristische Herz von Florenz.**

① Palazzo Vecchio

Mit dem Bau des wuchtigen und wehrhaften Palazzo Vecchio, einst Sitz der Regierung der Stadtrepublik Florenz, der Signoria, wurde um 1300 begonnen. Der Palast ist ein Symbol für die politische und kulturelle Glanzzeit der Stadt.

② Loggia dei Lanzi

In der offenen dreijochigen Halle, der »Landsknechtshalle«, sind berühmte Skulpturen aufgestellt wie »Perseus mit dem Haupt der Medusa« von Benvenuto Cellini. Unter der rechten Arkade ist die Marmorgruppe »Raub der Sabinerinnen« von Giambologna zu sehen.

③ David

Vor dem Palazzo Vecchio steht die Kopie des »David« von Michelangelo, eine der berühmtesten Skulpturen der Welt. Wer das Original dieses einmaligen Kunstwerkes sehen möchte, muss in die Galleria dell' Accademia gehen.

④ Fontana del Nettuno

Der Neptun-Brunnen wurde für die Hochzeit von Francesco de' Medici mit Prinzessin Johanna von Österreich 1565 von Ammanati geschaffen. Vielleicht ging der Bau zu schnell vor sich, denn das Ergebnis war nicht befriedigend. Die Florentiner spotteten: »Ammanato, che bel marmo hai rovinato!« (»Ammanato, welch schönen Marmorblock hast du verhauen!«)

⑤ Palazzo degli Uffizi

In dem an die Piazza della Signoria angrenzenden Palazzo ist die Galleria degli Uffizi untergebracht, eine der berühmtesten Gemäldegalerien der Welt, die über zahlreiche Meisterwerke, vor allem der italienischen Malerei, verfügt.

Der Löwe ist wohl neidisch auf den David, der die ganze Bewunderung auf sich zieht.

Viele versammeln sich, um den Blick auf das herrliche Stadtbild zu genießen.

Piazzale Michelangelo aus leicht identifizieren. Man erkennt den Palazzo Vecchio, das höchste Gebäude der Stadt, an seinem zinnenbekrönten Turmaufbau. Ganz in der Nähe befindet sich der Wehrturm des Bargello. Nahebei vor der Domkulisse erhebt sich der schlanke Turm der Badia Fiorentina. In Flussnähe erbauten die Franziskaner ihre Kirche Santa Croce, deren breitgelagertes Schiff das Arnoufer überragt. In entgegengesetzter Richtung, weit im Hintergrund, in der Nähe des heutigen Hauptbahnhofs, wird der spitze Glockenturm von Santa Maria Novella sichtbar. Beherrscht wird das Stadtbild jedoch vom mächtigen Bau des **Doms** mit seiner imposanten Kuppel und dem reich geschmückten Glockenturm. Links vom Dom verweisen ein kleineres weißes Dach auf das Baptisterium und eine rote Kuppel auf die Neue Sakristei von San Lorenzo.

✴ Ponte Vecchio

Lage: Zentrum   **Bus:** C 3, D

Der malerische Ponte Vecchio über den Arno mit seinen vielen Schmuckläden ist ein Besuchermagnet. Tagsüber lädt die Brücke zum Bummeln ein, und am Abend ist sie ein beliebter Treffpunkt für Romantiker.

Auch die Modewelt schätzt das malerische Ambiente des Ponte Vecchio.

»Schmucke« Brücke Vielleicht geht die »Alte Brücke«, die an der schmalsten Stelle des Flusses errichtet wurde, sogar bis in etruskische Zeit zurück. Sicher ist, dass die römische Konsularstraße Via Cassia hier über eine hölzerne Brücke den Arno überquerte. Wegen ihres Alters erlebte diese Brücke mehr Instandsetzungen – nach Einstürzen oder Überschwemmungen – als die anderen von Florenz. Seit dem 13. Jh. richtete man auf ihr Läden und Wohnungen ein. Die Fleischer etwa konnten ihre Abfälle – sehr praktisch – gleich in den Fluss werfen, zur Freude der Fische und derjenigen Florentiner, die für Sauberkeit zu sorgen hatten. Die Gerüche nahmen jedoch so überhand, dass Großherzog Ferdinando I. »zu Gunsten der Fremden« anordnete, nur **Goldschmiede** dürften auf der Brücke Läden unterhalten, eine Regelung, die bis auf den heutigen Tag eingehalten wird.

In der Mitte der Brücke steht eine Büste des berühmtesten Florentiner Goldschmiedes, **Benvenuto Cellini** (1900). Im ersten Stock der Brückenhäuser verläuft der **Corridoio Vasariano** (▶ S. 189), der im 16. Jh. geschaffene Verbindungsgang vom Palazzo Vecchio zum Palazzo Pitti.

Umgebung des Ponte Vecchio

Santo Stefano al Ponte An der kleinen Piazzetta Santo Stefano unweit nordöstlich des Ponte Vecchio steht die schon 1116 urkundlich erwähnte die Kirche Santo Stefano al Ponte mit Bauelementen der verschiedenen Jahrhunderte:

Fassade des 13., Altäre des 16. und Umbauten zu einem Hauptschiff des 17. Jh.s. **Ferdinando Tocca**, der Baumeister der Kirche, schuf auch das Bronzerelief »Die Steinigung des hl. Stephanus« (1656). Die eindrucksvolle Marmortreppe zum Presbyterium von Buontalenti (1574) war früher in der Kirche Santa Trinità und der Hochaltar von Giambologna in der Kirche Santa Maria Nuova. Heute wird die Kirche als Konzertsaal genutzt.

! **Baedeker** TIPP

»Zimmer mit Aussicht« ...

... so der Titel des bekannten Liebesfilms von James Ivory. Dieses Zimmer gehört zum Hotel degli Orafi (nahe der Ponte Vecchio), das eine Hauptrolle im Film spielt. Das Hotel hat sich seither zwar verändert, geblieben ist aber die schöne Aussicht auf den Arno. (Lungarno Archibusieri 4, Tel. 0 55 2 66 22, www.hotel degliorafi.it)

Santa Felicità

Die Kirche Santa Felicità – auf der gleichnamigen Piazza unweit südlich des Ponte Vecchio –, **wahrscheinlich die älteste Kirche von Florenz**, wurde über einem frühchristlichen Friedhof errichtet, im 11. und 14. Jh. erneuert und im 18. Jh. gänzlich umgestaltet. Dabei bewahrte man jedoch die Vorhalle und den Korridor des Vasari als Laufgang zwischen dem Palazzo degli Uffizi und dem Palazzo Pitti. Im Innern der Kirche befindet sich über der Eingangstür die Loge der Großherzöge, in der diese am Gottesdienst teilnahmen.
Rechts vom Eingang trifft man auf die Cappella Barbadoni/Capponi, die die bedeutendsten Kunstwerke der Kirche birgt: zwei Meisterwerke (1526–1528) des Pontormo, **»Grablegung Christi«** und **»Verkündigung«**, die zu den besten Beispielen des florentinischen Manierismus gehören.

San Firenze

Lage: Piazza San Firenze   **Bus:** C 1, C 2

Barocke Inszenierungslust prägt die sakrale Anlage von San Firenze, bestehend aus zwei Kirchenfassaden, zwischen denen ein Palast eingebunden ist.

Bedeutendes Barockensemble

Die merkwürdig anmutende Konstruktion erklärt sich aus der Baugeschichte. An der Stelle eines alten Oratoriums, das San Fiorenzo – daher der abgeleitete Name Firenze – geweiht war wurde von 1645 bis 1696 die Kirche San Filippo Neri erbaut. Die Fassade der Kirche gestaltete 1715 Ferdinando Ruggieri. Neben dieser Kirche wurde zwischen 1772 und 1775 eine weitere Kirche errichtet, deren Fassade ebenfalls nach den Entwürfen Ruggieris von 1715 geschaffen wurde. Gleichzeitig erbaute man zwischen den beiden Kirchen den Palast, der zunächst die Klosterräumlichkeiten aufnahm. Heute ist San Firenze Sitz der Tribunale, der Gerichtsbehörde.

Umgebung von San Firenze

Palazzo Gondi

Ein **schönes Beispiel der Florentiner Stadtpaläste** des 15. Jh.s ist der Palazzo Gondi (gegenüber der Kirche), von 1490 bis 1501 von Giuliano da Sangallo erbaut, doch erst 1874 von Poggi vollendet. Charakteristisch für die Fassade ist die nach oben flacher werdende sorgfältige Steinbearbeitung in den einzelnen Geschossen. Besondere Aufmerksamkeit verdient der **Hof**, einer der anmutigsten der Renaissance. Es fallen die sorgsame Verwendung des Materials und die Perfektion der handwerklichen Arbeiten – an den Kapitellen, der Treppe und dem Brunnen – auf.

San Frediano in Cestello

H 6/7

Lage: Piazza di Cestello   **Bus:** D, 6

Kirche und Kloster der Karmeliterinnen, als Pfarrkirche dem hl. Frediano geweiht, wurden im 17. Jh. umgestaltet.

»Lächelnde Madonna«

Die Anlage erhielt dadurch barocken Charakter, der an der eleganten Kuppel und dem zierlichen Glockenturm zu erkennen ist. Im Innern steht die berühmte »Lächelnde Madonna«, eine farbige toskanische Holzstatue aus dem 13./14. Jahrhundert.

Umgebung von San Frediano in Cestello

Porta San Frediano

Vom Arno führt ein Stück der alten Stadtmauer zur Porta San Frediano am gleichnamigen Borgo. Dieses mächtige Bauwerk ließ die Kommune von 1332 bis 1334, vermutlich nach Entwürfen des Andrea Pisano errichten. Die gewaltigen Torflügel sind 13 m hoch und 25 cm dick.

★ ★ San Lorenzo

H 6/a/b II/III

Lage: Piazza San Lorenzo   **Bus:** C 2, 4, 22, 36, 37

San Lorenzo ist eine der bedeutendsten Kunststätten des Abendlandes. Die Kirche des hl. Laurentius, die Alte Sakristei, die Neue Sakristei, die Fürstenkapelle und die Laurenziana-Bibliothek sind ein Bauensemble von höchstem Rang und bewahren Kunstschätze von unermesslichem Wert.

Renaissancekirche

Die **Medici** spornten in diesem Areal ihrer Pfarrkirche als großzügige Mäzene die Künstler ihrer Stadt, Filippo Brunelleschi, Donatello und

San Lorenzo Orientierung

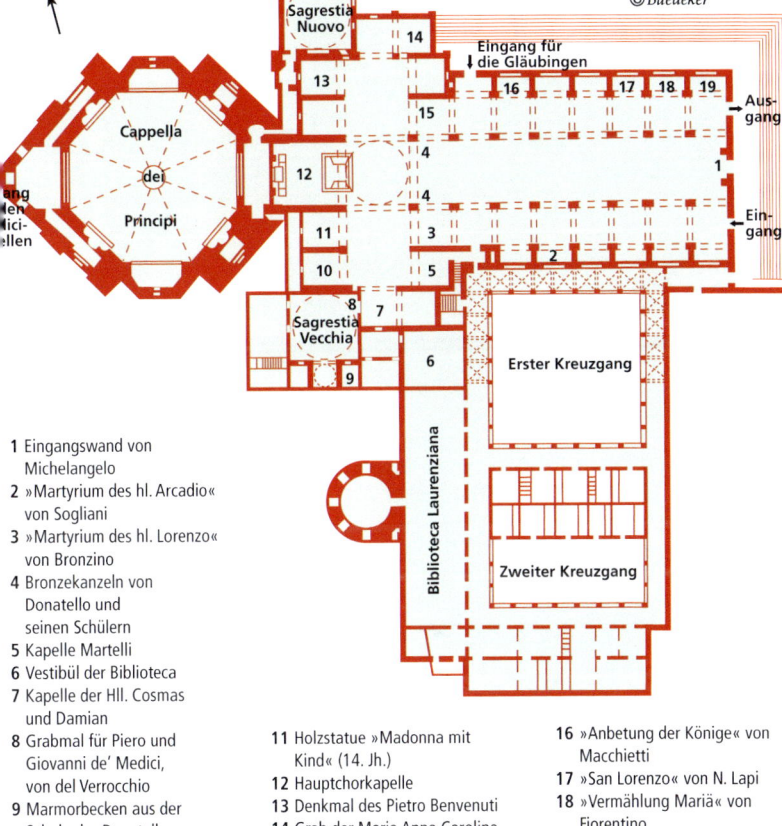

1 Eingangswand von
  Michelangelo
2 »Martyrium des hl. Arcadio«
  von Sogliani
3 »Martyrium des hl. Lorenzo«
  von Bronzino
4 Bronzekanzeln von
  Donatello und
  seinen Schülern
5 Kapelle Martelli
6 Vestibül der Biblioteca
7 Kapelle der Hll. Cosmas
  und Damian
8 Grabmal für Piero und
  Giovanni de' Medici,
  von del Verrocchio
9 Marmorbecken aus der
  Schule des Donatello
10 Altar aus der Schule
   des Ghirlandaio

11 Holzstatue »Madonna mit
   Kind« (14. Jh.)
12 Hauptchorkapelle
13 Denkmal des Pietro Benvenuti
14 Grab der Maria Anna Carolina
15 Marmortabernakel von
   D. da Settignano

16 »Anbetung der Könige« von
   Macchietti
17 »San Lorenzo« von N. Lapi
18 »Vermählung Mariä« von
   Fiorentino
19 »Martyrium des hl.
   Sebastian« von Empoli

Michelangelo, zu immer großartigeren Leistungen an. Die Kirche San Lorenzo sei, wird berichtet, vom hl. Ambrosius 393 gegründet worden, damals außerhalb der Stadtmauern. Der Bau wurde im 11. Jh. in romanischer Form erneuert. Die heutige Gestalt gab ihm von 1421 an der bedeutende Architekt der Florentiner Renaissance,

🕐
Öffnungszeiten:
Mo. – Sa.
10.00 – 17.00
März – Okt.
So. bis 13.30

San Lorenzo: vollendet harmonischer Kircheninnenraum

Brunelleschi. Im Auftrag der Medici schuf er die Renaissancekirche überhaupt. Die Arbeiten wurden nach seinem Tod, jedoch nach seinen Plänen, von Antonio Manetti in den Jahren 1447 bis 1460 abgeschlossen. Für die Fassade lieferte Michelangelo Entwürfe – die Zeichnungen und Modelle sind in der Casa Buonarroti ausgestellt –, die jedoch nie verwirklicht wurden, so dass die unverkleidete Backsteinfront bestehen blieb.

Piazza San Lorenzo   Vor San Lorenzo steht zwischen den Marktständen das von Baccio Bandinelli 1540 geschaffene **Denkmal für Giovanni delle Bande Nere** (1498 – 1526), Vater Cosimos I. und Stammvater der Medici-Fürsten.

Kircheninnenraum   Das Innere der dreischiffigen Säulenbasilika zeigt die klare Gliederung von Brunelleschi: Ein schöner Marmorfußboden, Säulen mit korinthischen Kapitellen, auf denen die weiten Bögen ruhen, eine kunstvolle Kassettendecke mit feinen Rosetten. Die harmonischen Proportionen von Seitenkapellen, Seitenschiffen und Langhaus verleihen dem Raum eine **außergewöhnliche Harmonie** und erheben die Kirche zu höchstem architektonischem Rang.

Mittelschiff ▶   Hinten im Mittelschiff sieht man rechts und links zwei auf Säulen gestellte kastenförmige Bronzekanzeln, **Meisterwerke von Donatello**, ★ ★ die letzten des alten kranken Künstlers (um 1460), die von seinen Bronzekanzeln ▶   Schülern Bartolomeo Bellano und Bertoldo di Giovanni vollendet wurden. Die linke Kanzel zeigt in bewegten Darstellungen Szenen der Passion Christi, wobei die meisten Reliefs zwar auf Entwürfe Donatellos zurückgehen, aber von seinen Schülern ausgeführt wurden. Die rechte Kanzel, deren Themen ebenfalls Szenen aus dem Leben Christi, außerdem das Martyrium des hl. Laurentius sind, verdeutlicht stärker in der Ausführung die Handschrift des Künstlers. Beide Kanzeln sind mit Friesen aus Vasen, Kentauren und Rossebändigern geschmückt. Als Donatello zwei Jahre nach Cosimo de' Medici, der die Kanzeln in Auftrag gegeben hatte, starb, wurde er an der Seite seines Förderers in der Krypta bestattet.

Gegenüber der linken Bronzekanzel von Donatello sieht man ein Fresko von **Agnolo Bronzino**: **»Martirio di San Lorenzo«** (»Martyrium des hl. Laurentius«, 1565 – 1569), das zu den Hauptwerken des manieristischen Künstlers zählt. Beeindruckend ist die vielfigurige Gruppeninszenierung des Manierismus. ◀ Linkes Seitenschiff

In der Cappella Martelli dahinter befindet sich auf dem Altar ein Diptychon von Filippo Lippi **»Verkündigung«** (um 1440), eines seiner Hauptwerke, das in der Komposition gut den Stil der Renaissance erkennen lässt.

Vom linken Seitenschiff gelangt man durch eine Tür zum Kreuzgang, der 1475 im Stil Brunelleschis errichtet wurde. Hier ist der Zugang zur Biblioteca Medicea Laurenziana (s. u.). ◀ Kreuzgang

Vom linken Querschiff aus tritt man in die Sagrestia Vecchia (»Alte Sakristei«). Von ihrem Stifter Giovanni Bicci de' Medici zwar als Grabkapelle gedacht, doch mit der öffentlichen Funktion einer Sakristei verbunden, ist sie die erste vollständige architektonische Neuschöpfung von **Brunelleschi** (1420 – 1428), die in Aufbau, Gliederung und Proportionen als **erster Zentralraum der Renaissance** beispielhaft für die europäische Baukunst wurde. Die Neuartigkeit der Raumgestaltung lag in der Verwendung geometrischer Formen wie Quadrat, Kreis und Halbkugel. Die Ausstattung der Sakristei oblag weitgehend **Donatello**. Auch hier erhöhen Kunstwerke den Wert des Raumes: Unter der Kuppel zeigen vier Rundmedaillons Szenen aus dem Leben des Evangelisten Johannes und vier Stuckreliefs in den Bögen die vier sitzenden Evangelisten. Donatello hat bei diesen Werken mit atemberaubender Perspektive operiert. ◀ Sagrestia Vecchia

Vom selben Künstler sind die **Bronzetüren** (1440 – 1443) der Apsis, die Märtyrer und Apostel darstellen. Links an der Wand steht das **Grabmal für Piero und Giovanni de' Medici** (1472), das Andrea Verrocchio schuf. Das bronzene Gitterwerk in Form von Seilen wurde bis heute zum Vorbild bei Florentiner Geschäften. Unter dem Marmortisch in der Mitte befindet sich der **Sarkophag von Giovanni Bicci de' Medici und seiner Frau Piccarda Bueri**.

Gegenüber der rechten Bronzekanzel von Donatello in der Seitenkapelle befindet sich ein fein ausgearbeitetes und reich dekoriertes **Tabernakel** (1461) von Desiderio da Settignano. Die vorletzte Kapelle (zum Ausgang hin) ist mit einem Gemälde von **Rosso Fiorentino** **»Die Vermählung Mariens«** (1523) geschmückt. ◀ Rechtes Seitenschiff

Biblioteca
Medicea
Laurenziana

Die Biblioteca Laurenziana (»Laurenzianische Bibliothek«), an die Kirche San Lorenzo angebaut – man erreicht die sie über den ersten Stock des Kreuzganges –, verdankt ihre kunstgeschichtliche Bedeutung ihren architektonischen Formen und der in ihr aufbewahrten Handschriften- und Buchkollektion der Medici. Der Bau gilt als **wichtigstes Zeugnis der Architektur des Manierismus in Florenz**. Nachdem die von Cosimo dem Älteren als Schriften- und Büchersammlung gegründete und von Lorenzo dem Prächtigen erweiterte Bibliothek nach Rom gebracht worden war, kehrte unter Papst Klemens VII.– auch ein Medici – ein Teil der Sammlung nach Florenz zurück. Klemens VII. gab auch den Auftrag für den Neubau, in dem die Sammlung öffentlich zugänglich sein sollte.

Den Anfang machte **Michelangelo** 1524, aber erst nach seinem Tod wurde die Bibliothek 1571 ihrer Bestimmung übergeben. Michelangelo, der sich nach seinem Weggang aus Florenz 1534 brieflich und mit Modellen am Weiterbau beteiligte, zeigt sich in der plastischen Gestaltung von Fassade, Vorhalle und Lesesaal wie bei bei den Treppenaufgängen als Vertreter des Manierismus. Das Vestibül gehört zu seinen eigenwilligsten Raumschöpfungen. Die hohe und enge, zudem monumental gegliederte Vorhalle steht als triumphaler Aufgang zur Bibliothek in der Architekturgeschichte einmalig da. Der Raum wird durch Doppelsäulen in einzelne Abschnitte geteilt. In den Wandfeldern befinden sich Vertiefungen, halb Fenster, halb Nischen.

Vestibül ▶

Überall scheinen hier die architektonischen Vorschriften ins Gegenteil verkehrt zu sein: Die Nischen sind zu flach, um Figurenschmuck zu tragen, ihre seitlichen Pilaster werden nach unten zu enger statt breiter, die zarten Voluten des untersten Geschosses sind viel zu schwach, um die Säulen zu tragen. Die Säulen wiederum werden nur zur dekorativen Wandgestaltung verwendet. Eigenartig wirkt auch die Treppenanlage, die auf kürzestem Raum einen großen Höhenunterschied überwinden muss. Beim Besteigen der geländerlosen Seitentreppen macht sich ein Gefühl von Unsicherheit bemerkbar. Dieses Hervorrufen von Unsicherheit durch die Umkehrung architektonischer Kräfte ist typisch für den Manierismus.

Die **Handschriftensammlung der Bibliothek** umfasst bedeutende Dokumente aus dem alten Ägypten ebenso wie wertvolle Handschriften der Renaissance-Zeit bis zu Autografen von Napoleon. Öffnungszeiten: Mo. – Sa. 9.30 – 13.30 Uhr.

★ ★ Cappelle Medicee

Öffnungszeiten:
tgl. 8.15 – 17.00
1., 3., 5. Mo.
im Monat geschl.

Die Medici-Kapellen gehören zwar zu San Lorenzo, doch werden sie als eigenständiges Museum geführt und sind somit von der Kirche getrennt. Sie umfassen die Fürstengruft und die Neue Sakristei. Die älteste Medici-Kapelle ist die Sagrestia Vecchia in San Lorenzo. Der Eingang zu den Medici-Kapellen führt zunächst in eine Krypta mit Gräbern von Mitgliedern der bürgerlichen Medici-Familie, dann in die Grabkapelle der Medici-Fürsten, die Cappella dei Principi.

! Baedeker TIPP

Günstige Lederwaren

Auf der Piazza San Lorenzo und in der von hier abgehenden Via dell' Ariento findet werktags ein Markt statt, der vor allem eine gute und reiche Auswahl an Lederwaren bietet. Wer also preisgünstige Taschen oder Gürtel sucht, ist hier richtig. Öffnungszeiten: Sommer Mo. – So. 9.00 – 19.00 Uhr.

Cappella dei Principi

Großherzog Ferdinando I. wollte 1602 für das Medici-Geschlecht eine besonders prächtige Fürstengruft schaffen. So kostbar war der Entwurf geplant, dass das Gerücht entstand, man wolle das Grab Jesu Christi von Jerusalem nach Florenz überführen, denn ein so wertvoller Bau sei nicht für Sterbliche, nicht einmal für Fürsten bestimmt. Der endgültige Bauplan stammt von Giovanni de' Medici, unehelicher Sohn Cosimos I., die Ausführung leitete der Architekt **Buontalenti** ab 1604. Nach dessen Tod führte **Mario Nigetti** die Arbeiten weiter (bis 1640). Trotz großer Anstrengungen wurde die Kapelle nicht bis zum Tod des letzten Medici-Herrschers in Florenz (1737) fertiggestellt; die mächtige, 59 m hohe, doch schwer wirkende Kuppel schloss man erst im 19. Jahrhundert.

Die pompöse Ausstattung repräsentiert die Macht des Medici-Geschlechtes: Deckengemälde, die Szenen aus dem Alten und Neuen Testament zeigen, kostbare Mosaiken an den Wänden, 16 Wappen der toskanischen Städte mit Halbedelsteinen, die riesigen Wappen der Medici in der Höhe, teilweise aus Holz oder sogar Karton. Sechs **Medici-Fürsten** fanden in der Kapelle ihr Grab (von links): Cosimo I. (gest. 1574), Francesco I. (gest. 1587), Cosimo III. (gest. 1723), Ferdinando I. (gest. 1609), Cosimo II. (gest. 1620), Ferdinando II. (gest. 1670). Ihre Wandgräber und Sarkophage haben technisch perfekte Handwerker kunstvoll und mit wertvollem Material gearbeitet. Dennoch wirkt die Kapelle in ihrer strengen Pracht fast kalt – ein Zeichen dafür, dass die Hochblüte der Kunst in der Renaissance erfolgte und mit dem 16. Jh. dahinschwand. Hinter dem Altar befindet sich der Zugang zu beiden Räumen der Schatzkammer.

Sagrestia Nuova

Von der Fürsten-Kapelle geht es zur Sagrestia Nuova. Die »Neue Sakristei« wurde mit Unterbrechungen von 1520 bis 1534 von **Michelangelo** gebaut und ausgeschmückt als Gegenstück zur Sagrestia Vecchia von Brunelleschi. Die Bezeichnung »Sakristei« ist irreführend, denn es handelt sich um eine Grabkapelle für die Medici. Die Kapelle war das erste architektonische Werk Michelangelos, in das er zugleich seine malerischen und bildhauerischen Fähigkeiten einbrachte, wie die Wandgliederung im Innern, die plastische Behandlung der architek-

Sagrestia Nuova: von Michelangelo konzipierte Grabkapelle für die Medici

tonischen Elemente, die Nischen und Giebel sowie vor- und zurückgesetzte Bögen und Dreiecke beweisen. Das Innere, in dem als Farben dunkles Grau und Weiß vorherrschen, wird durch die Fenster der Kuppel erhellt. Der Auftrag an den Baumeister wurde ergänzt durch einen zweiten an den Bildhauer: Für Mitglieder der Medici-Familie sollte Michelangelo auch die Gräber meißeln. Es kam jedoch nur zur Ausführung zweier **Gräber, für Giuliano, Herzog von Nemours, und Lorenzo, Herzog von Urbino**. Zwar ruhen auch Lorenzo der Prächtige, sein ermordeter Bruder Giuliano und der ebenfalls ermordete Herzog Alessandro in der Kapelle, jedoch ohne Grabmonumente.

Weder Giuliano mit dem Feldherrnstab, noch Lorenzo mit dem Fratzenhelm auf dem Kopf – vielleicht als Zeichen seiner geistigen Schwäche – sind als unverwechselbare Persönlichkeiten gestaltet. Den Vorwurf der mangelnden Ähnlichkeit mit den beiden Verstorbenen parierte Michelangelo mit der Antwort, nach tausend Jahren würde es niemanden mehr berühren, wie die beiden Männer ausgesehen hätten. Er wollte absichtlich über reine Porträts hinausgehen, zeitlose Gestalten schaffen, und so nennt man die beiden Figuren auch einfach »la vigilanza« (»die Wachsamkeit«) und »il pensiero« (»der Gedanke«). In sitzender Haltung, gekleidet in eine römische Feldherrenrüstung mit einem Kommandostab in der Hand, schaut Giuliano de Medici aufmerksam mit seitlich gedrehtem Kopf auf die Madonna und die Heiligen Cosmas und Damian, eine von den Medici sehr verehrte Heiligengruppe frühchristlicher Märtyrerärzte, die sich über dem Grab Lorenzos des Prächtigen erhebt.

Unter ihm liegen auf dem schrägen Sarkophagdeckel die Figur der Nacht mit Halbmond und Stern im Haar, mit Mohn, Eule und Maske sowie die Figur des Tags, deren Blick unergründlich aus dem roh belassenen Stein ins Nichts geht. Beide Sarkophagfiguren sind nach antiken Vorbildern gearbeitet worden. Die Nacht erinnert an eine Leda-Figur eines römischen Sarkophags, und der Tag orientiert sich am Torso von Belvedere. Michelangelo setzte sich also sehr bewusst mit antiker Skulptur auseinander und gab ihr zugleich eine neue philosophisch-christliche Dimension.

★ ★
◄ Figuren der
Nacht und
des Tages

Auf der gegenüberliegenden Wand ist, ebenfalls als sitzende Nischenfigur, **Lorenzo de Medici** dargestellt. Sein Kopf ist geneigt und auf die linke Hand mit dem etwas abgespreizten Zeigefinger aufgestützt – eine Haltung, die Nachdenklichkeit ausdrückt. Auf dem Sarkophagdeckel unter der Figur liegen die zwei allegorischen Gestalten des Abends (links) und des Morgens (rechts). Die männliche Figur des Abends verkörpert die geistige Ermattung, die träge Masse des einschlafenden Körpers, wohingegen die weibliche Figur das Erwachen und die sich langsam entfaltende Kraft des Körpers und des Geistes versinnbildlicht. Dieses Gegensatzpaar verdeutlicht darüber hinaus den inneren Kampf von Lorenzo, der in geistiger Umnachtung starb. Auch Lorenzo hat sich wie sein Gegenüber der Madonna mit dem Kind zugewandt in der Hoffnung auf Erlösung. Die Madonna wiederum schaut auf die ihr gegenüberliegende Altarwand und verweist somit auf den Opfertod Christi, der Auferstehung und ewiges Leben verheißt. So kommunizieren alle Figuren miteinander und durchdringen mit ihren Blicken den Raum – eine typisch michelangeleske Konzeption.

★ ★
◄ Figuren des
Abends und
des Morgens

★ San Marco

J 5/6/b II

Lage: Piazza San Marco

Bus: C 1, 1, 6, 7, 10, 11, 17, 23, 25, 31, 32, 33

San Marco war die erste Klosteranlage der Renaissancebaukunst des 15. Jh.s und die Heimat des malenden Mönchs Fra Angelico. Es erlangte auch historische Bedeutung durch den Prior Girolamo Savonarola (1452 – 1498), der einige Jahre in Florenz eine Republik nach asketisch-christlichen Grundsätzen errichtete, bis er auf dem Scheiterhaufen verbrannt wurde.

Die Kirche San Marco, 1299 vom Silvestriner-Orden erbaut, wurde zusammen mit dem Kloster im Jahr der Domweihe (1436) von Papst Eugen IV. den Dominikanern von Fiesole übertragen. **Cosimo der Ältere** ermöglichte durch großzügige Schenkungen einen tiefgreifenden Umbau der Kirche sowie einen völligen Neubau des Klosters. Mit den Arbeiten (1431 – 1452) wurde der Architekt **Michelozzo** be-

Kloster von
Fra Anglico und
Savonarola

auftragt. Giambologna fügte 1588 die Seitenaltäre und die Kapelle des hl. Antoninus sowie die Salviati-Kapelle hinzu. 1678 erfolgte eine Umgestaltung der Kirche durch Pier Francesco Silvani, der der Kirche ihr heutiges Aussehen gab; 1780 wurde die Fassade umgearbeitet. Im ältesten Teil des Klosters, das die Kirche umgibt, ist das **Museo di San Marco** untergebracht, während der weitere Klosterkomplex noch heute von Mönchen bewohnt wird.

Kirchen-innenraum

Die einschiffige Kirche enthält im Innern wertvolle Gemälde und Ausstattungsstücke. In der Mitte der Fassadeninnenseite ist ein »Gekreuzigter« aus der Schule des Giotto sehenswert. An der linken Kirchenseite befindet sich die **Grabkapelle des hl. Antoninus** (1580 bis 1589). Sie gilt als das architektonische Hauptwerk Giambolognas. Aber auch zur Ausstattung trug Giambologna bei: Sechs lebensgroße **Nischenstatuen** und **sechs Bronzereliefs** mit Szenen aus dem Leben des hl. Antoninus stammen von ihm. Auf der rechten Seite fallen drei Kostbarkeiten ins Auge: eine **barocke Marmortür**, von Cigoli entworfen, die zur Sakristei führt, das byzantinische **Mosaik »Betende Madonna«** (705 – 707), das aus dem Oratorium von Papst Johannes VII. in Rom stammt, sowie das Gemälde **»Madonna mit Kind«**, das Fra Bartolomeo schuf (1509).

Museo di San Marco

Öffnungszeiten:
Mo. – Fr.
8.15 – 13.50
Sa. So. 8,15 – 17.00
2., 4. Mo.
1., 2., 3. So. im
Monat geschl.

Das Kloster San Marco (der Eingang befindet sich rechts neben der Kirche), von Michelozzo im Renaissancestil errichtet, vermittelt mit seiner herrlichen Sammlung von Gemälden und Fresken einen treffenderen Eindruck vom geistlichen und künstlerisch interessierten Leben der Dominikaner als die Kirche. Am Ende des Mittelalters gingen von ihm starke religiös-geistige Impulse aus, die Florenz zeitweise verwandelten, u. a. durch den Dominikanerprior Antoninus, dem später heiliggesprochenen Erzbischof von Florenz, und durch **Savonarola**, der einige Jahre lang eine Republik nach asketisch-christlichen Grundsätzen errichtete und schließlich 1498 als Ketzer auf dem Scheiterhaufen verbrannt wurde.

Seinen Ruhm verdankt das Kloster aber dem Dominikanermönch **Fra Angelico**, der die Räume des Konvents von 1436 bis 1445 ausmalte, so dass heute ein »natürlich« entstandenes Museum zu bewundern ist. Fra Bartolomeo, ein begnadeter Maler des frühen 16. Jh.s, ist hier ebenfalls mit Bildern vertreten.

Erdgeschoss

Im Pilgerhospiz befinden sich **Tafelbilder Fra Angelicos**, die aus verschiedenen florentinischen Museen stammen. Fra Giovanni, so der eigentliche Name des Malers, wurde schon von seinen Zeitgenossen »angelico« (»engelhaft«) genannt. Zu den größten Kostbarkeiten zählen: »Madonna dei Linaioli« (1436), die der Maler im Auftrag der Leinweberschaft schuf, Miniaturbilder aus dem Leben Jesu (1450), »Kreuzabnahme« (1435) und »Jüngstes Gericht« (1430).

San Marco: das zarte und innige Fresko »Verkündigung« von Fra Angelico

Im stimmungsvollen Kreuzgang des hl. Antoninus sieht man direkt gegenüber dem Eingang auf der anderen Seite das Fresko »Hl. Dominikus zu Füßen des Kreuzes«, diagonal gegenüber dem Eingang in der Lünette das Fresko »Ecce Homo«, beide von **Fra Angelico**.

◄ Kreuzgang des hl. Antoninus

Im Kapitelsaal füllt das Fresko »Kreuzigung« von **Fra Angelico** eine ganze Wand. Auf dieser Malerei sind bedeutende Heilige, darunter Kirchenväter, Bischöfe und Ordensgründer dargestellt.

◄ Kapitelsaal

Das kleine Refektorium ist mit dem berühmten »Abendmahl«-Fresko von Domenico **Ghirlandaio**, das er 1480 für das Kloster Ognissanti schuf, geschmückt.

◄ Kleines Refektorium

Erstes Stockwerk

Im ersten Stock finden sich mehr als vierzig Zellen, die **Fra Angelico** eigenhändig und zusammen mit seinen Schülern mit Fresken verziert hat. Sein Stil ist auf allen Gemälden und Wandbildern unverkennbar. Das Strenge, Starre, Steife der mittelalterlichen Heiligen verwandelt er ins Zarte, Sanfte, Liebliche. Unschuld und Frömmigkeit zeichnen seine Heiligen aus, die jedoch keine überirdischen, sondern menschliche Züge tragen. Der Mensch erscheint dadurch verklärt, das Irdische trägt die Spuren des Himmlischen. Es gibt kaum eine innigere Darstellung der »Verkündigung« als die von Fra Angelico, die sich gegenüber dem Treppenaufgang befindet. In der »Wohnung des Priors« (am Ende des hinteren Querganges gelegen) wird das Andenken des **Savonarola** geehrt, in einer anderen Zelle das des Erzbischofs Antoninus von Florenz. Zwei Zellen zur Kirche hin (vorderer Quergang, die beiden letzten Zellen rechts) erinnern an Cosimo den Älteren, der öfter hierher zu Meditation und Gebet kam.

◄ Dormitorium

Bibliothek ▶ Der große Saal der Bibliothek mit kostbaren Manuskripten, Messbüchern und Bibeln beeindruckt durch seine strenge und zugleich schöne Renaissance-Architektur. Der Raum ist durch Arkaden mit zierlichen Säulen unterteilt. Die Bibliothek geht auf eine Privatsammlung zurück, die **Cosimo de'Medici** kaufte. Er beauftragte Michelozzo 1444 zur Unterbringung der Sammlung mit der baulichen Umgestaltung von San Marco und gründete damit die **erste öffentliche Bibliothek Europas**. Im 19. Jh. wurde diese in die Bibliotheca Medicea Laurenziana eingegliedert. Erst in jüngerer Zeit wurden einige ehemalige Manuskripte aus der Bibliotheca Medicea Laurenziana wieder hierhergebracht. Gezeigt werden illuminierte Handschriften des 15. und 16. Jh.s.

Umgebung von San Marco

Giardano dei Semplici/ Orto Botanico
Der **Giardino dei Semplici** (»Garten der Heilkräuter«) nördlich von San Marco wurde von Cosimo I. 1545 für die Erforschung exotischer Pflanzen gegründet. Er gehört heute zum Botanischen Institut der Universität. Der Baumbestand stammt überwiegend aus der zweiten Hälfte des 18. Jh.s. Das angeschlossene **Museo Botanico** (Eingang: Via La Pira 4), das größte Botanische Museum Italiens, stellt vor allem einheimische Herbarien und eine umfangreiche Sammlung von Hölzern aus. Öffnungszeiten: Apr. – Sept. Mo., Di., Do. – So. 10.00 bis 19.00 Uhr, Winter Mo., Sa., So.; www.msn.unifi.it.

★ San Miniato al Monte

J 8

Lage: Monte alle Croci   **Bus:** 12

Die hochgelegene Klosteranlage San Miniato al Monte ist ein Juwel romanisch-toskanischer Architektur. Auffallend ist der enge Bezug zur römischen Antike in der Außen- und Innengestaltung.

Öffnungszeiten: Sommer tgl. 8.00 – 19.30 Winter Mo – Sa. 8.15 – 13.00 14.30 – 18.00
Von der Piazzale Michelangelo führt ein kurzer Weg hinauf zum Vorplatz von San Miniato al Monte. Den Namen erhielt das Kloster in Erinnerung an den heiligen Minias, der um 250 in Florenz als Märtyrer starb. Über seinem Grab erhebt sich die Klosterkirche, mit deren Bau vermutlich 1018 begonnen wurde. Im Wesentlichen fertiggestellt war die Kirche zu Beginn des 13. Jh.s. Zunächst gehörte das Kloster Benediktiner-Nonnen, von 1373 bis 1552 und heute ist der Komplex Olivetaner-Mönchen anvertraut.

Außenansicht
Die strahlende, weiß-grün inkrustierte zweigeschossige Fassade (wohl um 1100) mit Dreiecksgiebel ist mit dünnen Marmorplatten bedeckt, die als geometrische Muster, Quadrate, Rechtecke, Rauten, Kreisformen, zusammen mit den großen romanisch-römischen

San Miniato: ein kunsthistorisches Juwel in schöner Lage oberhalb der Stadt

Rundbögen die Fassade gliedern. Im Obergeschoss leuchtet ein **Mosaik** aus der zweiten Hälfte des 13. Jh.s, das Christus zwischen Maria und San Miniato darstellt. Der Giebel wird von einem vergoldeten Adler bekrönt, der ein Wollbündel in den Krallen trägt. Er ist das Wappentier der reichen Tuchhändler-Zunft, die lange Zeit die Bauhütte von San Miniato finanzierte.

Campanile

Nachdem der alte Campanile 1499 eingestürzt war, begann man 1518 mit dem Bau eines neuen, der allerdings unvollendet blieb. Er diente in den bewegten Zeiten des frühen 16. Jh.s den Florentinern – darunter auch Michelangelo – zur Verteidigung gegen die kaiserlichen Truppen.

Kirchen-innenraum

Der eindrucksvolle Innenraum der Klosterkirche mit dekorativer Wandinkrustation vermittelt die Bauform der **spätantiken, frühchristlichen Säulenbasilika** als dreischiffige Langhausanlage ohne Querschiff mit offenem Dachstuhl. Die eingestellten Schwibbögen und der damit verbundene Stützenwechsel verleihen dem Hauptschiff eine ungewöhnliche Rhythmisierung. Der traditionell über einem Märtyrergrab erhöhte Chor gab ursprünglich dem eintretenden Pilger den Blick in die Hallenkrypta (11. Jh.) auf die Gebeine des hl. Minias frei, der heute leider durch das Renaissance-Tabernakel im

San Miniato al Monte: Der Innenraum ist von der römischen Antike beeinflusst.

Mittelschiff versperrt ist. San Miniato ist zwar im Wesentlichen ein mittelalterlicher, romanischer Kirchenbau, doch seine Ausstattung enthält zwei herausragende Beispiele der Renaissancekunst: das Marmorziborium von Michelozzo und die Kapelle des Kardinals von Portugal, einen angebauten Zentralraum von Antonio Manetti mit plastischen Arbeiten von Antonio Rossellino.

✳ **Michelozzos** tonnengewölbtes Marmorziborium im Langhaus wurde
Marmorziborium ▶ 1448 im Auftrag Piero de' Medicis geschaffen. Als Rückwand verwendete man ein Altarbild von **Agnolo Gaddi** (um 1396), das Szenen aus dem Martyrium des hl. Minias zeigt. Interessant ist, dass das kleine Bauwerk mit Hinweisen auf den selbstbewussten Stifter übersät ist: Die Zeichen Pieros bestehen aus einem Ring mit einem ungeschliffenen Diamanten als Symbol und aus Straußenfedern. Nicht nur in der Frieszone, sondern auch im bronzenen Schutzgitter des Tempelchens gehen die Embleme völlig in der Ornamentik auf. Die Rückseite ist mit einem Adler – als Abzeichen der Zunft – geschmückt, ein Hinweis darauf, dass die Zunft Bauherrin war und Piero de Medici nur ungern diese Bekundung seines Stifterstolzes gestattet wurde. Die Tonnendecke des Tabernakels ist aus glasierten Terrakottakassetten, die in ihrer weiß-hellblauen Farbgebung bezeichnend für den Renaissancekünstler Luca della Robbia sind.

✳ Die Cappella del Cardinale di Portogallo (»Kapelle des Kardinals von
Cappella del Portugal«), im Auftrag des portugiesischen Königs Alfons V. von **Ma-**
Cardinale di **netti** zwischen 1461 und 1466 an das linke Seitenschiff gebaut, ori-
Portogallo ▶ entiert sich als Zentralraum stark an der Alten Sakristei, die Brunelleschi für San Lorenzo schuf. Die Innendekoration verbindet christli-

ches und antikes Gedankengut. So erinnert Antonio Rossellinos Sarkophaggestaltung an ein römisches Vorbild, ein Mithrasopfer sowie Putti und Engel dekorieren die Grabmalsnische. Die Liegefigur des Toten ist auf den leeren Richterstuhl gegenüber als Mahnung an das Jüngste Gericht ausgerichtet. Insgesamt ist dieses Grabmal als Vorstufe zu den Sarkophagen Michelangelos in der Neuen Sakristei von San Lorenzo zu betrachten. Die Terrakottaskulpturen – Hl. Geist und die vier Kardinaltugenden – stammen von Luca della Robbia.

> **Baedeker** TIPP
>
> **Herrlicher Ausblick**
>
> Der Besuch von San Miniato lohnt sich nicht nur wegen der kunsthistorisch bedeutsamen Kirche, sondern auch wegen des herrlichen Stadtpanoramas. Der Ort mit seinem Friedhof strahlt eine ruhige und beschauliche Atmosphäre aus.

Hinter dem Marmorziborium führen Treppen hinunter zur Krypta mit Kreuzgewölben und Fresken des Taddeo Gaddi. ◀ Krypta

Die dekorativ skulptierten **Marmorschranken** und die fein gearbeitete **Marmorkanzel** (2. Hälfte de 12. Jh.s) gehören zu den wertvollsten spätromanischen Ausstattungsstücken der Kirche. ◀ Presbyterium

Die Apsis ziert das Mosaik »Christus mit Maria und San Miniato«. Es lässt byzantinischen Einfluss erkennen, wurde ursprünglich 1297 geschaffen und in der zweiten Hälfte des 19. Jh.s fast völlig erneuert. ◀ Apsis

Von der erhöhten Apsis aus gelangt man rechts in die Sakristei, in der **Spinello Aretino** (nach 1387) mit den »Legenden des hl. Benedikt« sein malerisches Meisterwerk hinterließ. Von der Sakristei öffnet sich eine Tür zum Kreuzgang mit Fresken von Andrea del Castagno und Paolo Uccello. ◀ Sakristei

Der Palazzo dei Vescovi (»Bischofspalast«), den Bischof Andrea dei Mozzi 1295 neben der Kirche San Miniato begann und der 1320 beendet wurde, diente den Bischöfen von Florenz lange Zeit als Sommerresidenz, bis er 1534 ein Teil des Klosters wurde. Heute ist er wieder im Besitz der Olivetaner-Mönche. **Palazzo dei Vescovi**

Mit der Anlage des Friedhofs Cimitero delle Porte Sante bei der Kirche wurde 1857 nach Plänen von Nicola Matas begonnen. Hier sind zahlreiche bekannte Persönlichkeiten des 19. Jh.s beigesetzt. **Cimitero delle Porte Sante**

Umgebung von San Miniato al Monte

Meist wird die Kirche San Salvatore al Monte wegen der naheliegenden Kirche San Miniato übersehen. Der Sakralbau, den Michelangelo »la bella villanella« (»das schöne Landmädchen«) nannte, lohnt jedoch wegen seiner hervorstechend klaren äußeren und inneren Gestaltung einen Besuch. Für die Durchführung war hauptsächlich **Cronaca** (seit 1499) verantwortlich, der mit erheblichen Schwierigkeiten zu kämpfen hatte: Der Bau konnte wegen der Steilheit des Geländes nur mit Stützmauern ausgeführt werden. **San Salvatore al Monte**

★★ Santa Croce

J 7/c IV

Lage: Piazza Santa Croce

Bus: C 1, C 2, C 3, 13

»Santa Croce ist ein Pantheon der würdigsten Art. Die Kirche ist von einer ernsten und düsteren Feierlichkeit, wahrlich eine große Totenhalle, die kein denkender Mensch ohne Ehrfurcht betreten wird«, schrieb Ferdinand Gregorovius, der große deutsche Italien-Reisende des 19. Jh.s.

Piazza Santa Croce Vor der Kirche Santa Croce liegt der gleichnamige Platz, ein für mittelalterliche Verhältnisse ungewöhnlich weiter Platz, der für Feste und Versammlungen des Volkes und auch für Predigten der Franziskanermönche bestimmt war. Der Brunnen aus dem 17. Jh., das große **Dante-Denkmal** (1865) und zwei Palazzi setzen gestalterische Akzente. Der Palazzo Serristori der Kirchenfassade gegenüber entstand von 1469 bis 1474 nach Plänen von Giuliano da Sangallo. An der Südseite des Platzes steht der Palazzo dell' Antella, den Gilio Parigi 1619 aus zwei Palästen des 15. Jh.s gestaltete. Auf dem Platz wurde schon im 16. Jh. eine Art Fußball gespielt; eine runde Gedenkplatte von 1565 beim Palazzo dell' Antella markiert die Mittellinie für den sportlichen Wettkampf. Diese Tradition wird bis heute fortgesetzt: Alljährlich im Juni ist die Piazza Veranstaltungsort des »Calcio in Costume« (▶Baedeker Special S. 89), bei dem das Ballspiel in Kostümen des 16. Jh.s aufgeführt wird.

Santa Croce

Ruhmeshalle der Florentiner Mit ihren vielen Grab- und Denkmälern sowie zahlreichen bedeutenden Kunstwerken stellt Santa Croce **einer der eindrucksvollsten Sakralbauten Italiens** dar. Mit ihren stattlichen Maßen von 115 m Länge und 38 m Breite ist sie die **größte Franziskanerkirche überhaupt**. Die Kirche wurde 1295 an der Stelle eines Vorgängerbaus von 1226 begonnen – vielleicht unter Leitung von Arnolfo di Cambio – und 1443 in Anwesenheit von Papst Eugen IV. geweiht. Die Fassade mit Gliederung durch verschiedenfarbigen Marmor sowie der Campanile stammen aus dem 19. Jahrhundert.

Kirchen-innenraum Das Innere hat die Form einer dreischiffigen Pfeilerbasilika mit einem offenen Holzdachstuhl und einem geraden Chorabschluss, wie bei Bettelordenskirchen üblich. Es ist eine hallenartige Kirchenanlage, geeignet für die Bußpredigten der Bettelmönche (Franziskaner), die in diesem traditionellen Wollarbeiterviertel von Florenz großen Zulauf hatten.

Linkes Seitenschiff ▶ Im ersten Bereich des linken Seitenschiffes befindet sich das Grab des berühmten Naturwissenschaftlers **Galileo Galilei** von Giulio Foggini. Das Monument für den Humanisten und Staatskanzler **Carlo**

Dante wacht über Santa Croce mit seinen vielen Denk- und Grabmälern.

Marsuppini von Desiderio da Settignano, eines der schönsten Grabmäler des 15. Jh.s, steht neben der Seitentür. In den Boden eingelassen ist die Grabplatte für **Lorenzo Ghiberti**, den Schöpfer der Bronzetüren des Baptisteriums, und seinen Sohn Vittorio.

Das Grabmal für den Florentiner Komponisten **Luigi Cherubini** (gest. ◀ Linkes Querschiff
1842) ist auch sehenswert (linke Querschiffecke). Den krönenden
Querhaushauptschluss bilden eine Reihe von Kapellen. In der **Cappella Bardi** hängt der »Gekreuzigte« von Donatello, an dem Brunelleschi kritisierte, dass der Künstler einen Bauern ans Kreuz gehängt habe. Brunelleschi selbst schuf für Santa Maria Novella ein – wie er hoffte – schöneres Kruzifix. In der **Cappella Bardi di Vernio** sind an den Wänden Fresken zu sehen, die Geschichten aus dem Leben des hl. Sylvester zum Thema haben, sie wurden 1340 von Maso di Banco geschaffen; die Fresken in den Grabnischen führten Maso di Banco und Taddeo Gaddi aus. In der **Cappella Tosinghi-Spinelli** sind die Glasfenster aus der Schule des Giotto bemerkenswert.

Die Hauptchorkapelle ist ganz mit Fresken ausgeschmückt. Die Ge- ◀ Hauptchorkapelle
wölbemalereien (1380) stammen von **Agnolo Gaddi** und zeigen den

Santa Croce Orientierung

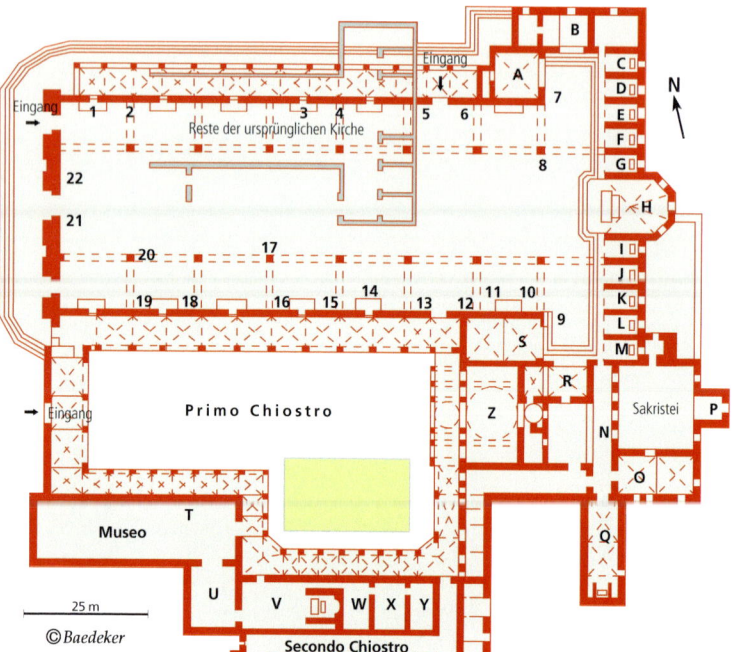

1 Heiligenfresken
2 Grabmal des Galileo Galilei von G. Foggini
3 Grab von Lorenzo und Vittorio Ghiberti
4 »Pietà« von Bronzino
5 Grabmal des Vittorio Fossombroni von Bartolini
6 Grabmal des Carlo Marsuppini von D. da Settignano
7 Grabmal des Luigi Cherubini von Fantacchiotti
8 Grabmal des Leon Battista Alberti von Bartolini
9 Grab des Prinzen Corsini
10 Grab des Ugo Foscolo
11 Grabmal des Gioacchino Rossini von Cassioli
12 Grab des Leonardo Bruni
13 Nische des Donatello mit Tabernakel »Verkündigung«
14 »Ölberg« von A. del Minga

15 Grabmal des Niccoló Machiavelli von Spinazzi
16 Grabmal des Vittorio Alfieri von Canova
17 Marmorkanzel von B. da Maiano
18 Kenotaph des Dante Alighieri von Rici
19 Grabmal des Michelangelo von Vasari
20 »Madonna mit Kind« Relief von Rossellino
21 Grabmal des G. B. Niccolini von Fedi
22 Grabmal von Gino Capponi von A. Bortone

A Capella Salviati
B Capella Bardi mit Kruzifix des Donatello
C Capella Bardi di Vernio
D Capella Pulci e Beraldi
E Capella Ricasoli

F Capella Capponi
G Capella Tosinghi/Spinelli
H Capella Maggiore
I Capella Bardi mit Fresken des Giotto
J Capella Peruzzi mit Fresken des Giotto
K Capella Giugni
L Capella Calderini
M Capella Velluti
N Corridoio della Sagrestia
O Durchgang zur Scuola del Cuoio
P Capella Rinuccini
Q Capella del Noviziato von Michelozzo
R Capella Baroncelli mit Fresken des T. Gaddi
S Capella Castellani
T-Y Museo dell'Opera di Santa Croce
Z Capelle de' Pazzi des Brunelleschi

»Auferstandenen Christus, die Evangelisten und den hl. Franziskus«. Den Wandfresken, erstellt ebenfalls von Gaddi und seinen Gehilfen, liegt die Legende des hl. Kreuzes zugrunde.

Ebenso wie das linke ist auch das rechte Querschiff in fünf Kapellen gegliedert. In der **Cappella Bardi** sind die Fresken von Giotto beachtenswert, die »Geschichten aus dem Leben des hl. Franziskus« erzählen. Sie gehören zu Giottos reifsten und bedeutendsten Werken (um 1320). Auch in der danebenliegenden **Cappella Peruzzi** befinden sich bemerkenswerte Freskenzyklen von Giotto mit Szenen aus dem Leben Johannes' des Evangelisten und Johannes des Täufers (um 1325). Sie wurden besonders von den Malern der Renaissance, von Masaccio und Michelangelo, bewundert und gründlich studiert. In der letzten Kapelle, der **Cappella Velluti**, sind beschädigte Fresken eines Cimabue-Schülers (»Erzengel Michael«) und die »Marienkrönung« von Giotto sehenswert. An der Stirnwand des Querschiffes liegt die **Cappella Baroncelli**. Von Taddeo Gaddi, einem Schüler Giottos, stammen die Wandmalereien der Propheten (außen) und des Marienlebens (im Inneren), die seine Meisterwerke darstellen. In der anschließenden **Cappella Castellani** sind Fresken (Heiligenleben) von Agnolo Gaddi und seinen Schülern sowie ein schönes Tabernakel von Mino da Fiesole beachtenswert.

◀ Rechtes Querschiff

Durch die Tür von Michelozzo geht man in einen ebenfalls von Michelozzo angelegten Gang, den Corridoio della Sagrestia, zur Sakristei. Sie enthält kostbare Schränke der Renaissance und eine »Kreuzigung« von Taddeo Gaddi. Hinter der Sakristei befindet sich die **Cappella Rinuccini** aus dem 14. Jh. mit Fresken von Giovanni da Milano. Am Ende des Sakristei-Korridors sieht man die **Cappella del Noviziato**, die Michelozzo im Autrag von Cosimo den Älteren für die Noviziaten des Klosters 1445 erbaute. Die »Madonna« in glasierter Terrakotta über dem Altar stammt von Andrea della Robbia (1480).

◀ Sakristei

Im rechten Seitenschiff stößt man auf das Grabmal für den Komponisten **Gioacchino Rossini** (gest. 1868) sowie das Grab des Florentiner Politikers **Leonardo Bruni** (gest. 1444), mit dem Bernardo Rossellino den Prototyp des Florentiner Renaissance-Grabmals schuf. Eine Nische umfängt das graziöse Verkündigungs-Relief von Donatello (1435). Ungefähr in der Mitte der Längsseite steht das Grabmal für **Niccolò Machiavelli** (gest. 1527), den großen Historiker und Politiker, das Spinazzi schuf (1787). Am fünften Pfeiler befindet sich die berühmte achteckige **Marmorkanzel von Benedetto da Maiano** (1472–1476) mit Szenen aus dem Leben des hl. Franziskus und allegorischen Figuren. Im letzten Drittel des Seitenschiffs fällt der monumentale Kenotaph für **Dante** (1829) ins Augen mit den Allegorien Italiens und der trauernden Poesie. Florenz wollte damit den Dichter ehren, den die Stadt verbannt hatte und der 1321 in Ravenna starb. Das von Vasari entworfene **Grabmal Michelangelos** zieren die Personifikationen der Architektur, Skulptur und Malerei. Am ersten Pfeiler befindet sich ein Relief von Antonio Rossellino: »Madonna col Bambino« (1478).

◀ Rechtes Seitenschiff

Museo dell'Opera di Santa Croce

Öffnungszeiten:
Mo. – Sa.
9.30 – 17.00
So. 13.00 – 17.00

Auf der rechten Seite der Kirche befindet sich der Zugang zum Klosterkomplex von Santa Croce. Besichtigt werden können zwei Kreuzgänge, die Pazzi-Kapelle sowie das im ehemaligen Refektorium und anderen Klosterräumen untergebrachte Museo dell'Opera di Santa Croce. Vom Primo Chiostro (»Erster Kreuzgang«), der Ende des 14./ Anfang des 15. Jh.s errichtet wurde, fällt der Blick zunächst auf die Cappella dei Pazzi an seinem Ende.

Cappella dei Pazzi

Die Pazzi-Kapelle verdankt ihren Ruhm dem architektonischen Genie des **Brunelleschi**. Er errichtete von 1430 bis zu seinem Tod 1446 im Auftrag von Andrea de' Pazzi diesen frühen und reinen Bau der Renaissance. Er sollte als Grabkapelle der Pazzi und zugleich als Kapitelsaal der Franziskanermönche von Santa Croce dienen. Die von Säulen getragene Vorhalle ist im Gebälk mit einem Fries aus kleinen Medaillons mit Engelköpfen von **Desiderio da Settignano** und in der Halbkuppel des Portikus mit schönen Rosetten von **Luca della Robbia** geschmückt. Von ihm stammt auch das »Andreas-Relief« aus dem Jahr 1445 über den Holztüren; diese wiederum schuf **Giuliano da Sangallo** von 1470 bis 1478.

Das Innere der Cappella dei Pazzi wirkt als harmonische Einheit mit klaren Gliederungen durch Pilaster, angedeutete Nischen, Rundungen und Tonnengewölbe, obwohl die rechteckige Form der Kapelle durch den Altarraum aufgehoben ist. Die vier Terrakotta-Medaillons in den Zwickeln mit sitzenden Evangelisten sind Schöpfungen Luca della Robbias, ebenso die zwölf Apostel-Tondi.

Secondo Chiostro

Vom Ersten Kreuzgang führt ein Durchgang zum zweigeschossigen Secondo Chiostro (»Zweiter Kreuzgang«), der um 1452 von **Bernardo Rossellino** errichtet wurde. Rossellino lehnte sich eng an den Stil Brunelleschis an.

Museo dell' Opera di Santa Croce

Das Santa-Croce-Museum ist im Refektorium und den angrenzenden Räumen des Klosters Santa Croce untergebracht. Zu den bedeutendsten Kunstwerken gehören das 120 m² große »Letzte Abendmahl« (um 1360) von **Taddeo Gaddi** und »Die Grablegung« von demselben Künstler. Ein spätes Meisterwerk ist ein großes gemaltes Kruzifix (um 1285 – 1290) von Cimabue, dessen Neuartigkeit in den menschlichen Zügen und der starken Körperlichkeit von Christus liegt. Von den anderen Kunstwerken sind ferner hervorzuheben: ausdrucksvolle Freskenfragmente, die zu der Darstellung »Triumph des Todes« (um 1360) von **Andrea Orcagna** gehören; das vergoldete Bronzestandbild »Der heilige Ludwig von Toulouse« (1423) von **Donatello**; ein Fresko von **Domenico Veneziano**, »Die Heiligen Johannes der Täufer und Franziskus« (um 1450 – 1460); »Krönung Mariens« von **Maso di Banco** sowie »Stigmata«, eine Terrakottagruppe von **Andrea della Robbia**.

Kruzifix von Cimabue ►

! **Baedeker TIPP**

Lederschule

Interessant ist der Besuch der Scuola del Cuoio, der Lederschule, von Santa Croce (Piazza Santa Croce 16, Garteneingang: Via S. Giuseppe 5 r), in der man der Herstellung von Lederwaren wie Taschen und Jacken zusehen und in Kursen erlernen kann. Die Lederartikel stehen auch zum Verkauf. www.scuoladelcuoio.com.

Umgebung von Santa Croce

Das große Gebäude der Nationalbibliothek – erbaut von 1911 bis 1935 – neben Santa Croce enthält 24 721 Manuskripte, mehr als 700 000 Briefe und Dokumente, 3780 Inkunabeln, mehr als vier Millionen Bücher, etwa 4000 Blätter von Musikwerken, mehr als 600 Atlanten und ca. 15 00 geografische und topografische Karten.

Biblioteca Nazionale Centrale

Besonders wertvoll sind die wohl älteste bekannte Abschrift der »Göttlichen Komödie« Dantes aus der ersten Hälfte des 14. Jh.s, Handschriften von Galilei, Messbücher und Bibelausgaben vor der Erfindung des Buchdrucks. Die Bibliothek geht bis ins 13. Jh. zurück und verwahrt Handschriften aller berühmten Florentiner. Öffnungszeiten: Mo. – Fr. 9.00 – 19.00, Sa. 9.00 – 13.00 Uhr.

✴ Santa Maria del Carmine

H 7

Lage: Piazza del Carmine   **Bus:** D

Die große Kirche an der gleichnamigen Piazza ist vor allem bekannt wegen der kunsthistorisch bedeutenden Brancacci-Kapelle.

Die Kirche, 1268 begonnen, wurde erst 1476 fertiggestellt, wovon an den Seiten sowohl romanische als auch gotische Bauteile zeugen. Im 16. und 17. Jh. umgestaltet, wurde sie 1771 bei einem Brand so schwer beschädigt, dass sie gänzlich neugestaltet werden musste, was Ruggieri und Mannaioni bis 1782 in barockem Stil durchführten.

Kirche mit bedeutender Kapelle

Der Grundriss der Kirche besitzt nur ein Schiff, an dessen Seiten sich Kapellen befinden. Neben der Brancacci-Kapelle ist die Kirche vor allem berühmt wegen der barocken **Cappella Corsini** von Pierfrancesco Silvani (1675 – 1683) im linken Querschiff; das Kuppelfresko »Apotheose des heiligen Andrea Corsini« (1682) stammt von Luca Giordano. Die Kapelle enthält die Gräber von Neri und Piero Corsini mit drei Marmorhochreliefs von Giovanni Battista Foggini.

✴ Cappella Brancacci

🕐 Öffnungszeiten:
Mo.–Sa.
10.00–17.00
So. 13.00–17.00
Reservierung
empfohlen
Tel. 0 55 2 76 82 24

Der Zugang zur Cappella Brancacci ist rechts neben der Kirche. Man betritt zunächst den zu Beginn des 17. Jh.s an die Kirche angebauten Kreuzgang und gelangt dann zu der Kapelle, die Felice Brancacci, ein florentinischer Kaufmann, von 1424 bis 1427 mit Fresken – hauptsächlich von den beiden Künstlern **Masaccio** und **Masolino** – ausmalen ließ. Sie stellen eine wichtige Entwicklungsstufe in der europäischen Malerei dar. Masaccio führte die Malkunst dank der Wiederentdeckung der Perspektive in seinen Fresken über die Formen- und Farbenpracht des mittelalterlich-gotischen Stils hinaus und entwickelte die Ansätze des Malers Giotto fort.

Der Tradition von Masaccio und Masolino folgend, malte **Filippino Lippi** die fünf Wandfelder in der unteren Zone aus. Bedeutende Künstler der Renaissance studierten die Werke der Brancacci-Kapelle wegen ihrer perspektivischen Raumerschließung, des strengen Realismus der dargestellten Personen, der feinen Charakterisierung der Gesichter, der malerischen Freiheit und der Konzentration des Ausdruckes. Die durch verschiedene Restaurierungsbemühungen stark entstellten Fresken wurden in ihrer ursprünglichen Farbgebung wiederhergestellt. Im einzelnen sind dargestellt (von links nach rechts, oben): Vertreibung Adams und Evas aus dem Paradies, der Tribut – beides Meisterwerke von Masaccio –, Predigt von Petrus, Petrus tauft neue Gläubige, Petrus mit Johannes hilft den Lahmen und erweckt Tabita, die Versuchung von Adam und Eva. Unten: Petrus wird von Paulus im Gefängnis besucht, Petrus erweckt den Sohn des Theophilus, Predigt von Petrus, Petrus (mit Johannes) heilt die Kranken, Petrus und Johannes verteilen die Güter der Gemeinde, Kreuzigung von Petrus, Petrus und Paulus disputieren mit Simon dem Magier vor Nero, der Engel befreit Petrus aus dem Gefängnis.

Man erzählt sich, **Michelangelo** sei bei einer Diskussion vor diesen Bildern so sehr in Rage geraten, dass er bei dem sich daraus entwickelnden handfesten Streit im Gesicht verletzt und seine Nase dadurch entstellt wurde.

Barocke Santa Maria del Carmine

Santa Maria Maddalena Pazzi

Lage: Borgo Pinti 58   **Bus:** C 1, 6, 31, 32

Ein Mitglied der berühmten Florentiner Familie der Pazzi, Maria Maddalena, war 1669 heiliggesprochen worden. Ihr zu Ehren erweiterte man den im 13. Jh. gegründeten Komplex von Kirche und Benediktiner-Kloster, den schon zwei Jahrhunderte zuvor Giuliano da Sangallo (1480 – 1492) umgestaltet hatte.

Der Vorhof der Kirche zeigt daher den harmonischen Stil der zweiten Hälfte des 15. Jh.s, während andere Teile von Kirche und Kloster barocke Elemente aufweisen. Die Kapellen sind mit wertvollen Gemälden von toskanischen Künstlern des 15. und 16. Jh.s, z. B. von Portelli und Giordano geschmückt. Das Refektorium des Klosters ist heute Teil einer Carabinieri-Kaserne, und der Kreuzgang des Sangallo gehört zum Liceo Michelangelo.

Kirche der heiliggesprochenen Maria Maddalena Pazzi

In der Sala Capitolare, dem Kapitelsaal, des der Kirche angeschlossenen Klosters haben sich **Fresken von Perugino** erhalten, die zu seinen schönsten Werken zählen. Die zwischen 1493 und 1496, in Peruginos bester Schaffenszeit, entstandenen Wandbilder zeigen Christus am Kreuz und Maria Magdalena, den hl. Bernhard und Maria, die Hll. Johannes und Benedikt, Christus am Kreuz hilft dem hl. Bernhard. Im Hintergrund der Figuren erkennt man die umbrische Landschaft, aus der Perugino, von Perugia abgeleitet, stammte. Zurzeit wegen Restaurierung geschlossen.

Sala Capitolare

★ Santa Maria Novella

Lage: Piazza di Santa Maria Novella   **Bus:** C 2, 12, 13, 14, 17, 22, 23, 36, 37

Zu den bedeutendsten Kirchen von Florenz gehört die Dominikaner-Kirche Santa Maria Novella mit ihrer epochalen Renaissance-Fassade und berühmten Freskenzyklen.

Die typische Bettelordenskirche steht auf dem gleichnamigen fünfseitigen Platz. Die zwei Marmor-Obelisken mit Bronzelilien auf der Spitze, gestützt auf vier Schildkröten, sind Werke des Giambologna (1608). Santa Maria Novella wurde 1246 an der Stelle eines Oratoriums des 10. Jh.s errichtet, um 1300 war der Bau im Wesentlichen fertiggestellt. Verschiedene Architekten nahmen im 14./15. Jh. leichte Veränderungen vor. Wie bei der Franziskanerkirche Santa Croce geht man auch hier über einen weiten Prozessionsplatz auf den Hauptbau zu. Die Fassade schuf von 1456 bis 1470 **Leon Battista Alberti** im

🕐
Öffnungszeiten:
Mo. – Do., Sa.
9.00 – 17.00
Fr., So.
13.00 – 17.00

Santa Maria Novella mit beeindruckender Renaissance-Fassade

Auftrag des Giovanni Rucellai, dessen Familienzeichen, die Segel, in der Mitte als friesartiges Zwischengesims zu sehen ist. Er gab ihr die entscheidende Form durch die Harmonisierung des romanisch-gotischen mit dem Renaissance-Stil (Portal, begrenzende Pfeiler, oberes Attikageschoss mit Voluten). Die Fassade ist durch verschiedenfarbigen Marmor gegliedert. Neben der Kirche liegt ein alter Friedhof.

Kirchen-innenraum
Das Innere der Kirche zeigt ein harmonisches Gleichgewicht zwischen aufsteigenden gotischen Formen und dem weit ausgedehnten einheitlichen Raum, dessen Länge von 99 m durch die enger werdenden Wölbungen der Pfeiler perspektivisch noch gesteigert wird.

Innenfassade ▶
Über dem Portal in der Lünette sieht man das Fresko »Geburt Christi«, möglicherweise ein Frühwerk Botticellis, und in der Rosette, der ältesten von Florenz, die »Krönung Mariens«.

Linkes Seitenschiff ▶
Die Marmorkanzel am zweiten Pfeiler entwarf **Filippo Brunelleschi** 1443, und Buggiano führte sie aus. Am dritten Altar ist die »Dreifaltigkeit« (1427), ein Fresko von **Masaccio**, zu sehen, das wegen seines intensiven Ausdrucks und der vollkommenen perspektivischen Darstellung einen Ehrenplatz unter den Werken des Künstlers einnimmt. Im vorderen Mittelschiff hängt ein gemaltes Kruzifix (um 1290), ein frühes Meisterwerk von **Giotto**, das durch die Darstellung menschlicher Züge des leidenden Christus zum Vorbild für andere Maler des

Santa Maria Novella Orientierung

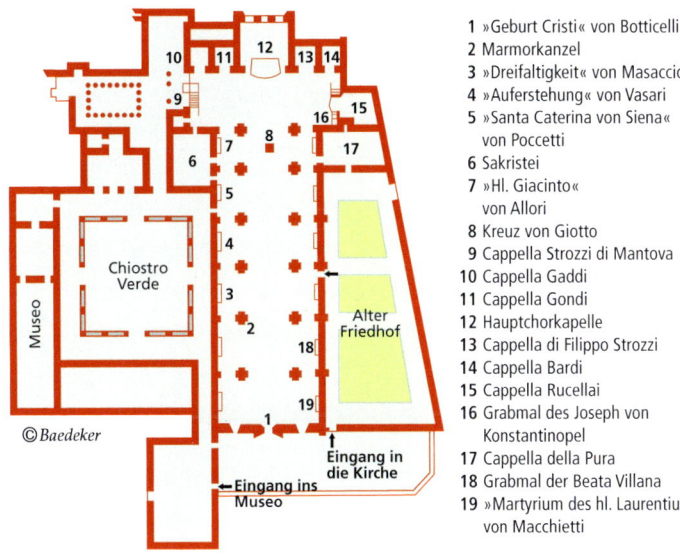

1 »Geburt Cristi« von Botticelli
2 Marmorkanzel
3 »Dreifaltigkeit« von Masaccio
4 »Auferstehung« von Vasari
5 »Santa Caterina von Siena«
   von Poccetti
6 Sakristei
7 »Hl. Giacinto«
   von Allori
8 Kreuz von Giotto
9 Cappella Strozzi di Mantova
10 Cappella Gaddi
11 Cappella Gondi
12 Hauptchorkapelle
13 Cappella di Filippo Strozzi
14 Cappella Bardi
15 Cappella Rucellai
16 Grabmal des Joseph von
   Konstantinopel
17 Cappella della Pura
18 Grabmal der Beata Villana
19 »Martyrium des hl. Laurentius«
   von Macchietti

14. Jh.s wurde. Nardo di Cione schuf 1357 die Fresken mit Themen aus Dantes »Göttliche Komödie« in der erhöht liegenden **Cappella Strozzi**, wo auch das Altarbild »Erlöser und Heilige« von Andrea Orcagna hängt. In der **Cappella Gaddi** fällt u. a. das Gemälde über dem Altar »Jesus weckt die Tochter des Jairus« von Bronzino ins Auge. In der danebenliegenden **Cappella Gondi** sieht man das berühmte Holzkruzifix (1410 – 1425) von Brunelleschi, die erste Christus-Darstellung ohne Lendentuch.

◀ Linkes Querschiff

Die Hauptchorkapelle wurde von **Domenico Ghirlandaio** und Gehilfen in den Jahren 1486 bis 1490 im Auftrag von Giovanni Tornabuoni vollkommen mit Fresken ausgeschmückt, die Szenen aus dem Leben Johannes des Täufers und der Maria wiedergeben. Dank umfassender Restaurierungen erstrahlt der letzte große Freskenzyklus des 15. Jh.s nun wieder in zarten leuchtenden Farben. Das Bronzekruzifix ist eine Arbeit von Giambologna.

◀ Hauptchorkapelle

Im rechten Querschiff befinden sich wiederum zwei Kapellen auf der linken Seite. Die **Cappella di Filippo Strozzi** ist mit Fresken (1497 bis 1502) von Filippino Lippi ausgeschmückt. Das Grab des Filippo Strozzi liegt hinter dem Altar, es wurde von Benedetto da Maiano von 1491 bis 1493 gestaltet. Die danebenliegende **Cappella Bardi** beherbergt die »Rosenkranzmadonna« (1570) von Vasari.

◀ Rechtes Querschiff

An der Stirnwand des Querschiffs befinden sich in der erhöht liegenden **Cappella Rucellai** eine Bronzegrabplatte (1423) für den Dominikaner-General Dati von Lorenzo Ghiberti und eine Marmorstatue »Madonna mit Kind« von Nino Pisano. Ganz in der Nähe schließlich sieht man das **Grabmal des Patriarchen Joseph von Konstantinopel**, der nach dem Konzil von Florenz hier 1440 starb.

Rechtes Seitenschiff ► Eine Tür führt in die **Cappella della Pura** mit dem Bild der »Madonna mit Kind und der hl. Katharina«. Um dieses Bild rankt sich die Legende, dass Maria 1472 aus dem Bild zwei schmutzigen Kindern zugerufen habe, sie sollten sich waschen – eine gern angewandte Erziehungshilfe florentinischer Mütter. Zum Portal hin folgen das Grabmal der Beata Villana von Rossellino (1451) und der Seitenaltar mit dem »Martyrium des Laurentius« von Macchietti (1573).

Museo e Chiostro Monumentali di Santa Maria Novella

🕐 Öffnungszeiten: Mo. – Do., Sa. 9.00 – 17.00 Die Besichtigung von Santa Maria Novella sollte auch die Kreuzgänge und die Kapellen des früheren Klosters Santa Maria Novella, heute als Museo e Chiostro di Santa Maria Novella bezeichnet, einschließen. Der Eingang befindet sich links von der Kirchenfassade.

Chiostro Verde Der Name Chiostro Verde (»Grüner Kreuzgang«), ein sehr schöner, stimmungsvoller Kreuzgang, geht auf den grünen Farbton der von Paolo Uccello geschaffenen **Fresken** zurück. Die Erzählung beginnt mit der Schöpfung der Tiere und dem Sündenfall (um 1430); die Darstellung der Sintflut entstand erst 20 Jahre später.

✳ Cappella degli Spagnoli Zu den großartigsten Bildern des 14. Jh.s in Italien gehören die Fresken der Cappella degli Spagnoli (**»Spanischen Kapelle«**), die nach 1340 von Jacopo Talenti als Kapitelsaal des Dominikaner-Klosters erbaut und von **Eleonora von Toledo**, der Gemahlin Cosimos I., ihrem spanischen Gefolge – daher der Name – 1540 für Gottesdienste zugewiesen wurde. Andrea da Firenze schuf die Malereien mit der Darstellung des Dominikanerordens. Der Künstler verband Szenen aus der Heiligen Schrift, Heiligenlegenden und die allegorischen Darstellungen der mittelalterlichen Wissenschaften miteinander.

! *Baedeker* TIPP

Prachtvolle Apotheke

Unbedingt ansehen sollte man sich die alte Apotheke von Santa Maria Novella (Via della Scala 16 r), die seit 1612 besteht. Sehr stilvoll ist die Ausstattung (19. Jh.) des Verkaufsraums. Im Angebot sind Parfüms, Seifen und Kräuter.

★ Santa Trinità

Lage: Piazza Santa Trinità   **Bus:** C 3, D, 6, 36, 37

Vor allem wegen ihres würdigen Alters lieben die Florentiner die Kirche Santa Trinità, am gleichnamigen Platz. Sie ist eine gotische Basilika mit reichhaltiger Ausstattung.

Schon im 11. Jh. stand hier ein Gotteshaus, das im 13. Jh. als erste gotische Kirche von Florenz erneuert, vermutlich von Niccolò Pisano, und in der zweiten Hälfte des 14. Jh.s noch einmal von Neri di Fioravante umgestaltet wurde. Die Fassade veränderte man im ausgehenden 16. Jh. nach einem Entwurf von **Buontalenti**.

🕐 Öffnungszeiten: tgl. 9.00 – 12.00 16.00 – 19.00

Der Kircheninnenraum präsentiert sich im Stil der Florentiner Gotik des 14. Jh.s. Es handelt sich um einen dreischiffigen Langbau mit Querschiff. An das Langhaus angefügt sind Seitenkapellen, die jeweils erhöht angelegt wurden. Bei einem Rundgang durch die Kirche sind zahlreiche Kunstwerke beachtenswert.

In der dritten Kapelle sieht man eine »Verkündigung« auf Goldgrund von **Neri di Bicci** und das Grab von Giuliano Davanzati (gest. 1444), ein frühchristlicher Sarkophag mit Hochrelief. Die fünfte Kapelle ist mit der Holzstatue der Magdalena (1464/1465) von Desiderio da Settignano und Benedetto da Maiano geschmückt.

Linkes Seitenschiff

Im linken Querschiff beeindruckt das Marmorgrabmal des Bischofs Benozzi Federighi (1455/1456). **Luca della Robbia** schuf damit eines seiner besten Werke.

Linkes Querschiff

Im rechten Querschiff befindet sich die Cappella Sassetti mit den berühmten Fresken (1483 – 1486) von Domenico Ghirlandaio: »Legenden des hl. Franz von Assisi«, darunter das bekannte Werk »Bestätigung der Ordensregel«. Hierin nahm der Künstler Personen und Bauwerke seiner Zeit auf, so Lorenzo de' Medici den Prächtigen und sich selbst mit der Hand auf der Hüfte sowie die Piazza della Signoria und della Trínita. Auch das Altarbild »Anbetung der Hirten« (1485) stammt von Ghirlandaio.

Rechtes Querschiff ★
◀ Fresken von Ghirlandaio

In der Cappella Salimbeni sieht man einen Freskenzyklus von **Lorenzo Monaco** und in der ersten Kapelle am Eingang, der Cappella Gianfigliazzi, ein wundertätiges Holzkruzifix (14. Jh.).

Rechtes Seitenschiff

Umgebung von Santa Trinità

Die eleganteste Brücke von Florenz – in der Nähe Kirche – ist der Ponte Santa Trínita. Im Jahr 1252 wurde sie zum ersten Mal über den Arno geschlagen, stürzte jedoch bald zusammen. Später in Stein

Ponte Santa Trínita

In eleganten Bögen schwingt sich der Ponte Santa Trinità über den Arno.

massiver ausgeführt, wurde sie 1333 und 1557 bei Überschwemmungen des Arno abermals zerstört. In der heutigen Form erbaute sie **Ammanati** von 1567 bis 1570, angeblich nach künstlerischen Ratschlägen von Michelangelo. Als sie 1944 von deutschen Truppen in die Luft gesprengt wurde, suchte die Florentiner Bevölkerung die Trümmer zusammen, so dass die Brücke von 1955 bis 1957 in ihrer ursprünglichen Form wiederaufgebaut werden konnte. An den Ecken der Brücke stehen allegorische Figuren der vier Jahreszeiten, die man 1608 aufstellte.

Palazzo Frescobaldi

An der Piazza Frescobaldi, am Ende des Ponte Santa Trinità erhebt sich der Palast der Frescobaldi. Im 13. Jh. erbaut, diente er **Karl von Valois**, dem Bruder des französischen Königs, als Wohnung, als ihn 1301 seine Friedenskommission im Auftrag Papst Bonifaz' VIII. nach Florenz führte (eine Folge seiner Vermittlungsbemühungen war die Verbannung Dantes aus der Stadt). Im 17. Jh. wurde der Palast der Frescobaldis – heute eine der reichsten Großgrundbesitzerfamilien des Landes, denen auch vorzügliche Weinlagen gehören – umgebaut.

San Jacopo sopr' Arno

Vom Ponte Trinità hat man einen schönen Blick auf die kleine romanische Kirche San Jacopo »über dem Arno« neben dem Palazzo Frescobaldi. Sie wurde im 12. Jh. errichtet, später jedoch mehrfach umgebaut. Den schönen Campanile konstruierte 1660 Gherardo Silvani. Die Kirche besitzt eine Vorhalle aus der Zeit um 1000, der einzigen aus dieser Epoche in Florenz. Im Innern, das heute für Konzerte und Ausstellungen genutzt wird, befinden sich Fresken und Altargemälde von florentinischen Künstlern des 18. Jh.s.

✴ Santissima Annunziata

Lage: Piazza della SS. Annunziata   **Bus:** C 1, 6, 31, 32

Die sich zur stilvollen Piazza öffende Kirche ist ein architektonisches Meisterwerk, gerade weil der Grundriss von Kirche und Kloster so unregelmäßig ausfällt.

Die «Verkündigungskirche», 1250 als Oratorium des Serviten-Ordens entstanden, wurde zwischen 1444 und 1477 von **Michelozzo** völlig neu gestaltet. Es handelt sich um ein Langhaus mit Seitenkapellen, dem eine große runde Chorkapelle vorgelagert ist, jeweils mit Anbauten. Zugleich enthält die Kirche im Innern zahlreiche einzigartige Kunstwerke. Man betritt zunächst einen siebenbogigen, von 1559 bis 1561 erbauten Portikus, der von Säulen mit eleganten korinthischen Kapitellen getragen wird. Drei Tore öffnen sich: Das linke führt zum Chiostro dei Morti, das rechte zur Cappella Pucci und das mittlere zum Chiostrino dei Voti (»Kleiner Kreuzgang der Votivtafeln«), errichtet von Manetti 1447 nach Entwürfen von Michelozzo.

⏲
Öffnungszeiten:
tgl. 7.00 – 12.00
16.00 – 19.00

Die Kirche Santissima Annunziata: ein architektonisch einmaliges Meisterwerk

Santissima Annunziata Orientierung

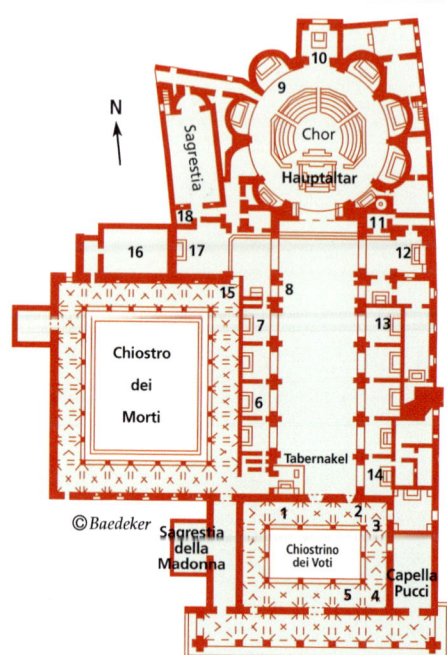

1 »Geburt« von Baldovinetti
2 »Zug der Hll. Drei Könige« von A. del Sarto
3 »Geburt Mariä« von A. del Sarto
4 »Heimsuchung« von Pontormo
5 »Himmelfahrt« von Fiorentino
6 »Hl. Dreifaltigkeit«, Fresko von del Castagno
7 »Himmelfahrt Mariä« von Perugino
8 Orgel
9 »Auferstehung« von Bronzino, Statue »Hl. Rochus« von Veit Stoß
10 Cappella della Madonna del Soccorso
11 Pietà von Bandinelli
12 Cappella del Sacramento
13 Denkmal des Orlando de' Medici von Rosselino
14 »Madonna in der Glorie« von Empoli
15 »Madonna mit dem Sack« von del Sarto
16 Capella della Confraternità di San Luca
17 Capela del Crocifisso
18 Capellina delle Reliquie

★
Chiostrino dei Voti

Die **Fresken** des Chiostrino dei Voti, so benannt nach den Votivgaben, die hier früher aufbewahrt wurden, sind berühmt. Man findet hier (von links beginnend) Meisterwerke von Andrea del Sarto (Zyklus über den hl. Filippo Benizzi), Cosimo Rosselli (»Berufung und Einkleidung des hl. Filippo Benizzi«, 1476), Alesso Baldovinetto (»Natività«/»Geburt Jesu«, 1460–1462), nochmals Andrea del Sarto (»Ankunft der Drei Könige« und »Geburt Mariä«, 1514), eine der besten Arbeiten des Künstlers, und Franciabigio (»Verlöbnis Mariens«, 1513).
Bei diesem Werk zerstörte der Künstler den Kopf Marias, weil die Mönche sich das Bild vor seiner Vollendung ansahen; niemand wollte den Schaden beheben. Schließlich folgen noch Meisterwerke von Pontormo (»Heimsuchung Mariens«, 1516) und Rosso Fiorentino (»Himmelfahrt Mariens«, 1517).

Kirchen-innenraum

Der saalartige Kircheninnenraum wird beiderseits von Seitenkapellen flankiert; der Chor ist als Rotunde gestaltet. Im 17. und 18. Jh. wurde Santissima Annunziata innen mit Marmor verkleidet und völlig neu ausgeschmückt. Links neben dem Eingang steht ein **Marmor-Taber-**

nakel, das im Auftrag Piero de' Medicis nach Entwürfen Michelozzos für das Gnadenbild der Verkündigung – von dem es viele Kopien in Italien gibt – errichtet wurde. Man sagt, als ein Mönch dieses Bild im 13. Jh. malte, sei er aus Verzweiflung über seine geringe Kunst, eine wunderschöne Madonna darzustellen, eingeschlafen, und ein Engel habe das Gesicht Marias vollendet. Noch heute kommen die Jungvermählten aus Florenz hierher, und die Braut lässt ihren Blumenstrauß bei der Madonna zurück.

An der linken Seite des Langhauses befindet sich die Cappella Feroni, die **Andrea del Castagno** 1455 mit dem Fresko »Erlöser und hl. Julian« verzierte. Auch in der zweiten Kapelle ist ein Fresko des Künstlers zu sehen »Dreifaltigkeit«, ein sehr realistisches Werk. In der vierten Kapelle sollte man die »Himmelfahrt Christi« von **Perugino** beachten. ◄ Linke Seitenkapellen

Die Rotunde, die sich in neun Kapellen gliedert, wurde von **Michelozzo** begonnen (1444) und von **Leon Battista Alberti** in veränderter Ausführung beendet. Beeindruckend ist in der vierten Kapelle (von links) ein Gemälde von Agnolo Bronzino »Resurrezione« (»Auferstehung«, 1550), ferner die Cappella della Madonna del Soccorso (»Kapelle der Muttergottes der Zuflucht«; 1594 – 1598) von Giambologna, der sie als seine eigene Grabstätte entwarf. Die Kapelle ist reich mit Fresken, Statuen und Reliefs ausgestattet. Die Kuppel der Rotunde schmückt ein Fresko, das die Krönung Mariens (1681 – 1683) zum Inhalt hat und von **Volterrano** stammt. ◄ Rotunde

Gleich in der ersten Kapelle des rechten Kreuzarms, die das Grab Baccio Bandinellis und seiner Gemahlin beherbergt, findet man eine sehenswerte **»Pietà«** des Künstlers. ◄ Rechter Kreuzarm

Vom Portikus führt das linke Tor zum Chiostro dei Morti (»Kreuzgang der Toten«), vorbei an der Sagrestia della Madonna. Im Kreuzgang ist das Fresko »Madonna del Sacco« – benannt nach dem Sack, auf den sich der hl. Joseph stützt – zu sehen, das **Andrea del Sarto** 1525 ausführte und das als eines seiner Hauptwerke gilt. **Chiostro dei Morti**

In der Cappella del Crocifisso (»Kapelle des Gekreuzigten«) sollte man die Tonfigur von Johannes dem Täufer (1444 – 1450) von **Michelozzo** beachten. **Cappella del Crocifisso**

✷ Santo Spirito

H 7/a IV

Lage: Piazza Santo Spirito   **Bus:** C 3, 6, 36, 37

Der äußerlich karge Bau – er wurde nie nach den ursprünglichen Plänen fertiggestellt – lässt nicht vermuten, dass Santo Spirito eine der reinsten Renaissance-Kirchen ist.

Santo Spirito Orientierung

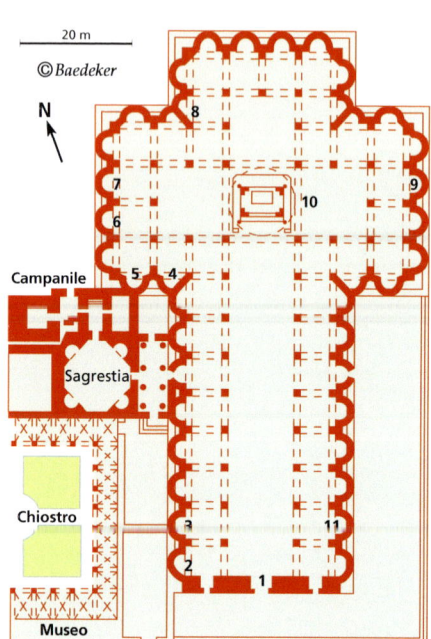

20 m

©Baedeker

N

Campanile

Sagrestia

Chiostro

Museo

1 Fenster »Ausgießung des
  hl. Geistes«

2 »Auferstehung« von di Jacopo

3 »Christus« von Landini,
  Kopie nach Michelangelo

4 »Kalvarienberg« von Ghirlandaio

5 »Sacra Conversazione« von
  del Garbo«

6 »Hl. Dreifaltigkeit« von Granacci

7 Capella Corbinelli

8 »Presepio« aus der Schule
  des Ghirlandaio

9 »Sacra Conversazione« von Lippi

10 Hauptaltar von Caccini

11 Kopie der Pietà des Michelangelo
   in Rom von di Baccio Bigio

🕐
Öffnungszeiten:
Mo., Di., Do. – So.
9.30 – 12.30
16.00 – 18.00

Mehrere reiche Florentiner Familien schlossen sich in den ersten Jahrzehnten des 15. Jh.s zusammen, um an der Stelle einer durch Brand zerstörten Kirche eine neue errichten zu lassen. Als Architekten gewannen sie den berühmten Baumeister der Stadt, **Brunelleschi**. Bei dessen Tod (1446) war der Bau bis zur Einwölbung gediehen, dann geriet er jedoch unter verschiedenen Baumeistern – den Glockenturm errichtete Baccio d'Agnolo von 1503 bis 1517 – ins Stocken und wurde nie ganz vollendet.

Die Fassade der Kirche wurde im 18. Jh. ausgeführt und trägt keinerlei Schmuck. Ihr charakteristisches Merkmal bilden die Umrisslinie und das große mittlere Auge. In die Fassade sind Türen in verschiedenen Größen eingelassen, die den drei Schiffen im Innern entsprechen. Die Kirche wurde 1481 geweiht.

Kirchen-innenraum

An das dreischiffige Innere – auf dem Grundriss eines lateinischen Kreuzes mit 97 m Länge, 32 m Breite im Langhaus und 58 m Breite im Querschiff – wurden vierzig halbrunde Seitenkapellen angebaut, die außen jedoch durch eine gerade Mauer abgeschlossen sind. Zahlreiche Kunstwerke, Grab- und Denkmäler machen Santo Spirito zu einem eindrucksvollen Museum. Gemälde und Statuen, Reliefs und sakrale Gegenstände schmücken die Nebenaltäre. Die Fensterrose der Innenfassade wurde nach einem Entwurf **Peruginos** (»»Herabkunft des Heiligen Geistes«) gefertigt.

Vom linken Seitenschiff gelangt man in eine schöne **Vorhalle** (1492–1494), errichtet von Cronaca, und von dort in die Sakristei. Diese erhebt sich über einem achteckigen Grundriss, wurde von **Giuliano da Sangallo** von 1488 bis 1492 entworfen und ist ein Meisterwerk der europäischen Baukunst. Es handelt sich um einen Zentralbau der Frührenaissance mit zweischaliger Kuppel. Neu sind die dreiteiligen, durch Gebälk getrennten Wandzonen. Die Kapitelle der unteren Pilaster sind mit Figurenschmuck versehen. ◄ Sakristei

In der Vierung steht der frühbarocke, unter reicher Verwendung von Pietra dura geschaffene Baldachinaltar (um 1600) von **Caccini**. ◄ Vierung

In der ersten Kapelle verdienen das Gemälde »Andate al Calvario« (»Aufstieg auf den Kalvarienberg«) von **Michele Ghirlandaio** und die Glasfenster Beachtung. In der danebenliegenden Kapelle beeindruckt die Tafel »Madonna col Bambino in trono e Santi« (»Thronende Madonna mit Kind und Heiligen«) von **Raffaele di Carli** (1505). ◄ Linkes Querschiff

Am Kopfende (links) befindet sich eine weitere Tafel »La Santissima Trinità adorata dalle Sante Caterina e Maddalena« (»Dreifaltigkeit, angebetet von den Heiligen Katharina und Magdalena«), die **Francesco Granacci** zugeschrieben wird. Daneben liegt die mit erlesenem künstlerischem Geschmack gestaltete Cappella Corbinelli (»Sakramentskapelle«; 1492), ein Werk von **Andrea Sansovino**, der auch die Skulpturen geschaffen hat.

Im rechten Querschiff beeindruckt das Altarbild »Madonna col Bambino e San Giovannino« (»Madonna mit Kind und dem Johannesknaben«, 1490), das bedeutendste Werk der Kirche, von **Filippino Lippi**. ◄ Rechtes Querschiff

In der Apsis sieht man links eine »Verkündigung« aus der Florentinischen Schule des 15. Jh.s und eine Krippendarstellung (»Presepio«) aus der Schule des Ghirlandaio, rechts ein Polyptychon von Maso di Banco (um 1340). ◄ Apsis

Der erste Kreuzgang (um 1600) ist ein Werk **Giulio und Alfonso Parigis**. Der zweite Kreuzgang wurde von **Ammanati** zwischen 1564 und 1569 errichtet.

Links von der Kirche befindet sich im ersten Kreuzgang der Eingang zum **Cenacolo di Santo Spirito** (»Refektorium von Santo Spirito«) in dem heute ein kleines Museum untergebracht ist. Von dem alten

---

! Baedeker TIPP

Toskanisch tafeln

Wer schmackhafte toskanische Hausmannskost probieren möchte, ist in der Cantinone del Gallo Nero (Via Santo Spirito 6 r) richtig. Hier trinkt man den Chianti Classico natürlich von Gallo Nero, dem »Schwarzen Hahn«, der als Markenzeichen für hervorragende Rotweinqualität steht. Tel. 0 55 21 88 98, www.ilcantinonedifirenze.it

Augustiner-Kloster steht nur noch dieses Refektorium, dessen großes Fresko »Das Abendmahl« (um 1360) **Andrea Orcagna** zugeschrieben wird. Bereits Ghiberti war dieser Meinung, die nach gründlichen Forschungen und Restaurierungen bestätigt wurde. Das schwer beschädigte Fresko ist eines der großartigsten Werke des 14. Jh.s in Florenz. Außerdem sind in dem Museum schöne Skulpturen der »Fondazione Salvatore Romano« (»Stiftung des Salvatore Romano«) zu sehen, darunter zwei Seemonster (13. Jh.). Öffnungszeiten: Di.–So. 9.00–14.00 Uhr.

Umgebung von Santo Spirito

Palazzo Guadagni Von klassischer Strenge und Schönheit ist der Palazzo Guadagni an der Piazza di Santo Spirito. **Cronaca** erbaute ihn – vermutlich von 1503 bis 1506 – für Riniero Dei. Die drei jeweils verschieden gearbeiteten Geschosse werden von einer offenen Loggia abgeschlossen. Der

Verzierte Casa di Bianca Cappello

Palast kam 1684 in den Besitz des Marchese Guadagni, danach übernahm ihn die Familie Dufour-Berte. In dem Gebäude war bis 1964 das Deutsche Kunsthistorische Institut untergebracht.

Die **Casa** (»Haus«) der venezianischen Patriziertochter **Bianca Cappello** (unweit östlich der Kirche), der Geliebten und späteren Gemahlin des Großherzogs Francesco I., ist ein schönes Beispiel für ein herrschaftliches Haus der damaligen Zeit. Im Jahr 1567 wurde es von Bernardo Buontalenti gänzlich neu gestaltet. Ungewöhnlich ist die Darstellung grotesker Fledermäuse unterhalb der Fenster.

Settignano

Lage: 8 km östlich von Florenz   **Bus:** 10

Ein reizvolles Ausflugsziel ist das Städtchen Settignano wegen der nahegelegenen prächtige Villen mit großzügigen Gärten.

Villa »I Tatti« Hierzu gehört bei Ponte a Ménsola die Villa »I Tatti« (Via Vincigliata 26), die nach dem Tod des amerikanischen Kunstkritikers Bernard Berenson (1865–1959) **Sitz des »Centro per la Storia del Rinasci-**

mento« (»Zentrum für die Geschichte der Renaissance«) der amerikanischen Harvard-Universität wurde. Die Collezione Berenson bewahrt wertvolle Kunstwerke. Führungen: Di., Mi. 15.00 Uhr, nur nach Voranmeldung unter Tel. 0 55 60 32 51, www.itatti.it.

Ebenfalls unweit von Settignano liegt die berühmte Villa Gamberaia (Via del Rossellino 72), **eine der schönsten Villen-Anlagen des 16. Jh.s**, die im Zweiten Weltkrieg erheblich beschädigt, danach jedoch nach alten Plänen wiedererrichtet wurde. So präsentiert sich der Park noch heute als typischer Renaissancegarten mit geometrisch geschnittenen Buchsbaumhecken, einem Parterregarten mit klassischer Vierteilung und einem Brunnen in der Mitte sowie einer großen Achse von einem Gartenende zum anderen. Öffnungszeiten: Mitte Apr. – Okt. tgl. 9.00 – 18.00, Nov. – Mitte Apr. tgl. 9.00 – 17.00 Uhr; www.villagamberaia.it.

Villa Gamberaia

Synagoga e Museo Ebraico

J 6/ c/d III

Lage: Via Luigi Carlo Farini 6   **Bus:** C 1, 6, 31, 32

Die monumentale Synagoga, die das Stadtbild mit ihrer grünlichen Kuppel weithin prägt, zählt zu den prächtigsten Beispielen des europäischen Synagogenbaus des 19. Jahrhunderts.

Sie wurde aufgrund einer Stiftung in den Jahren 1874 bis 1882 von drei Architekten nach dem Vorbild der Hagia Sophia in Istanbul als überkuppelter Zentralbau errichtet. Einige Architekturteile und Ausstattungselemente im Innern sind im maurischen Stil gehalten. Vom Kircheninnenraum sind vor allem die ornamentale Ausmalung und die Glasfenster hervorzuheben.

Öffnungszeiten:
Apr. – Sept.
Mo. – Do., So.
10.00 – 18.00
Fr. 10.00 – 14.00

Angeschlossen ist das Museo Ebraico (»Jüdisches Museum«), in dem Dokumente zur Geschichte der Florentiner Juden und Kultgeräte aus verschiedenen Jahrhunderten ausgestellt sind.

Musei Ebraico

Umgebung der Synagoga

Sankt Ambrosius südlich des Synagoge gehört **zu den ältesten Kirchen von Florenz**. Der Bau wurde Ende des 13. Jh.s umgestaltet und in den folgenden Jahrhunderten mehrfach restauriert; die neugotische Fassade kam 1887 hinzu. Im Innern des einschiffigen Gotteshauses befinden sich **Gräber berühmter Renaissance-Künstler**, so von Cronaca (gest. 1580), Mino da Fiesole (gest. 1484) und Verrocchio (gest. 1488). Beachtenswert sind die Gemälde und Fresken der Ausstattung wie die »Madonna del latte« von Nardo di Cione, ein Triptychon von Bicci di Lorenzo, und das Fresko »Prozession« von

Sant' Ambrogio

Cosimo Rosselli. Ein marmorner Tabernakel (1481 – 1483) von Mino da Fiesole in der Cappella del Miracolo (»Kapelle des Wunders«) stellt das Ereignis dar, nach dem die Kapelle ihren Namen erhielt: Im Jahr 1230 passierte es, dass ein Priester den Messkelch nicht gut getrocknet hatte; am Morgen war der Wein in Blut verwandelt.

✴✴ Ville Medicee

Lage: Umgebung von Florenz

Einzelne Mitglieder der großen, weit verzweigten Familie der Medici bauten sich in der näheren Umgebung der Stadt, in der schönen Hügellandschaft der Toskana, ansehnliche Villen mit ausgedehnten Parkanlagen als Sommerresidenzen. Das Geschick und die Fantasie der Architekten durften sich hier an Gebäuden und Gärten frei – wenn auch zunächst im Rahmen der Renaissance-Architektur – entfalten: Die Künstler, Maler und Bildhauer fanden Gelegenheit, die heiteren Seiten ihrer Kunst in vielfältigen Darstellungen zu präsentieren. Die schönsten (zugänglichen) Villenanlagen sind im Folgenden aufgeführt.

Villa la Petraia
6 km nördlich von Florenz in Castello liegt die Villa la Petraia. Francesco de' Medici erwarb das Anwesen 1575 und ließ es durch **Buontalenti** umgestalten, erhalten blieb jedoch der alte Verteidigungsturm. Im 19. Jh. diente die Villa den italienischen Königen als Sommersitz, auch heute befindet sie sich in Staatsbesitz und kann besichtigt werden. Reizvoll ist der schön angelegte **Park**, von dem aus man eine gute Sicht bis nach Florenz hat. Öffnungszeiten: Jan., Feb., Nov., Dez. tgl. 8.15 – 16.30; März tgl. 8.15 – 17.30; Apr., Mai, Sept., Okt. tgl. 8.15 – 18.30; Juni – Aug. tgl. 8.15 – 19.30; geschlossen jeden 2., 3. Montag im Monat.

Villa di Castello
Nur wenige hundert Meter westlich der Villa la Petraia erreicht man die Villa Medicea di Castello (Via Castello 47), die in ihrer heutigen Anlage auf das 16. Jh. zurückgeht. Die Villa ist Sitz der Accademia della Crusca und daher nicht zugänglich, wohl aber der ausgedehnte Park mit seinen prächtigen Wasserspielen, Grotten und Statuen. Die Figurengruppe des zentralen Brunnens zeigt Herkules im Kampf mit dem Riesen Antäus. Öffnungszeiten wie Villa la Petraia.

Villa di Poggio a Caiano
Eine der prunkvollsten Medici-Villen überhaupt steht am Rand der Ortschaft Poggio a Caiano, 18 km nordwestlich von Florenz. Die Villa ließ sich Lorenzo il Magnifico ab 1485 von **Giuliano da Sangallo** als Sommerresidenz erbauen. Der Bauherr erlebte die Fertigstellung der Villa nicht mehr; aber Leo X., der erste Medici-Papst, genoss den

Die stattliche Villa la Petraia war Sommersitz für Fürsten und Könige.

ländlichen Luxus in vollen Zügen. Die Größe des Wohnbereichs war beachtlich: Ein Arkadengang schmückte das Erdgeschoss, weitläufige Terrassen umgaben das erste Stockwerk, und eine stattliche Loggia mit Säulen und Architrav zitierte die antike Tempel- und Palastarchitektur. Mit der Ausmalung der Innenräume waren die **namhaftesten Fresko-Maler des 16. Jh.s** beauftragt, u. a. Andrea del Sarto, Pontormo und Alessandro Allori. Der noble Medici-Landsitz, der heute einige architektonische Veränderungen aufweist (z. B. die Freitreppen), nachdem er in der zweiten Hälfte des 19. Jh.s zur Königsresidenz von Viktor Emanuel II. umfunktioniert worden war, liegt inmitten einer herrlichen Parkanlage mit Gewächshäusern und exotischen Ziergärten.

Die Innenausstattung ist leider nur noch fragmentarisch erhalten. Im Originalzustand befindet sich allerdings der Hauptsaal (Salone di Leone X.) mit der Freskendekoration von Allori von 1580. Öffnungszeiten wie Villa la Petraia.

REGISTER

VERZEICHNIS DER KARTEN
& GRAFISCHEN DARSTELLUNGEN

BILDNACHWEIS

IMPRESSUM

Ausstattung:
130 Abbildungen, 24 Karten und grafische
Darstellungen, ein großer Cityplan
Text:
Carmen Galenschovski mit Beiträgen von
Reinhard Strüber
Überarbeitung:
Bettina Dürr
Bearbeitung:
Baedeker Redaktion
(Carmen Galenschovski)
Kartografie:
Franz Huber, München;
Falk Verlag, Ostfildern (Cityplan)
3D-Illustrationen:
jangled nerves, Stuttgart
Gestalterisches Konzept:
independent Medien-Design, München
(Kathrin Schemel)
Sprachführer in Zusammenarbeit mit Ernst
Klett Sprachen GmbH, Stuttgart, Redaktion
PONS Wörterbücher

Chefredaktion:
Rainer Eisenschmid,
Baedeker Ostfildern

11. Auflage 2011
Urheberschaft:
Karl Baedeker Verlag, Ostfildern

Nutzungsrecht:
MAIRDUMONT GmbH & Co KG; Ostfildern
Der Name Baedeker ist als Warenzeichen
geschützt. Alle Rechte im In- und Ausland sind
vorbehalten. Jegliche – auch auszugsweise –
Verwertung, Wiedergabe, Vervielfältigung,
Übersetzung, Adaption, Mikroverfilmung,
Einspeicherung oder Verarbeitung in EDV-
Systemen ausnahmslos aller Teile des Werkes
bedarf der ausdrücklichen Genehmigung durch
den Verlag Karl Baedeker.

Anzeigenvermarktung:
MAIRDUMONT MEDIA
Tel. 0049 711 4502 333
Fax 0049 711 4502 1012
media@mairdumont.com
http://media.mairdumont.com

Printed in China
Gedruckt auf 100% chlorfrei gebleichtem Papier

 atmosfair

nachdenken · klimabewusst reisen
atmosfair

Reisen bereichert und verbindet Menschen und Kulturen. Jedoch wer reist erzeugt auch CO_2. Dabei trägt der Flugverkehr mit bis zu 10% zur globalen Erwärmung bei. Wer das Klima schützen will, sollte sich somit nach Möglichkeit für die schonendere Reiseform entscheiden (wie z. B. die Bahn). Wenn keine Alternative zum Fliegen besteht, kann man mit atmosfair handeln und klimafördernde Projekte unterstützen.

atmosfair ist eine gemeinnützige Klimaschutzorganisation unter der Schirmherrschaft von Klaus Töpfer. Die Idee: Flugpassagiere spenden einen kilometerabhängigen Beitrag für die von ihnen verursachten Emissionen und finanzieren damit Projekte in Entwicklungsländern, die dort den Ausstoß von Klimagasen verringern helfen. Dazu berechnet man mit dem Emissionsrechner auf **www.atmosfair.de** wieviel CO_2 der Flug produziert und was es kostet, eine vergleichbare Menge Klimagase einzusparen (z.B. Berlin – London – Berlin 13 Euro). atmosfair garantiert die sorgfältige Verwendung Ihres Beitrags. Auch der Karl Baedeker Verlag fliegt mit *atmosfair.* Unterstützen auch Sie unser Klima. Alle Informationen dazu auf www.atmosfair.de.

BAEDEKER VERLAGSPROGRAMM

BAEDEKER ENGLISH

LIEBE LESERINNEN, LIEBE LESER,

ein herzliches Dankeschön, dass Sie sich für einen Baedeker Allianz Reiseführer entschieden haben. Er wird Sie zuverlässig auf Ihrer Reise begleiten und Sie nicht im Stich lassen.

Natürlich beschreibt er die wichtigen Sehenswürdigkeiten, aber er empfiehlt auch die nettesten Kneipen und Bars, dazu Hotels für den großen und kleinen Geldbeutel, gibt Tipps für Restaurants, Shopping und für vieles mehr, was eine Reise zum Erlebnis macht. Dafür haben unsere Autoren und die Redaktion Sorge getragen. Sie sind für Sie regelmäßig nach Florenz und haben all ihre Erfahrungen und Kenntnisse in diesen Reiseführer gepackt.

Trotzdem: Die Erfahrung zeigt, dass Fehler und Änderungen nach Drucklegung, für die der Verlag keine Haftung übernehmen kann, nicht ausgeschlossen werden können. Für Kritik, Berichtigungen und Verbesserungsvorschläge sind wir Ihnen außerordentlich dankbar. Schreiben Sie uns, mailen Sie uns oder rufen Sie an:

▶ **Verlag Karl Baedeker GmbH**
Redaktion
Postfach 3162
D-73751 Ostfildern
Tel. (0711) 4502-262, Fax -343
E-Mail: info@baedeker.com

Besuchen Sie uns auch im Internet unter www. baedeker.com. Hier finden Sie jeden Monat den aktuellen Reisetipp der Redaktion und das gesamte Verlagsprogramm. Hier können Sie auch lesen, wer Karl Baedeker war und wie er seinen ersten Reiseführer geschrieben hat. Mit seinen über 180 Jahren ist der Karl Baedeker Verlag der älteste Reiseführer-Verlag der Welt.

www.baedeker.com

❯ ZU GEWINNEN: STADTREISE NACH LONDON

Unter allen Einsendungen verlost der Verlag am Jahresende – unter Ausschluss des Rechtswegs – eine Städtekurzreise für zwei Personen nach London.
Freuen Sie sich auf ein spannendes Wochenende in London. Natürlich ist ein Baedeker Allianz Reiseführer London auch dabei!